GESCHICHTE DER KÄRNTNER SLOWENEN

Geschichte der Kärntner Slowenen

VON 1918 BIS ZUR GEGENWART
UNTER BERÜCKSICHTIGUNG
DER GESAMTSLOWENISCHEN GESCHICHTE

VORBEREITET VON EINER HISTORIKERKOMMISSION
UNTER DEM VORSITZ VON VALENTIN INZKO

Mitarbeiter:
Cäcilia Broman, Hanns Haas, Valentin Inzko, Josef Lukan,
Walter Lukan, Andreas Moritsch, Stefan Pinter, Jože Pirjevec,
Karl Stuhlpfarrer, Heimo Titz, Reginald Vospernik,
Anton Wutte, Johann Zerzer

Redaktion:
Walter Lukan und Andreas Moritsch

Hermagoras Verlag
Klagenfurt — Wien
Mohorjeva založba
Celovec — Dunaj

KLAGENFURT/CELOVEC 1988

Geschichte der Kärntner Slowenen von 1918 bis zur Gegenwart unter Berücksichtigung der gesamtslowenischen Geschichte

Mit Erlaß des Bundesministeriums für Unterricht, Kunst und Sport vom 9. Juli 1986, Zl. 40.879/1-14a/83, als zum Unterrichtsgebrauch an allgemeinbildenden höheren Schulen (für die 8. Klasse), an Höheren technischen und gewerblichen Lehranstalten (für den IV. Jahrgang) und an Handelsakademien (für den IV. und V. Jahrgang) im Unterrichtsgegenstand Geschichte und Sozialkunde als geeignet erklärt.

Fotonachweis: Czechner (Seite 216), Dolinšek (207), Fera (209), Kattnig (17, 33, 110, 117, 136, 154, 171, 174, 183, 187, 188, 191, 219), Magajna (139, 142, 148, 150, 151), Pinter (182), Reichmann (219), Sablatschan (224), Trenkwalder (186), Wakounig (210, 214), Zadnikar (156). Rest: Verlagsarchiv

© Hermagoras/Mohorjeva
ISBN 3-85013-090-8
Herausgeber und Verleger: Verlag Hermagoras/Mohorjeva, Klagenfurt/Celovec. Für den Verlag: Dipl.-Ing. Franz Kattnig. Umschlag: M. Paternoster, dia
Druck: Hermagoras/Mohorjeva, Viktringer Ring 26, A-9020 Klagenfurt/Celovec
Printed in Austria

Inhaltsverzeichnis

VORWORT	11
I. DIE SLOWENEN IN KÄRNTEN —	
VON DEN ANFÄNGEN BIS 1918	13
Ansiedlung — Name	13
Selbständiges Stammesherzogtum der Karantaner	14
Unter feudaler Herrschaft	19
Bauernaufstände und Reformation	25
Die Anfänge der Nationsbildung	31
Zwischen nationaler Emanzipation und Assimilation	35
II. VOM ZERFALL ÖSTERREICH-UNGARNS	
BIS ZUR VOLKSABSTIMMUNG	45
Vom dynastischen Vielvölkerstaat zum Nationalstaat	45
1. Rückblick und Ausblick	45
2. Wirtschaftliche und gesellschaftliche Ursachen	45
3. Die Entstehung der modernen Nation	46
4. Nation und Nationalstaat	47
5. Die Slowenen im SHS-Staat, in Italien, Ungarn und in Österreich	47
6. Die Bedeutung des Nationalstaates	48
7. Die Situation in Ost- und Südosteuropa	48
8. Nationalstaaten und nationale Minderheiten	48
Die Auflösung der Donaumonarchie	49
1. Ursachen	49
2. Österreich-Ungarn und die Südslawen	50
a) Die Maideklaration	50
b) Die Entstehung des südslawischen Staates	52
3. Die Entstehung der Republik Deutschösterreich bzw. der Ersten Republik	53
a) Innenpolitische Schwerpunkte	54
b) Die Fragen der Grenzziehung	54
c) Die wirtschaftliche Lage	56
d) Die Anschlußfrage	56
e) Auf dem Weg zur österreichischen Nation	58
Die Lage der Kärntner Slowenen nach der Auflösung Österreich-Ungarns	63
1. Gebietsansprüche und Grenzkämpfe	64
2. Die Volksabstimmung in Kärnten	65
3. Analyse des Abstimmungsergebnisses	67

III. DIE KÄRNTNER SLOWENEN IN DER ERSTEN REPUBLIK ... 70

Unmittelbare Folgen des Plebiszits für die Kärntner Slowenen ... 70
1. Die Minderheitenschutzbestimmungen des Staatsvertrags von St. Germain ... 70
2. Ausschaltung der slowenischen Intelligenz ... 73
3. Öffentliches Leben und Schule ... 75
4. Minderheitenfeindliche Organisationen ... 77

Diskriminierung und Versuch der Spaltung der slowenischen Volksgruppe ... 77
1. Die Frage der sogenannten „Windischen" ... 79
   a) Etymologie des Begriffes ... 79
   b) Die Eigenbenennung „Slovenci" (Slowenen) setzt sich durch ... 80
   c) Die „Windischen-Theorie" als politisches Instrument der Eindeutschung ... 80
   d) Wissenschaftliche Wiederlegung dieser Theorie ... 81

Die Erneuerung des politischen, kulturellen und wirtschaftlichen Lebens der Kärntner Slowenen nach 1920 ... 81
1. Neue Voraussetzungen und Gegebenheiten ... 81
2. Die Erneuerung der politischen Organisation ... 82
3. Die Erneuerung der kulturellen Organisation ... 84
4. Die Wiederbelebung der wirtschaftlichen Organisationen ... 86

Katholische Kirche und Slowenen in der Ersten Republik ... 89
1. Die St. Hermagoras-Bruderschaft ... 89
2. Slowenische Geistlichkeit und bischöfliches Ordinariat ... 90
3. Kulturelle Aktivitäten des slowenischen Klerus ... 90

Verhandlungen über eine Kulturautonomie für die Kärntner Slowenen (1925—1930) ... 91
1. Landespolitische Gegebenheiten und Voraussetzungen ... 91
2. Die Initiative der Sozialdemokraten ... 92
3. Der Inhalt des Gesetzesentwurfes ... 92
4. Die Problematik des Entwurfes ... 93
5. Die Schulfrage ... 94
6. Das Scheitern der Verhandlungen ... 95

Die Kärntner Slowenen im autoritären Ständestaat (1934—1938) ... 96
1. Loyalität zum Regime ... 96
2. Die Lage der slowenischen Arbeiterschaft ... 98
3. Die Volkszählung 1934 ... 98
4. Hoffnungen auf Änderungen im zweisprachigen Schulwesen ... 98

IV. DIE KÄRNTNER SLOWENEN UNTER NATIONALSOZIALISTISCHER HERRSCHAFT ... 101

Vom „Anschluß" bis zur Okkupation Jugoslawiens (1938—1941) ... 101
1. Der „Anschluß" und seine Folgen für die Kärntner Slowenen ... 101
2. Die „Volksabstimmung" vom April 1938 ... 102
3. Die Volkszählung 1939 ... 102

4. Die Abschaffung der utraquistischen Volksschule ... 103
   5. Kindergärten zum Zwecke der Eindeutschung ... 103
   6. Die Siedlungspolitik ... 103

Das Schicksal der Kärntner Slowenen zwischen 1941 und 1945 ... 104
   1. Neues Germanisierungsgebiet ... 104
   2. Die Liquidierung des politischen und kulturellen Lebens
      der Kärntner Slowenen ... 104
   3. Die Liquidierung des slowenischen Genossenschaftswesens ... 105
   4. Aussiedlung ... 106
   5. Terror gegen die Zivilbevölkerung ... 108
   6. Der bewaffnete Widerstand ... 110
   7. Das Kriegsende ... 112

V. DIE SLOWENEN IM JUGOSLAWIEN DER ZWISCHENKRIEGSZEIT ... 113

Entwicklung bis zur Vidovdan-Verfassung ... 113
   1. Der Zusammenschluß der Slowenen, Kroaten und Serben ... 113
   2. Serbische Hegemonieansprüche ... 114

Ansätze eines Parlamentarismus zwischen 1921—1929 ... 115
   1. Die politische Landschaft Sloweniens ... 115
   2. Wirtschaftliche Verhältnisse ... 116
   3. Kulturelle Leistungen ... 116
   4. Gesamtjugoslawischer Nationalismus ... 117
   5. Die Slowenische Volkspartei unter Anton Korošec ... 118

Die Königsdiktatur ... 119
   1. Die Abschaffung der nationalen Verwaltungsgliederung ... 119
   2. Die Weltwirtschaftskrise in Slowenien ... 120
   3. Die Slowenen fordern Autonomie ... 120
   4. Die kommunistische Bewegung und nationalistische Tendenzen ... 121

Von der Ermordung König Alexanders bis zum Ende des Königreiches Jugoslawien ... 121
   1. Die Regierung Stojadinović ... 122
   2. Die Slowenen und der Spanische Bürgerkrieg ... 122
   3. Volksfronttendenzen ... 123
   4. Der kroatisch-serbische Ausgleich ... 124
   5. Die Slowenen und die Sowjetunion ... 125
   6. Der Militärputsch des Generals Simović
      und das Ende des Königreiches Jugoslawien ... 125

VI. DIE SLOWENEN UNTER DEUTSCHER UND ITALIENISCHER BESETZUNG ... 127

Die Besetzung Sloweniens ... 127
Die Gründung der Befreiungsfront (Osvobodilna fronta/OF) ... 127
Befreiungskampf und Bürgerkrieg ... 130

VII. DIE SLOWENEN IN DER SFR JUGOSLAWIEN 132

    Die staatliche Neuordnung Jugoslawiens 132
    Der eigene Weg zum Sozialismus 133
    Die Sozialistische Republik Slowenien:
    Gesellschaft, Wirtschaft, Kultur 134
    Nationale Minderheiten in Slowenien 134

VIII. DIE SLOWENEN DES KÜSTENLANDES VON 1918 BIS 1945 137

    Die italienische Besetzung slowenisch besiedelter Gebiete 137
    Verweigerung von Minderheitenrechten 138
    Loyalitätsgesten der Slowenen 139
    Der italienische Faschismus und die Slowenen 140
    1. Die Entwicklung bis zum ersten Triester Prozeß 1930 140
    2. Zusammenarbeit von Kommunisten und Nationalisten
       — der zweite Triester Prozeß 1941 141
    3. Die Partisanenbewegung 141
       a) Bis zur Kapitulation Italiens 1943 141
       b) Unter nationalsozialistischer Gewaltherrschaft 142

IX. DIE SLOWENISCHE MINDERHEIT IN DER
    ITALIENISCHEN REGION FRIAUL-JULISCH VENETIEN 144

    Administrative Gliederung 144
    Die Slowenen in der Provinz Triest 144
    1. Volksgruppenschutz 145
    2. Das Londoner Memorandum 145
    3. Der Vertrag von Osimo 146
    4. Slowenische Organisationen und parlamentarische Vertretung 147
    5. Das slowenische Schulwesen in der Provinz Triest 148
    6. Kulturelle Organisationen und Institutionen 149
    7. Wirtschaftliche Organisationen und Probleme 150
    Die Slowenen in der Provinz Görz 151
    1. Das slowenische Schulwesen 151
    2. Kulturelle Organisationen und Institutionen 152
    Die Slowenen in der Provinz Udine 154
    1. Charakteristik der Region — die Friauler 154
    2. Die Lage der Slowenen 155

X. DIE KÄRNTNER SLOWENEN IN DER ZWEITEN REPUBLIK 158

    Die Wiederherstellung der Republik Österreich
    und das Bundesland Kärnten 158
    1. Die Besetzung Kärntens und der
       Machtverzicht der Nationalsozialisten 159
    2. Britische Militärverwaltung und
       Provisorische Kärntner Landesregierung 161
    3. Die ersten Landtagswahlen 1945 161

Die Kärntner Slowenen nach der Befreiung ... 162
1. Politik der nationalen Verständigung ... 162
   a) Die Osvobodilna fronta (OF) in Zusammenarbeit mit der Provisorischen Kärntner Landesregierung ... 162
   b) Die Schulsprachenverordnung von 1945 ... 164
2. Minderheitenpolitik im Schatten der Grenzfrage ... 166
   a) Ausschaltung der Osvobodilna fronta aus der politischen Willensbildung des Landes ... 166
   b) Der Gegensatz zwischen Osvobodilna fronta und britischer Besatzungsmacht ... 167
3. Ideologische und politische Differenzierung innerhalb der slowenischen Volksgruppe ... 168
   a) Versuche einer Spaltung der Volksgruppe ... 168
   b) Die weitere Entwicklung der Osvobodilna fronta ... 168
   c) Das katholische Lager der Kärntner Slowenen ... 170
   d) Die Beziehungen der Slowenen zu den Kärntner Parteien ... 171

Der Weg zum Staatsvertrag ... 172
1. Jugoslawische Gebietsforderungen ... 172
2. Staatsvertragsverhandlungen ... 173
   a) Minderheitenschutz im Staatsvertrag gegen Gebietsforderungen ... 173
   b) Grundsätzliches über Minderheitenschutz ... 173
   c) Das Autonomiemodell ... 174
   d) Der Geltungsbereich des Minderheitenschutzes und die Frage einer Minderheitenfeststellung ... 175

Der Artikel 7 des Österreichischen Staatsvertrages ... 177
Die Entwicklung nach der Unterzeichnung des Staatsvertrages 1955 ... 178
1. Realisierungsvorschläge der Slowenen ... 178
2. Die Politik der zuständigen Regierungen ... 180
   a) Die Aufhebung der Schulverordnung von 1945 ... 180
   b) Das Minderheiten-Schulgesetz von 1959 ... 181
   c) Amtssprachenregelungen ... 182
   d) Das Gerichtssprachengesetz ... 182
   e) Neue Vorschläge der Kärntner Slowenen ... 184
   f) Das Ortstafelgesetz ... 185
   g) Vermittelnde Haltung der katholischen Kirche ... 186
   h) Ortstafelkommission und Kontaktkomitee ... 187
   i) Die Volkszählung besonderer Art ... 188
3. Das Volksgruppengesetz 1976 ... 189
4. Durchführungsverordnungen zum Volksgruppengesetz ... 190
   a) Topographische Bezeichnungen ... 190
   b) Amtssprache ... 192
   c) Volksgruppenbeiräte ... 192

Zusammenfassende Darstellung des Schulwesens in Südkärnten ... 195
1. Anfänge des öffentlichen Schulwesens ... 195
2. Reichsvolksschulgesetz und utraquistische Schule (1869—1941) ... 195
3. Neubeginn in der Zweiten Republik ... 196
4. Das Ende der obligatorischen Zweisprachigkeit ... 196

5. Das Minderheitenschulgesetz 1959 ... 197
6. Das Bundesgymnasium für Slowenen ... 198

Das politische, kulturelle und wirtschaftliche Leben der Kärntner Slowenen nach 1955 ... 200
1. Zusammenarbeit zwischen Volksrat und Zentralverband ... 200
2. Kandidatur der Kärntner Slowenen bei Wahlen ... 201
   a) Wahlen in die Kärntner Landwirtschaftskammer ... 201
   b) Gemeinderatswahlen ... 201
   c) Landtagswahlen ... 202
   d) Nationalratswahlen ... 204
3. Volkszählungen ... 204
4. Das kulturelle Profil der slowenischen Volksgruppe in Kärnten ... 206
   a) Traditionsbewußtsein ... 206
   b) Kulturelle Aktivitäten ... 207
   c) Jugendarbeit ... 209
5. Wirtschaftsleben ... 209
6. Initiativen der katholischen Kirche ... 212

Zusammenfassende Darstellung des Kulturschaffens der Kärtner Slowenen seit 1918 ... 213
1. Das Kulturschaffen in der Ersten Republik ... 214
2. Während der NS-Zeit ... 214
3. Nach der Befreiung ... 215
   a) Literatur ... 215
   b) Bildende Kunst ... 218
   c) Musik und Laienschauspiel ... 218
   d) Kulturorganisationen ... 218
   e) Wissenschaftliche Bestrebungen ... 219
   f) Publizistik ... 220

Die Kärntner Slowenen zu Beginn der achtziger Jahre ... 222
1. Wirtschaftliche Lage ... 222
2. Bildungsmöglichkeiten ... 222
3. Die slowenische Sprache in der Öffentlichkeit ... 222
4. Tradierte Vorurteile ... 224
5. Fortschreitende Assimilierung ... 225
6. Ausblick ... 226

Vorwort

Im Geschichtsunterricht am Bundesgymnasium für Slowenen wird über die Anforderungen des Lehrplans für Allgemeinbildende höhere Schulen hinaus auch die Geschichte der Slowenen und besonders der Kärntner Slowenen behandelt. Da in den österreichischen Lehrbüchern die Slowenen auch als nationale Minderheit in Kärnten kaum erwähnt werden, war es notwendig, für das Bundesgymnasium für Slowenen in Klagenfurt ein Lehrbuch der Geschichte der Slowenen im Sinne der Bildungsziele der österreichischen Schule zu veröffentlichen. Das vom Fachinspektor für das Bundesgymnasium für Slowenen, Hofrat Dr. Valentin Inzko, verfaßte Lehrbuch „Zgodovina Slovencev do leta 1918" (Geschichte der Slowenen bis 1918) hat das Bundesministerium für Unterricht und Kunst 1978 zum Unterrichtsgebrauch am Bundesgymnasium für Slowenen für die 6. bis 8. Klasse im Lehrfach Geschichte und Sozialkunde zugelassen. Nun galt es, den zweiten Teil dieses Lehrbuchs zu erarbeiten.

Im Rahmen des Slawistisch-pädagogischen Seminars 1978 in Klagenfurt regte Univ.-Doz. Dr. Andreas Moritsch von der Universität Wien an, eine Historikerkommission zu bilden, die die Geschichte der Slowenen von 1918 bis zur Gegenwart für den Unterricht aufarbeiten sollte, und schlug ein neues Modell für die Erstellung des Lehrbuchs vor. Diese Historikerkommission konstituierte sich am 13. Juli 1978 am Bundesgymnasium für Slowenen in Klagenfurt und wählte Hofrat Dr. Valentin Inzko zum Vorsitzenden. Die Zusammensetzung der Historikerkommission hatte insofern Modellcharakter, als das Lehrbuch von Wissenschaftlern an Universitäten gemeinsam mit Geschichtsprofessoren an höheren Schulen ausgearbeitet wurde. Hervorgehoben soll außerdem werden, daß das Lehrbuch von Historikern der slowenischen Volksgruppe gemeinsam mit deutschsprachigen Historikern verfaßt worden ist.

Folgende Mitglieder gehörten der Kommission an: Univ.-Doz. Dr. Hanns Haas von der Universität Salzburg, Univ.-Doz. Dr. Andreas Moritsch und Univ.-Doz. Dr. Karl Stuhlpfarrer von der Universität Wien, Univ.-Doz. Dr. Jože Pirjevec von der Universität Triest, Dr. Walter Lukan vom Österreichischen Ost- und Südosteuropa-Institut, Hofrat Dr. Valentin Inzko vom Landesschulrat für Kärnten, Direktor Dr. Reginald Vospernik, Prof. Dr. Johann Zerzer, Prof. Dr. Anton Wutte, Prof. Stefan Pinter und Prof. Cäcilia Broman vom Bundesgymnasium für Slowenen, Prof. Dr. Josef Lukan vom Bundesgymnasium und Bundesrealgymnasium in Klagenfurt, Prof. Dr. Heimo Titz vom Bundesoberstufenrealgymnasium in Klagenfurt und Frau Mag. Irena Bruckmüller aus Wien.

Zur Arbeitsweise bei der Erstellung des Lehrbuchs sei folgendes gesagt: Die von den Mitgliedern der Historikerkommission in Arbeitsgruppen verfaßten Beiträge wurden in Plenumssitzungen eingehend diskutiert und zum Teil mehrmals überarbeitet. Nach Vorliegen aller Beiträge nahm eine kleinere Arbeitsgruppe, bestehend aus Hofrat Dr. Inzko, Univ.-Doz. Dr. Haas und Univ.-Doz. Dr. Moritsch unter zeitweiliger Hinzuziehung anderer Kommissionsmitglieder eine vorläufige Redaktion vor. Die Endredaktion besorgten schließlich Dr. Walter Lukan und Univ.-Doz. Dr. Andreas Moritsch, während die pädagogisch-didaktische Gliederung von den Professoren Dr. Josef Lukan, Stefan Pinter und Dr. Heimo Titz vorgenommen wurde. Die graphische Ausführung der neu entworfenen Kartenskizzen besorgte Mag. Florian Partl.

Parallel zur Arbeit der Kommission fanden ab Dezember 1978 jährlich internationale Historikerseminare für Geschichteprofessoren an höheren und mittleren Schulen zur Entwicklung der nationalen Frage in Kärnten statt, die vom Deutsch-slowenischen Koordinationsausschuß der Diözese Gurk-Klagenfurt in Zusammenarbeit mit dem Landesschulrat für Kärnten durchgeführt wurden. Aus den Reihen der Historikerkommission kamen einerseits Anregungen für die Themenstellungen der Seminare und die Auswahl der Referenten, andererseits sind Ergebnisse dieser Seminare in den Inhalt des Lehrbuchs eingeflossen.

Die erste Fassung des Textes des Lehrbuchs wurde in deutscher Sprache vorgelegt. Die Übersetzung ins Slowenische besorgte Frau Mag. Irena Bruckmüller. Beide Fassungen des Lehrbuchs wurden dem Bundesministerium für Unterricht und Kunst zur Approbation vorgelegt. Damit soll einem auf den genannten Historikerseminaren mehrfach geäußerten Wunsch entsprochen werden, dieses Lehrbuch nicht nur Schülern und Lehrern am Bundesgymnasium für Slowenen und anderen für die slowenische Volksgruppe eingerichteten Schulen, sondern auch Schülern und Lehrern an deutschsprachigen höheren und mittleren Schulen zur Verfügung zu stellen.

Da der Schwerpunkt der Darstellung der slowenischen Geschichte im vorliegenden Lehrbuch auf der Geschichte der Kärntner Slowenen liegt, haben sich die Mitglieder der Historikerkommission für folgenden Titel des Lehrbuchs entschieden: „Geschichte der Kärntner Slowenen von 1918 bis zur Gegenwart unter Berücksichtigung der gesamtslowenischen Geschichte."

Die Durchführung des Projektes war nur mit finanzieller Unterstützung des Bundesministeriums für Unterricht und Kunst, des Bundeskanzleramtes aus Mitteln der Volksgruppenförderung und des Amtes der Kärntner Landesregierung möglich. Für das großzügige Entgegenkommen sei auf diesem Wege herzlich gedankt.

Die Mitglieder der Historikerkommission wollen mit diesem Lehrbuch zu einem sehr bewegten Zeitabschnitt der Kärntner Landesgeschichte über den Schulbereich hinaus einen Beitrag zum besseren gegenseitigen Verstehen der beiden Volksgruppen im Sinne eines gemeinsamen Kärnten beitragen.

Klagenfurt, im September 1987

Die Historikerkommission

I. Die Slowenen in Kärnten — von den Anfängen bis 1918

Zur Vorbereitung: Der österreichische Raum zur Völkerwanderungszeit. Die Siedlungsgeschichte dieses Raumes.
Das Heilige Römische Reich und die österreichischen Länder; Kaiserreich Österreich und Österreichisch-ungarische Monarchie.

Ansiedlung — Name

Vor rund tausendvierhundert Jahren — in der 2. Hälfte des 6. Jahrhunderts — begannen die slawischen Vorfahren der Slowenen den östlichen Teil der Ostalpen und deren südliche und östliche Randgebiete zu besiedeln. Sie drangen in ein Gebiet vor, das zwischen den Machtsphären von Byzanz, dem Frankenreich der Merowinger und den seit 568 in Italien herrschenden Langobarden als ein weitgehend sich selbst überlassener Bereich dalag. Die nur spärliche, romanisierte illyrisch-keltische Vorbevölkerung wurde, soweit sie nicht vor den anstürmenden Slawen geflohen oder bereits vorher mit den Langobarden nach Italien abgezogen war, weitgehend slawisiert. Bei den Eroberern handelte es sich nicht um einen abgeschlossenen Teilstamm, sondern eher um Splitter verschiedener slawischer Stämme, die nicht alle gleichzeitig und auch nicht aus derselben Richtung kamen. Dies zeigen nicht zuletzt die Ergebnisse der Sprachforschung, die zumindest zwei slawische Siedlungswellen belegen können: eine ältere, bereits nach 550 einsetzende westslawische und die intensivere südslawische, die in den letzten beiden Jahrzehnten des 6. Jahrhunderts und in der ersten Phase des 7. Jahrhunderts entlang der Flußläufe und Römerstraßen vordrang. Um 580 wurde die Metropole dieses Raumes, Virunum, eingenommen, etwa zehn Jahre später Teurnia in Oberkärnten, und im Jahre 625 fiel schließlich die Stadt Aguntum in Osttirol. Das von den Ahnen der Slowenen nicht besonders dicht besiedelte Gebiet reichte von der Kolpa und der Triester Bucht im Süden bis zur Donau zwischen Traun und Wienerwald im Norden, vom Plattensee/Balaton im Osten bis zum Quellgebiet der Drau und bis zum Isonzo/Soča im Westen. Die Alpenslawen — erstmals um 700 nach ihrem Kernland „Corantani" (Karantaner) genannt — eroberten die neuen Wohnsitze unter der Oberhoheit der Awaren und teils auch mit deren Hilfe, wobei ihr Verhältnis zu den Awaren sowohl in zeitlicher als auch in örtlicher Hinsicht sehr verschiedenartig war. Es reichte von einer weitgehenden Selbständigkeit im Alpenraum nördlich des Karawankenkammes, die sich der Form eines Bündnisses näherte, bis zur schwer lastenden Unterdrückung im pannonischen Vorfeld und im Bereich der Einfallstraße von Pannonien nach Italien.

In den zeitgenössischen lateinischen Quellen treten uns die Vorfahren der Slowenen unter den für alle Slawen gemeinsam verwendeten Namen

Sclavani, Sclaveni, Sclavi oder ähnlich entgegen, und ihr Siedlungsgebiet wird Sclavinia, Sclavonia usw. genannt. Die Namengebung geht auf die Eigenbenennung der Slawen — Slovjene — zurück, aus der sich auch die Eigenbenennung der Slowenen — Slovenci — entwickelte. Letztere ist schriftlich erst in den Werken der slowenischen protestantischen Schreiber des 16. Jahrhunderts niedergelegt, läßt aber sicher auf ein weit höheres Alter schließen. Neben den Namen, die auf dem slawischen Stammwort basieren, finden wir in den Quellen für die Alpenslawen auch die vor allem von den Germanen verwendete Bezeichnungen Winades, Winedi, Winadi. Aus dieser Wurzel entstand die baierische Benennung Windische, die sich bis in unsere Zeit erhalten hat und synonym für die sich ab der Mitte des 19. Jahrhunderts durchsetzende Bezeichnung Slowenen in Gebrauch stand und steht. Auf die Entstehung, Bedeutungsverschlechterung und politische Inanspruchnahme des Begriffes „Windische" im Laufe der Geschichte wird an anderer Stelle näher eingegangen. Es wurde bereits kurz darauf verwiesen, daß die Alpenslawen nach ihrem Kernland auch Karantaner (Corentani, Carantani, Carentani, Carintani) genannt wurden, und ihr zentrales Siedlungsgebiet hieß Carantania, Carantana, Carantanum. Im 9. Jahrhundert wurde der auf eine vorslawische, wahrscheinlich keltische Wurzel zurückgehende Name Carantani auf alle Alpen- und pannonischen Slawen ausgeweitet, später jedoch wieder eingeengt. Die regionale Zuordnung blieb schließlich erhalten und führte zu den heutigen Bezeichnungen Kärntner, Kärnten — Korošci, Koroška.

Selbständiges Stammesherzogtum der Karantaner

Im Zuge der Verteidigung und Absicherung ihres Siedlungsgebietes gegen die Langobarden im Südwesten, gegen die Baiern im Nordwesten — um 600 sind mit diesen wechselvolle Kämpfe im östlichen Pustertal bezeugt — und gegen die Awaren im Osten, deren Hauptaugenmerk zu jener Zeit auf Konstantinopel gerichtet war, gründeten die Alpenslawen im 1. Viertel des 7. Jahrhunderts ein selbständiges Fürstentum.

Die *Marca Vinedorum*, wie das Stammesherzogtum der Karantaner in einer zeitgenössischen Quelle genannt wurde, mit dem politischen Zentrum Karnburg auf dem Kärntner Zollfeld in unmittelbarer Nähe des zerstörten Virunum, schloß sich mit großer Wahrscheinlichkeit unter ihrem Fürsten Valuk dem slawischen Stammesbündnis Samos an (626) und blieb nach dessen Zerfall (ca. 660) noch bis zur Mitte des 8. Jahrhunderts unabhängig. Um 738 gelang es den Karantanern sogar, die Langobarden aus dem unteren Gailtal, das jene rund hundert Jahre besetzt gehalten hatten, hinauszudrängen. Als sich aber der awarische Druck neuerlich zu verschärfen begann — die Gebiete in Unterpannonien und südlich der Karawanken waren bereits unmittelbar nach der Auflösung des Samo-Reiches wieder unter awarische Herrschaft geraten — rief der Karantanerherzog Borut im Jahre 745 die Baiern zu Hilfe. Die Awaren konnten abgewiesen werden, die Karantaner mußten aber fortan die fränkische

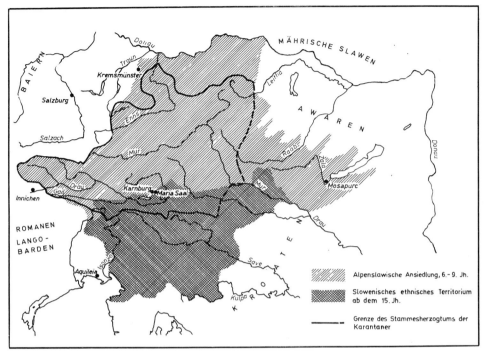

Alpenslawische Ansiedlung vom 6. bis 9. Jahrhundert und das slowenische ethnische Territorium ab dem 15. Jahrhundert

Oberhoheit anerkennen, der auch die Baiern unterstellt waren, sowie als Folge davon dem Christentum Einlaß gewähren. Boruts Sohn Karastus (wohl die latinisierte Form für Gorazd) oder Cacatius und sein Neffe Chetmar/Cheitmar (Hotimir) wurden als Geiseln in Bayern getauft und christlich erzogen. Als nach Boruts Tod (um 750) zuerst Gorazd und nach ihm (um 753) Hotimir die Herrschaft im Lande übernahm, begann die Christianisierung der Karantaner. Bischof Virgil von Salzburg entsandte bald nach Hotimirs Einsetzung zum Herzog auf dessen Bitte die ersten Missionare mit dem Mönch und späteren Chorbischof Modestus an der Spitze nach Karantanien. Modestus wählte das in unmittelbarer Nähe der Fürstenresidenz Karnburg gelegene Maria Saal zum Bischofssitz. Die christen- und baiernfreundliche Politik Hotimirs führte jedoch zu einer inneren Widerstandsbewegung, die nicht nur gegen das Christentum, sondern auch gegen die Oberhoheit der Baiern gerichtet war. Nach dem Tod Hotimirs (um 769) gab es ein paar Jahre keine christlichen Missionare in Karantanien. Schließlich brach der Baiernherzog Tassilo III. den Widerstand der Aufständischen (772), und unter dem Karantanerfürsten Waltunc (Vladun) konnte das Christentum endgültig Fuß fassen, unterstützt durch Tassilos zu diesem Zweck erfolgte Klostergründungen Innichen (769) und Kremsmünster (777) an den Grenzen Karantaniens.

Nach dem Sturz Tassilos (788) wurde Karantanien unmittelbar der fränkischen Oberhoheit unterstellt, behielt aber weiterhin seine innere

Markus Pernhart, Karnburg mit Fürstenstein im 19. Jahrhundert (Stiftzeichnung)

Selbstbestimmung, repräsentiert durch seine einheimischen Fürsten, die den von Karl dem Großen eingesetzten Statthaltern für Bayern und des Ostlandes unterstanden. Bezeugt sind die Namen der Karantanerfürsten Priwizlauga (Pribislav), Cecimas (Semika), Ztoimar (Stojmir) und Etgar. Die Eroberung des Langobardenstaates durch die Franken (774) und die Zerstörung des Awarenreiches im pannonischen Raum (791—803) fügten Karantanien noch fester in den Machtbereich des fränkischen Reiches ein. Bei der Reichsteilung von 817 fiel Karantanien zusammen mit Bayern an Ludwig den Deutschen. Von folgenschwerer Bedeutung für die weitere Entwicklung der Karantaner und damit der Slowenen war der mißglückte Aufstand des Fürsten Ljudevit von Save-Kroatien (819—822), an dem sich auch die Karantaner beteiligten. Karantanien verlor danach seine slawischen Fürsten, die durch bairische Grafen ersetzt wurden, und auch einen großen Teil seiner obersten Gesellschaftsschicht. Um 828 wurden dann Karantanien und auch die anderen von Alpenslawen besiedelten Gebiete südlich der Karawanken und in Unterpannonien zur Gänze in die Markenverfassung einbezogen.

Wenn wir nach den Ursachen fragen, warum es den Vorfahren der Slowenen nicht gelungen ist, ihre Selbständigkeit zu behaupten, so müssen wir zwei Faktoren hervorheben, die zusammenwirkend gegen eine ungehinderte Entwicklung der Karantaner und für den Sieg des Haupterben des römischen Imperiums in Mitteleuropa, des fränkischen Feudalstaates, sprachen: die geopolitisch exponierte Lage ihres Siedlungsgebietes und die niedrige Stufe der inneren wirtschaftlichen und sozialen Differenzierung. Wenn man die weitere Entwicklung der Karantaner-Slowenen auch nach dem Verlust ihrer Eigenständigkeit besser verstehen will, kommt man nicht umhin, vor allem auf den letzten Aspekt näher einzugehen.

Die Wanderzeit bedeutete für die Slawen, auch für die Alpenslawen, den Übergang von einer Stammesgesellschaft zur Kriegerdemokratie, in der sich soziale Unterschiede herauszubilden begannen. So dürften zunächst die Kriegsbeute und später erst nach der Ansiedlung die Erzeugnisse der eigenen primär agrarischen Produktion den Anlaß zur sozialen Schichtung gegeben haben. Die extensive Bewirtschaftung des noch hauptsächlich durch Brandrodung gewonnenen Ackerlandes und das Überwiegen der Viehzucht auf Weidebasis ließen noch kein ausgeprägtes Eigentum an Grund und Boden entstehen. Mit der Herausbildung Karantaniens schritt dann die gesellschaftliche Differenzierung weiter. Dieser Herrschaftsbereich setzte sich anfänglich wohl aus mehreren Stammeseinheiten zusammen, an deren Spitze kleine Fürsten (Häuptlinge), in

Dom zu Maria Saal

den Quellen als slawische Große bezeichnet, standen. Sie bildeten den Ansatzpunkt für die allmähliche Herausbildung eines karantanischen Adels, der im späten 8. Jahrhundert den bairischen Grafengeschlechtern dem Range nach weitgehend gleichgestellt war. Die Stammeseinheiten bestanden jeweil aus einer Gruppe von Župen — freien Dorfgemeinschaften — mit einem Župan als Oberhaupt und einer oder mehreren Großfamilien (zadruga) als Grundlage. Es bildete sich aber auch schon eine Schicht Unfreier heraus; zumindest ein Teil davon setzte sich aus der romanisierten keltisch-illyrischen Vorbevölkerung zusammen. An der Spitze des Stammesverbandes stand der Fürst (knez) bzw. Herzog (vojvoda), der von einer besonderen Gesellschaftsschicht, den Edlingern (kosezi), gewählt wurde. Bei diesen handelte es sich um eine nicht voll ausgebildete Adelsschicht, um die Gefolgschaft (družiniki) des Fürsten, die sich bereits vor oder unmittelbar nach der Ansiedlung als eine eigene Kriegerschicht herauskristallisiert hatte. Ihre Entstehung und ihre Verbreitung sind mit der Erweiterung des Machtbereiches des karantanischen Fürsten, ausgehend vom ursprünglichen Zentrum auf dem Zollfeld, verbunden. Diese Entwicklung kennzeichnet den Übergang des Karantanerstaates von der Stammesorganisation in die Kategorie des sogenannten Barbarenstaates, einer Vorstufe des Feudalstaates. Diese im Vergleich zum gleichzeitigen fränkischen Feudalsystem altertümlichere Gesellschaftsordnung tritt besonders in der wohl schon für die Mitte des 8. Jahrhunderts bezeugten Herzogseinsetzung in Karantanien klar zutage. Ursprünglich auf die Erhebung eines Stammesoberhauptes durch alle Freien zurückgehend, entwickelt sich daraus ab der 1. Hälfte des 8. Jahrhunderts eine erbliche karantanische Fürstengewalt. Die Einsetzung des Herzogs geht dabei auf die Edlinger über. In der karantanischen-altslowenischen Gesellschaft haben sich demnach im Hinblick auf die Stellung in der Produktion und in bezug auf den Waffendienst (bei Beachtung der dynamischen Elemente) vier soziale Kategorien ausgebildet: eine zahlenmäßig geringe Adelsschicht, die etwas zahlreicher vertretenen Edlinger, die breite Bevölkerungsschicht im Rahmen der Župenordnung und die Unfreien. Als Träger öffentlicher Funktionen treten uns in den Quellen die Fürsten, die Edlinger und die Župane entgegen.

    Die weitere Entwicklung des Karantanerstaates konnte sich jedoch wegen des starken Drucks des gesellschaftlich und kulturell höher entwickelten fränkischen Feudalsystems nicht mehr ausschließlich als Resultat eigenständiger sozialer Entwicklung vollziehen. Gestört wurde die innere Entwicklung bereits mit der Annahme des Christentums, dessen Träger nicht nur neue religiöse und kulturelle, sondern auch soziale Vorstellungen vermittelten. Die Vorstellung einer hierarchisch aufgebauten Gesellschaft, an deren Spitze ein Fürst steht, der die Gewalt von Gott herleitet, war auch für den karantanischen Fürsten wegweisend. Es ist daher nicht verwunderlich, daß gerade er mit seiner Gefolgschaft — den Edlingern — das Christentum annahm und förderte, während es andere soziale Gruppen, vor allem die freie Bevölkerung der Župenordnung, ablehnten. Zum Bruch in der inneren Entwicklung des karantanischen Fürstentums kam es dann mit dem Beginn der Fremdherschaft um 820. Die gesellschaftlichen Verhältnisse wurden durch die allmähliche Durchsetzung des fränkischen Feudalsystems grundlegend um- und neugestaltet.

Unter feudaler Herrschaft

Die historisch-politische Individualität Karantaniens, die bis in die Zeit der alpenslawischen Landnahme um 600 zurückreicht, blieb auch nach dem Verlust der einheimischen Fürsten erhalten. Häufig mit Bayern verbunden, jedoch stets als eigenes Herrschaftsgebiet, das immer wieder auch eigene Herzöge hatte, war Karantanien in den folgenden Jahrhunderten mehreren territorialen Änderungen unterworfen, bevor es im Jahre 1335 an die Habsburger fiel, in deren Staatsverband es dann bis 1918 verblieb. Unter dem letzten bedeutenden Karolinger, Arnulf („von Kärnten"), wurde Karantanien sogar „regnum" („Charentarichi") genannt. Es umfaßte nahezu alle Alpenslawen und nach dem Fall des kurze Zeit selbständigen Fürstentums Koceljs (869—874) — im Gebiet westlich und südwestlich des Plattensees, das nach den Awarenkriegen vorwiegend von Karantanien aus besiedelt wurde — auch die pannonischen Slawen. In dieser Zeit wurden die Begriffe Karantaner und Karantanien auf alle Alpen- und pannonischen Slawen und deren Siedlungsgebiet ausgeweitet. Der Einbruch der Magyaren um 900 engte dieses „Großkarantanien" für ein halbes Jahrhundert (bis zur Schlacht auf dem Lechfeld 955) wieder auf das obere Drau- und Murgebiet ein. Als 976 das Herzogtum Karantanien wieder einmal, und nicht zum letzten Mal, aus einer Personalunion mit Bayern gelöst wurde, umfaßte es neben dem Gebiet des heutigen Kärnten auch die Marken Verona, Friaul, Istrien und Krain so-

Die älteste Darstellung der Herzogseinsetzung
(aus: „Österreichische Chronik von den 95 Herrschaften")

„Die Kärntner Herzogseinsetzung" (Detail aus einem Fresko des Barockmalers J. F. Fromiller im Großen Wappensaal des Landhauses in Klagenfurt)

wie die Grafschaften im Enns-, Mur- und Mürztal und die Kärntner Mark. In diesem großen, aber zunächst dünn besiedelten und aus ziemlich unverbundenen Tal-Landschaften bestehenden Bereich setzte sich die Verselbständigung lokaler Herrschaftsträger besonders stark durch. Für die Könige und Kaiser aus den Geschlechtern der Ottonen und Salier war das Herzogtum ein wichtiges Territorium, das man nahestehenden Gefolgsleuten verlieh. Der reiche königliche Landbesitz (das ehemalige Herzogsgut!) diente aber als Ausstattungsgut für zahlreiche weltliche Herren und vor allem für die Bischofskirchen Salzburg, Freising, Brixen, Aquileja und Bamberg. Der Herzog verlor dadurch rasch an Einfluß — selbst im Zentralraum des Klagenfurter Beckens mußte er insbesondere mit Salzburg konkurrieren und konnte nur mühsam seinen Eigenbesitz behaupten oder neu aufbauen. Im Zuge der Zusammenfassung solcher feudaler Herrschaftsbereiche zu den neuen „Ländern" des 12./13. Jahrhunderts erwiesen sich andere Geschlechter, wie die steirischen Otakare, die aus altbairischen, altkarantanischen und verschiedenen Marken bzw. Gebieten das neue Land Steiermark schufen, erfolgreicher als die Spanheimer (1122—1269), die nur ansatzweise eine „Landeshoheit" ausbilden konnten. Eine Konsolidierung und Konzentration der Herrschaft fand erst im 15. und 16. Jahrhundert im Zusammenhang mit dem Aufstieg der Landstände statt, wobei sich bei den höheren Gesellschaftsschichten allmählich ein Landesbewußtsein herausbildete. Hervorgehoben werden muß, daß dies unter Berufung auf die slawische Vergangenheit des Landes geschah. Um die Sonderstellung Kärntens innerhalb der Länder des

Heiligen Römischen Reichs hervorzuheben, berufen sich die Landstände auf den Stellenwert des „windischen Herzogtums". Den unmittelbaren Anknüpfungspunkt dafür bildete die altertümliche, in die Frühzeit des Karantanerstaates zurückreichende und später immer wieder durch die politischen Notwendigkeiten modifizierte Zeremonie der Herzogseinsetzung, die bis ins Spätmittelalter fortlebte, und zwar in der bekannten Szene am Fürstenstein bei Karnburg, in der „ain windischer man", der Herzogsbauer, den neuen Herzog in Anwesenheit des Volkes in „windischer rede" einem Prüfungsverfahren unterzog und ihm hernach die Herzogswürde übertrug. Das letzte Mal fand die Zeremonie auf dem auch „Bauernstuhl" genannten Fürstenstein im Jahre 1414 und auf dem Herzogsstuhl im Jahre 1651 statt. Das feudal-dynastische Gegenstück zum Fürstenstein, der sich heute im Kärntner Landesmuseum befindet, war der Herzogsstuhl, der zwischen Karnburg und Maria Saal auf dem Zollfeld steht. Während die Einsetzungszeremonie auf dem Fürstenstein erfolgt war, wurden auf dem Herzogsstuhl vom Herzog die Lehen verteilt.

Kehren wir von der Herrschaftsgeschichte zurück zur inneren Entwicklung Karantaniens nach 820, denn nur noch daran hatten die Karantaner-Slowenen fortan Anteil.

Das fränkische Feudalsystem, welches in enger Verbindung mit dem Christentum stand, konnte von der vorerst nur dünnen Schicht der neu-

Fragment aus den Freisinger Denkmälern (Bayrische Staatsbibliothek, München)

en Herren in dem fast durchwegs slawischen Karantanien sowohl in wirtschaftlicher und gesellschaftlicher als auch in geistig-kultureller Hinsicht nur behutsam durchgesetzt werden. In diesem von den christlichen Missionaren wahrgenommenen Bereich gab es im 9. Jahrhundert noch viel zu tun. Man beschritt dabei aber nicht den brutalen Weg der Sachsen-Christianisierung, sondern es gelang, an die religiöse und geistige Welt der Karantaner zumindest teilweise anzuknüpfen, indem man diese in den Grundzügen übernahm und christlich umdeutete. Da auch die Volkssprache bei der Missionierung herangezogen wurde, erhielten die Slowenen ihre ersten schriftlichen Sprachdenkmäler — die sogenannten Freisinger Denkmäler (Brižinski spomeniki). Sie bestehen aus drei liturgischen Texten, wahrscheinlich aus Westkärnten, die um das Jahr 1000 (zwischen 975 und 1025) schriftlich fixiert wurden und auf nicht erhaltene Urschriften aus dem 9. Jahrhundert zurückgehen. Die altslowenische Sprache dieser ältesten in lateinischer Schrift überlieferten slawischen Texte ist vom heutigen Slowenisch lexikalisch und grammatikalisch etwa so weit entfernt wie die althochdeutschen Dialekte vom heutigen Neuhochdeutsch. Nach den Freisinger Denkmälern — und dies ist bezeichnend für die weitere Entwicklung — gibt es durch ganze 400 Jahre keine schriflichen Aufzeichnungen in slowenischer Sprache, weder in Kärnten, noch anderswo, wenn man von einem Satz absieht, den uns der Minnesänger Ulrich von Lichtenstein in seinem „Frauendienst" überliefert hat. Als Ulrich im Jahre 1227 als Venus verkleidet nach Kärnten kam, wurde er vom Landesfürsten Bernhard von Spanheim mit den slowenischen Worten: „Buge waz primi, gralva Venus" (Gott zum Gruß, königliche Venus) begrüßt, was übrigens als Beweis dafür gelten kann, daß zu jener Zeit am Hof des Landesfürsten die slowenische Sprache verwendet wurde.

Erst am Ende des 14. Jahrhunderts taucht wieder ein slowenisches Sprachdenkmal auf, die sogenannte Klagenfurter Handschrift. Sie stammt aus dem Ort Rateče in Oberkrain, das seinerzeit zur Kärntner Urpfarre Maria Gail bei Villach gehörte. Die Handschrift enthält drei Gebete und wurde von einem Priester aus Maria Gail verfertigt, worauf die dialektale Färbung der Texte hinweist. Dem heutigen Slowenisch stehen die Texte schon recht nahe.

Auch im wirtschaftlich-sozialen Bereich mußten die Vertreter der neuen Macht und Ordnung zunächst die alten Verhältnisse berücksichtigen: die Reste des karantanischen Adels, die Wehrbauernschicht der Edlinger und die Dorfgroßen, die Župane. Allein der Prozeß der Feudalisierung, gegen Ende des 11. Jahrhunderts abgeschlossen, höhlte die karantanische Gesellschaftsordnung immer mehr aus und ersetzte sie durch das grundherrschaftliche System. Die Basis dafür bildete die bereits in der ersten Hälfte des 8. Jahrhunderts einsetzende Vergabe des umfangreichen Königsgutes an bairische und fränkische Bischofskirchen (Salzburg, Aquileia, Freising, Brixen, Bamberg) und an weltliche Große. Damit wurde Karantanien zum Kolonisationsgebiet für bairische Zuwanderer. Die karantanische Führungsschicht ging zum Teil im bairischen Adel auf. Die Župenordnung wurde durch die Hubenverfassung abgelöst, und die ursprünglich Freien der Dorfgemeinschaft sanken zu Hintersassen ab. Nur die Župane konnten im Rahmen der Grundherrschaft eine

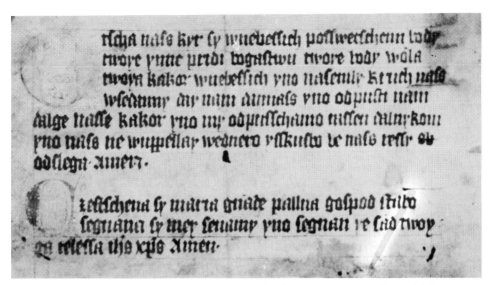

Fragment der Klagenfurter Handschrift (Kärntner Landesarchiv)

etwas bessere ökonomische und rechtliche Stellung behalten. Daneben bot die Weiterentwicklung der Grundherrschaft (11. bis 13. Jh.) den unfreien Bauern die Chance zu einer gewissen Verselbständigung auf eigenen Huben. Die Edlinger, den neuen Herren ergeben, behielten zunächst ihre freieigenen Güter, ihre Gerichtsbarkeit, ihre persönliche Freiheit, das Recht, Waffen zu tragen und die Rechte im Zusammenhang mit der Einsetzung des neuen Herzogs. Doch mit dem Entstehen neuer kleinadeliger Gruppen verloren die Edlinger zusehends an Bedeutung. Infolge ihrer Bindung an den Herzog mußte ihre Stellung analog zu seiner absinken, während die kleinadeligen Gefolgschaftsleute der Kirche und des Adels — die Ministerialen — aufstiegen und an ihre Stelle traten. Bis ins 13. Jahrhundert hinein finden wir die Edlinger in den Zeugenreihen noch gleichwertig mit den Ministerialen, im 14. Jahrhundert sind sie bereits in die Grundherrschaft integriert und mit dem Untertanenstand verschmolzen.

Der Abschluß dieses Prozesses erfolgte in dem Augenblick, als die Gerichtsbarkeit über die Edlinger vom Herzog auf einen Adeligen überging und damit die unmittelbare Beziehung zwischen Edlingern und Herzog endete. Die ohnehin nur noch auf den Herzogsbauer beschränkte Funktion der politisch bereits rechtlosen Edlinger bei der Herzogseinsetzung hatte im Spätmittelalter nur noch symbolische Bedeutung. Dieses Verschwinden einer einheimischen, dem Kleinadel anderer ostmitteleuropäischer Länder vergleichbaren Schicht ist vermutlich mitverantwortlich für die späteren Schwierigkeiten bei der Entwicklung eines slowenischen Nationalbewußtseins in Kärnten. Die slowenischen Kärntner waren nunmehr überwiegend auf die abhängige Bauernschaft beschränkt.

Die Durchsetzung des Feudalsystems im Gebiet des heutigen Kärnten änderte nicht nur die Sozialstruktur des Landes. Im Zusammenhang mit der sich seit der Jahrtausendwende verdichtenden bairischen Kolonisation begann auch eine grundlegende Umgestaltung der ethnischen Struktur. Wie vor ihnen die Alpenslawen, so ließen sich auch die Baiern zuerst in den zentralen Becken- und Tallandschaften nieder und drangen dann in die kleineren Täler und Hanglagen vor. Das Siedlungsbild Kärntens im Hochmittelalter bietet uns bereits ein buntes bairisch-alpenslawisches Mosaik. In den folgenden Jahrhunderten bewirkten dann weitere Kolonisations- und Assimilationsvorgänge Ballungen des slowenischen und deutschen Elements sowie Schwerpunktbildungen in den Siedlungsräumen. Unter diesen Bedingungen kam es in der einen Region zur Germanisierung, in der anderen wieder zur Slawisierung des jeweils anderssprachigen Bevölkerungselementes. Im 15. Jahrhundert bildete sich schließlich jene Sprachgrenze heraus, die dann im wesentlichen bis zur Mitte des 19. Jahrhunderts unverändert blieb. Sie begann im Westen südlich von Hermagor, folgte dem Kamm der Gailtaler-Alpen bis zum Dobratsch, querte südlich von Villach die Drau, verlief über die Ossiacher Tauern, erreichte über Moosburg, Maria Saal und Ottmanach die Saualm bei Diex und endete bei der Mündung der Lavant in die Drau.

Rund zwei Drittel des Landes sprachen somit ab dem 15. Jahrhundert deutsch und ein Drittel slowenisch, wobei sich auch im slowenischen Landesteil die Oberschicht (Adel und Stadtbürgertum) überwiegend des Deutschen bediente. Doch auf die Unterscheidung zwischen deutsch und slowenisch oder windisch kam es damals noch nicht an. Primär galt die Unterscheidung Herr — Untertan. Den feudalen Schichten lag eine „nationale" Voreingenommenheit fern. Daher gab es seitens der Grund- und Gerichtsherrschaften und der ständischen Behörden auch keine „Germanisierungsabsicht". Allen erschien der bäuerliche Untertan ohne Rücksicht auf seine Sprache nur als Wirtschaftsfaktor und Herrschaftsobjekt wichtig. Zweifellos waren Adel und Bürgertum im slowenischen Siedlungsgebiet weitgehend zweisprachig, also des Slowenischen mächtig, da dies eine Voraussetzung für den Umgang mit den nur slowenischsprachigen Untertanen war.

Von einem Bewußtsein der ethnischen Zusammengehörigkeit der Slowenen im Hoch- und Spätmittelalter wird man, wenn überhaupt, nur in sehr eingeschränktem Maße, und zwar nur in bezug auf die mündlich tradierte Volkskultur, sprechen können. Ein auf die Zeit des Karantanerstaates zurückgehendes Stammesbewußtsein wurde weitgehend durch die Feudalisierung der Gesellschaft aufgelöst. Zwei Faktoren spielten eine wichtige Rolle: die herrschaftliche Zersplitterung des Landes und die sozial bedingte Immobilität des an die Scholle gebundenen slowenischen Untertanen. Da Zusammengehörigkeitsbewußtsein auf Kommunikation beruht, hatten diese Faktoren eine desintegrierende Wirkung. Die Träger des bereits erwähnten „windischen Landesbewußtseins" waren ja nicht die Untertanen, sondern die Landstände. Dieses Bewußtsein beruhte nicht auf der ethnischen Zugehörigkeit seiner Träger, sondern auf der „ethnischen Vergangenheit" des Landes bzw. dessen besonderen Herrschaftstraditionen. Wenn der Kärntner Chronist Jakob Unrest im Jahre 1490 schrieb, daß „Kerndten ein rechts Windisch landt" sei, so hatte er zwar auch die ethnische und sprachliche Zusammensetzung Kärntens vor Augen, primär war damit aber die historische Umschreibung und Begründung eines besonderen Landesbewußtseins gemeint, eines Landesbewußtseins, das in den folgenden Jahrhunderten im Hinblick auf die soziale Schichtung von oben nach unten an Boden gewann, dabei aber den spezifischen „windischen" Inhalt verlor und schließlich für den jüngeren Konkurrenten, das moderne Nationalbewußtsein, eine schwer zu überwindende Barriere darstellte.

Bauernaufstände und Reformation

Zwei gesamteuropäische Phänomene, die am Beginn des Niederganges der Feudalherrschaft stehen, erfaßten auch Kärnten. Im sozialökonomischen Bereich waren das die Bauernaufstände und im geistigreligiösen die Reformation. Hier soll nur auf ein paar wesentliche Zusammenhänge, die zur ersten großen Krise der Feudalgesellschaft führten, näher eingegangen werden. Der Prozeß der Kommerzialisierung der Grundherrschaft im Zusammenhang mit der Entstehung der Städte und der Ausweitung des Handels hatte auch für den Untertanen in Kärnten — für den slowenischen ebenso wie für den deutschen — weitreichende Folgen. Der Übergang von den Naturalabgaben zu den Geldabgaben drängte den Bauern immer stärker auch in außeragrarische Bereiche, vor allem in den Handel. Er geriet dabei aber in Konflikt zu den Städten, die den bäuerlichen Zwischen- und Fernhandel bekämpften. Der Adel, für den sich der Ertrag, den der Untertan aus dem Handel zog, in der feudalen Rente niederschlug, unterstützte den Eingriff des Bauern in den nichtagrarischen Bereich gegen die einschränkenden Forderungen der Städte und verstärkte gleichzeitig mit immer neuen Abgaben die feudale Ausbeutung. Doch der Bauer war infolge der durch die Öffnung der Feudalgesellschaft gewonnenen Beweglichkeit selbstbewußter und weitblickender geworden und begriff immer besser seine wirtschaftlich entscheidende Funktion in der Gesellschaft, während er auf der anderen Seite die Funktion des Adels — etwa die Schutz- und Schirmfunktion — mehr und mehr in Zweifel zog. Einen Kulminationspunkt erreichte diese Entwicklung, als die expandierende osmanische Großmacht auch vor Kärnten nicht halt machte und ihre Reiterscharen brennend, mordend und plündernd durchs Land zogen, ohne daß der Adel fähig war, eine wirksame Verteidigung einzurichten. Adel und Bürger verschanzten sich hinter ihren Mauern — selbst der bauernfeindliche Jakob Unrest schrieb, die Herren und Landstände täten nichts und sähen durch die Finger zu —, der Bauer aber war schutzlos den türkischen Eindringlingen ausgeliefert und mußte noch dazu die Last der eigens zur Türkenabwehr eingeführten Steuern tragen. Erstmals fielen die Türken, über den Seeberg kommend, im Jahre 1473 in Kärnten ein und verwüsteten das Jauntal und die Umgebung von Klagenfurt. Unmittelbar darauf bildete sich ein Bauernbund — wahrscheinlich im slowenisch besiedelten Jauntal —, der den Landständen mit der Einstellung der Urbarialabgaben drohte, wenn sie nicht bald eine wirksame Abwehr gegen die Türkengefahr zustande brächten. Als die Türken 1476 Kärnten ein zweites Mal heimsuchten, entstand im Gailtal ein Bauernbund, der sich gegen die Türkensteuer auflehnte. Im Februar 1478 kam es dann zur größten Bauernerhebung Kärntens, in der Bauern aus beiden Sprachgruppen gegen die bestehenden gesellschaftlichen Verhältnisse kämpften. Ihren Anfang nahm die Bewegung in Spittal, breitete sich aber rasch in das Gailtal und über ganz Süd- und Mittelkärnten aus, wohin sich dann auch der Schwerpunkt des Aufstandes verlagerte. Für ein paar Monate übte der Bauernbund unter der Führung von Peter Wunderlich die Macht auf dem flachen Land aus, verweigerte die Zahlung der Abgaben und hob selbst einen „Bundesbeitrag" ein. Unterstützung fand er auch bei den Handwerkern und Bergleuten. In Anlehnung an das Programm des steirischen Bauernbundes in Schladming arbeitete der Bund (die slowenischen Wörter punt, puntar in der Bedeutung von Aufstand, Aufständischer sind davon abgeleitet) eine Art Verfassung aus. Darin heißt es, daß der Bauernbund nicht gegen den Kaiser gerichtet sei. Die Bauern seien auch bereit, die von altersher bestehenden Abgaben zu entrichten — die spätere Losung „fürs alte Recht" (za staro pravdo) ist hier schon enthalten. Adel, Geistlichkeit und Bürger sollten dem Bund beitreten und mithelfen, das Recht zu sichern; das aber sollten nicht mehr Land- und Stadtrichter sprechen, sondern freie Gerichte, bestehend aus vier Bundesmitgliedern. Außerdem wurde — vier Jahrzehnte vor dem Beginn der Reformation — die Wahl der Geistlichen durch die Gemeinde gefordert. Die Verwirklichung dieser „Bauerndemokratie", mit dem Kaiser an der Spitze, hätte eine revolutionäre Umgestaltung der feudalen Gesellschaftsordnung bedeutet. Daß der Bund Hoffnungen in den Kaiser setzte, zeigte seine Bitte an Friedrich III., er möge den für die Türkenabwehr gegrün-

> **Ain newes lied von den kraynnerischen bauren.**
>
> Hat wunder zu/ der Bauren vntreu/ thet sich so ser aus praittñ. In kurtzer zeit/ zu krieg vnd streit/ kham maniger her von weitten. Aus irer gemain/ thetñ sy schreien Stara prauda/ ain yeder wolt sich rechen/ seines herrn gut nun schwechñ. Leukhup leukhup leukhup leukhup woga gmaina/ mit gmainem rat sy khamen dar/ fur gschlösser marckht das ist war.
>
> Der adel guet/ aus freyem muet/ thet sich gar starck auff schwingen/ er macht das pöst/ war nit der letzst/ mit vechtñ vnd mit ringen/ der Bauren schar/ was rueffen dar. Stara prauda/ die lanntzknecht thetten prangen mit spiessen vnd mit stangen. Leukhup.l.l.l. woga gmaina/ der Bauren pundt was zer trent/ ir khainer west vmb das endt.

Deutsches Landsknechtlied mit slowenischem Kehrreim, der die ältesten gedruckten slowenischen Wörter (1515) enthält.

deten Bauernbund sanktionieren. Der Kaiser verbot diesen aber und forderte von den Landständen ein sofortiges scharfes Durchgreifen. Dies nahmen den Landständen dann die Türken ab, als sie Ende Juni 1478 über den Predil in Kärnten einbrachen und das unter der Führung des Bauern Mathiasch (Matjaž) stehende, zahlenmäßig weit unterlegene Bauernheer, dem auch Bergknappen angehörten, vollständig aufrieben. Die darauf folgenden wochenlangen Verwüstungen durch die Türken sah Unrest als Gottesgericht über die aufrührerischen Bauern an. Nach dem Abzug der Türken benützten dann die Stände ihre wiedergewonnene Macht, um die Führer des Bauernbundes zu fangen und hinzurichten.

1515 entbrannte der größte Bauernaufstand auf slowenischem Gebiet. Die Zeitgenossen nannten ihn den „windischen Bauernkrieg". Er griff auch auf Kärnten über, erfaßte den gesamten slowenisch sprechenden Teil des Landes und auch deutschsprachige Gebiete (Umgebung von Hüttenberg, Lavanttal). Auch diesmal bewährte sich die Solidarität der Unterschichten im Kampf gegen die Feudalherrschaft ohne Rücksicht auf Sprache und ethnische Herkunft. Das Programm der Aufständischen fand in ihrem Schlachtruf „stara pravda!" (alte Gerechtigkeit) Ausdruck. Ein gegen die Aufständischen gerichtetes Volkslied jener Zeit, als Flugblatt gedruckt, nahm diesen Schlachtruf als Kehrreim auf. So heißt es in diesem Lied, das die ersten gedruckten slowenischen Wörter enthält:

.....
Aus irer gemain, thetn sy schreien
Stara prauda,
.....
Leukhup ... woga gmaina,
(= le vkup uboga gmaina / zuhauf, armes Volk)
.....

Die unklaren Zielvorstellungen der Bauern über eine zukünftige soziale Ordnung, die mangelnde Erfahrung und Koordination in der Kriegführung und nicht zuletzt die aus vielen Bauernerhebungen bekannte Illusion, der Kaiser werde den Adel zwingen, ihnen ihr Recht zu geben — die Blindheit ging dabei so weit, daß die Bauern in Kärnten mit dem Bildnis des Kaisers auf ihren Fahnen gegen das Heer des Kaisers und der Adeligen in den Kampf zogen — ließen auch die Erhebung des Jahres 1515 scheitern. Immerhin konnten die Bauern in Kärnten, anders als ihre Verbündeten in Krain und in der Untersteiermark, einen wenn auch kleinen Erfolg verbuchen. Konflikte zwischen Grundherren und Untertanen wurden in der Folgezeit aus der Kompetenz der Patrimonialgerichtsbarkeit herausgelöst und der Entscheidung des Landgerichtes unterworfen. Dies war vielleicht mit ein Grund dafür, daß es in Kärnten, im Gegensatz zu Krain und der Steiermark, in den folgenden Jahrhunderten keinen größeren Bauernaufstand mehr gegeben hat.

Trotzdem muß hier auf einen Unterschied zwischen den slowenischen und deutschen Untertanen in Kärnten hingewiesen werden, auf einen Unterschied, der sich insofern auswirkte, als sich die slowenischen Bauern — wie einzelne Quellen berichten — unruhiger verhielten und sich öfter gegen die Grundherren auflehnten als ihre deutschen Nachbarn. Die Ursache dafür ist wohl in der unterschiedlichen sozialen Lage des slowenischen und deutschen Bauern zu suchen. Seit dem 14. Jahrhundert ist in

Kärnten in der besitzrechtlichen Stellung der Bauern, die zwei Hauptformen aufweist, das Kaufrecht mit Erbrecht und das Freistiftrecht ohne Erbrecht, ein auffallender regionaler Unterschied festzustellen. Vermutlich ist dieser Unterschied auf verschiedene Phasen der Kolonisation zurückzuführen. In den früher besiedelten Zonen des Landes, im wesentlichen also in Unterkärnten, dominierten große Grundherrschaften mit sehr unfreien Arbeitsverhältnissen. Diese setzten sich nach der Umwandlung der Fronhöfe in Bauernhuben im relativ ungünstigen Freistiftrecht fort. In den später erschlossenen Gebieten kannte man kaum große Herrschaftshöfe, sondern von vornherein nur selbständige, aber abgabenpflichtige Bauern. Diesen gestand man nun rasch bessere Leiheformen zu, wohl um einen zusätzlichen Anreiz für die Besiedlung des unwirtlichen Gebirgslandes zu geben. Mit fortschreitender Herausbildung der Sprachgrenzen fielen damit die slowenischen Bauern größtenteils unter das Freistiftrecht, die deutschen des Oberlandes aber unter das Kaufrecht, ohne daß sich Sprachgrenze und Formen der bäuerlichen Abhängigkeit je völlig gedeckt hätten. Somit bewirkten Erblichkeit, verbunden mit größerer persönlicher Freiheit in dem einen Landesteil und drückendere Herrenrechte bei größerer persönlicher Abhängigkeit im anderen Landesteil ein soziales Gefälle innerhalb Kärntens, was sich nicht nur im ökonomischen Bereich mit der Entstehung größerer bäuerlicher Betriebe im deutschsprachigen Landesteil und im Überwiegen von Klein- und Mittelbetrieben bei den Slowenen zeigte, sondern in Wechselbeziehung dazu auch in der Bewußtseinsentwicklung unterschiedliche Auswirkungen hatte. So fällt auf, daß im 19. Jahrhundert die Grenze zwischen Kauf- und Freistiftrecht in der politisch-ideologischen Orientierung der Bevölkerung wieder zum Vorschein kam. Während sich im Gebiet mit Freistiftrecht die konservative Orientierung durchsetzte, überwog im Gebiet mit Erbrecht die liberale und später deutschnationale Richtung. Das Freistiftrecht wurde übrigens von Maria Theresia im Jahre 1772 gegen den Willen der Kärntner Stände und ohne Entschädigung an den Grundherrn in ein Kaufrecht umgewandelt, was wohl bei den slowenischen Bauern Kärntens eine stärkere Verbundenheit mit der Dynastie bewirkt hat.

Die Reformation, neben den Bauernaufständen die zweite große Folgeerscheinung der tiefgreifenden gesellschaftlichen Veränderungen des ausgehenden Mittelalters, erfaßte das slowenische Sprachgebiet erst in der zweiten Hälfte des 16. Jahrhunderts. Sie breitete sich mit unterschiedlicher Intensität, auch im Hinblick auf die soziale Schichtung, über das gesamte slowenische Siedlungsgebiet aus. Der Schwerpunkt der slowenischen protestantischen Bewegung lag in Krain. Ihre große Tat war die Schaffung der slowenischen Schriftsprache, die zur Basis für ein eigenständiges kulturelles Leben der Slowenen wurde, auf die sich später das slowenische nationale Erwachen stützen konnte. Im Jahre 1550 veröffentlichte Primož Trubar das erste gedruckte slowenische Buch, seinen „Catechismus", und im Jahre 1584 erschienen die slowenische Bibelübersetzung von Jurij Dalmatin sowie die von Adam Bohorič verfaßte slowenische Grammatik. Die slowenischen Prediger Janž Fašank und Bernhard Steiner arbeiteten als Vertreter Kärntens an der Revision der Dalmatin-Bibel mit. Fast ein Drittel der Druckkosten dieser Bibel wurde

Titelblatt der Dalmatin-Bibel (1584)

von den Kärntner Landständen getragen, die dazu noch ein Fünftel der Auflage (300 Stück) für den Kärntner Bedarf ankauften. Als Abnehmer der slowenischen protestantischen Druckwerke tritt uns in den Städten und Märkten Süd- und Mittelkärntens sowie in Klagenfurt und Villach erstmals ein zahlenmäßig geringes slowenisch sprechendes bürgerliches Element entgegen. In Klagenfurt wurde die Spitalskirche ganz den Slowenen überlassen, sodaß dort eine selbständige Pfarre für die Slowenen aus Klagenfurt und Umgebung entstehen konnte. Die Kärntner Landstände errichteten in Klagenfurt eine protestantische Mittelschule, in der sehr wahrscheinlich auch die slowenische Sprache Berücksichtigung fand. Rektor dieses „Landschaftsgymnasiums" war von 1593 bis 1601 der württembergische Humanist und Polyhistor Hieronymus Megiser. Eng mit der Reformation bei den Slowenen verbunden, gab er zwei lexikalische Werke heraus: das „Dictionarium quatuor linguarum" (1592) und den „Thesaurus Polyglottus" (1603), worin er die gerade damals entstehende slowenische Schriftsprache gleichberechtigt neben die lateinische, deutsche und italienische stellte. Megisers Wörterbücher übten neben der Dalmatin-Bibel und der Bohorič-Grammatik den nachhaltigsten Einfluß auf die weitere Entwicklung der slowenischen Schriftsprache aus. Große Verdienste um die Drucklegung slowenischer protestantischer Bücher erwarb sich schließlich der Kärntner Adelige Johann Ungnad von Sonegg mit seiner slowenisch-kroatischen Druckerei im schwäbischen Urach, in die er große Geldmittel investierte.

Auf ein besonderes Phänomen muß im Zusammenhang mit der Entwicklung des Protestantismus bei den Kärntner Slowenen noch hingewiesen werden. In den slowenischen Gebieten waren die Träger der Reformation wie auch anderswo der Adel und das Bürgertum, während der slowenische Bauer der neuen Lehre nur in geringem Maße anhing. Kärnten bildete diesbezüglich eine Ausnahme. Hier konnte der Protestantismus auch in der slowenischen Bauernschaft vor allem im unteren Gailtal Fuß fassen und so starke Wurzeln schlagen, daß er die Gegenreformation in einzelnen Dörfern (Seltschach, Agoritschach bei Arnoldstein) überdauern konnte. Die slowenischen Protestanten des Gailtals hüteten während der fast zweihundertjährigen Verfolgung sorgsam die seltenen Exemplare der slowenischen protestantischen Bücher, schrieben sie ab und hielten mit ihnen geheime Gottesdienste ab. Drei Jahre nach dem 1781 erlassenen Toleranzedikt Josefs II. ließ sogar ein slowenischer Keuschler namens Peter Pinter auf eigene Kosten bei Kleinmayr in Klagenfurt Dalmatins Gebetbuch aus dem Jahre 1584 unter dem Titel „Kristianske bukvize" (Christliches Büchlein) neu drucken. Noch in jüngster Zeit konnten bei den Gailtaler Protestanten Unikate der slowenischen protestantischen Literatur aufgefunden werden.

Die slowenischen kulturellen Bestrebungen erlitten in Kärnten durch die gewaltsame Wiedereinführung des Katholizismus ebenso wie in den übrigen slowenischen Gebieten eine starke Einengung. Wohl bemühten sich auch die Jesuiten als Träger der Gegenreformation um ein slowenisches kulturpolitisches Programm — vorwiegend natürlich im Hinblick auf die praktischen Bedürfnisse der Seelsorge —, doch ihre Bestrebungen im 17. un 18. Jahrhundert beschränkten sich in Kärnten im wesentlichen auf die Ausbildung slowenischer Prediger, die ab 1620 auch in Klagenfurt wirkten. Sie konnten sich nicht mit dem Programm der Reformationszeit messen. Eine Ausnahme in dieser Hinsicht bildete lediglich die von Klagenfurter Jesuiten besorgte und vom Grafen Goeß finanzierte Neubearbeitung und Veröffentlichung von Megisers „Dictionarium" (1744 — Hauptbearbeiter war der slowenische Prediger aus Eisenkappel, Anton Miklauz), dem 1758 auch die deutsche Übersetzung der gekürzten Bohorič-Grammatik folgte.

Bauernaufstände und Reformation schufen die ersten Voraussetzungen für die Ausbildung eines ethnischen Bewußtseins bei den Slowenen, die mit der Begründung einer eigenen schriftsprachlichen Tradition, wenn auch nur für ein halbes Jahrhundert, einen Platz im damaligen kulturellen Leben erlangen konnten. Beide Bewegungen scheiterten, und doch stellen sie Meilensteine in der Entwicklung des slowenischen Volkes und damit auch der Kärntner Slowenen dar. Sowohl die Bauernaufstände als auch die Reformation bewirkten einen Kommunikationsprozeß, der vor den Landesgrenzen nicht haltmachte und die Slowenen über diese Grenzen hinweg zu verbinden begann. Die Niederschlagung der Bauernaufstände und der Sieg der Gegenreformation verlangsamten zwar diesen Prozeß der inneren Einigung erheblich und behinderten damit auch eine eigenständige wirtschaftliche, soziale und kulturelle Entwicklung der Slowenen, sie konnten ihn aber nicht zum Stillstand bringen.

Die Anfänge der Nationsbildung

Bauernaufstände und Reformation hatten die politisch auf mehrere Länder aufgeteilten Slowenen im Sinne eines Zusammengehörigkeitsbewußtseins zu verbinden begonnen: die Bauernkriege unter dem Aspekt der Kommunikation von Untertanen gleicher Sprache und die Reformation, ebenfalls auf sprachlicher Grundlage, mit bereits deutlich ausgeprägten integrativen Tendenzen, sichtbar in den Megiser-Wörterbüchern und in der Dalmatin-Bibel. Sie waren Vorboten des nationalen Erwachens. Diese gingen mit den Krisenerscheinungen des Feudalsystems einher, welches selbst noch mit seinem Partikularismus im krassen Gegensatz zur zentralisierenden Mission der späteren nationalen Idee stand. Der Wachstumsprozeß des Kapitalismus im Schoße der Feudalgesellschaft schuf dann jene wirtschaftlichen, sozialen und geistigen Voraussetzungen, die zur Ausbildung eines nationalen Bewußtseins und in der Folge zur nationalen Integration führten. Zur Grundlage dieser Integration wurde die Volkssprache, die sowohl im wirtschaftlichen Bereich, auf dem Binnenmarkt, als auch im kulturellen Bereich, in der allgemeinen Volksbildung, vor allem im Elementarunterricht, eine zunehmende Bedeutung erlangte. Der Staat selbst, der zum Zwecke der Modernisierung von Wirtschaft und Gesellschaft die Aufklärung breiter Bevölkerungsschichten vorantrieb, hat wesentlich zur Entstehung einheitlicher Nationalsprachen beigetragen. Die Slowenen befanden sich am Ausgangspunkt der Entwicklung zur modernen Nation in einer sehr schwierigen Lage. Ihnen fehlten die oberen Gesellschaftsschichten, sodaß sich bei ihnen die Gemeinschaftsform „Nation" der Charakteristik der sozialen Gruppe „Klasse" näherte. Nationale Emanzipation bedeutet daher für sie gleichzeitig Emanzipation als soziale Gruppe, oder anders ausgedrückt, sie mußten den Vorsprung der Deutschen in gesellschaftlicher und auch kultureller Hinsicht einholen oder zumindest zu verringern suchen, um mit ihnen auch national gleichziehen zu können. Dies gilt im besonderen auch für die Slowenen in Kärnten.

Wenn wir die Sozialstruktur der Kärntner Slowenen am Ende des 18. Jahrhunderts — also in der ersten Phase des nationalen Erwachens — betrachten, so tritt uns eigentlich nur eine, noch dazu wenig differenzierte soziale Gruppe entgegen: der untertänige Bauer, dessen Lage sich durch die theresianisch-josephinischen Reformen vor allem in rechtlicher Hinsicht etwas gebessert hatte. Ein slowenisches bürgerliches Element war nur in geringer Zahl vorhanden und noch schwächer ausgebildet als in den anderen slowenischen Gebieten. Die städtischen und gewerblichen Zentren im slowenischen Sprachgebiet wiesen zwar einschließlich der Landeshauptstadt Klagenfurt einen erheblichen slowenischen Bevölkerungsanteil auf, allerdings nur in den Unterschichten. Eine

Titelseite und Anfang der Vorrede von Gutsmanns „Windischer Sprachlehre"

 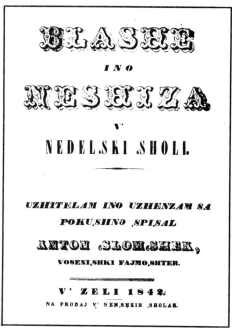

Bischof Anton M. Slomšek und sein beliebtes Schulbuch

nennenswerte Arbeiterschaft war nicht vorhanden, da Industriebetriebe weitgehend fehlten und der Bergbau stagnierte. Auf eine Gruppe, die sich erst in dieser Zeit klarer herausgebildet hatte und die für die weitere Entwicklung der Kärntner Slowenen bis in die Gegenwart hinein eine wesentliche Funktion erlangte, muß aber noch besonders hingewiesen werden. Es ist dies jener Typus des slowenischen Landpfarrers, der gleichzeitig Seelsorger, erster Lehrer und später auch erster Ökonom des Dorfes war. Er bildete lange Zeit die einzige Intelligenzschicht der Kärntner Slowenen und war daher prädestiniert, zum Träger des neu entstehenden Nationalbewußtseins zu werden.

Das nationale Erwachen hatte bei den Kärntner Slowenen, wie bei den Slowenen überhaupt, bis zum Jahre 1848 den Charakter einer kulturellen Bewegung. Es setzte etwa um die gleiche Zeit ein wie im slowenischen Kernland Krain und wurde in der ersten Phase von wenigen Personen getragen. In Krain waren es Marko Pohlin und der Kreis um Žiga Zois: Blaž Kumerdej, Jurij Japelj, Anton Tomaž Linhart, Valentin Vodnik und Jernej Kopitar, um nur die bedeutendsten zu nennen. Sie alle beschäftigten sich mit den normativen Vorarbeiten an der slowenischen Schriftsprache, mit der Erstellung von Grammatiken und Wörterbüchern, mit einer neuen Bibelübersetzung. Sie verfaßten die ersten literarischen Werke und erforschten die Geschichte des Volkes. Linhart war übrigens der erste, der auf die Rolle des frühmittelalterlichen slawischen Karantanien in der slowenischen Geschichte hinwies. In Kärnten ist an erster Stelle der Prediger Ožbalt Gutsmann (1727—1790) zu nennen. Seine 1777 erschienene „Windische Sprachlehre", die acht Auflagen erlebte, und sein 1789 veröffentlichtes „Deutsch-windisches Wörterbuch", das rund vierzig Jahre lang das meistgebrauchte slowenische Wörterbuch blieb, wollte Gutsmann als Beitrag für eine gemeinsame Schriftsprache aller Slowenen verstanden wissen. Ihre Bedeutung ist in diesem Sinne nicht hoch genug einzuschätzen. Auch diese ersten Werke des slowenischen nationalen Erwachens in Kärnten fanden noch Mäzene im deutschen Adel. 1799 kam der Bearbeiter der zweiten slowenischen Bibelübersetzung, Jurij Japelj, nach Klagenfurt und wurde Leiter des Priesterseminars der Diözese Lavant. Seine Arbeit, vor allem im Hinblick auf die Ausbildung des slowenischen Priesternachwuchses, setzte der Untersteirer Anton Martin Slomšek (1800—1862), der spätere Bischof von Lavant, fort. Aus dem von ihm 1821 am Priesterseminar eingerichteten und bis 1838 betreuten Slowenischkurs gingen die ab 1848 führenden Persönlichkeiten der Kärntner Slowenen, Andrej Einspieler und Matija Majar, hervor.

Einen besonderen Typus im slowenischen nationalen Erwachen in Kärnten stellen die sogenannten „bukovniki" — Schreiber aus den untersten Volksschichten — dar. Es waren dies Autodidakten, die sich zum Teil auf die sprachliche Tradition der slowenischen Protestanten stützten und einerseits Übersetzungen aus dem Deutschen anfertigten, andererseits aber auch einige Werke, meist religiöser Natur, schufen. Die bedeutendsten unter ihnen waren der Weber Miha Andreaš (1762—1821) und der Bauer, später Taglöhner, Andrej Schuster-Drabosnjak (1768— um 1825), dessen Passionsspiel noch in unserem Jahrhundert — zuletzt 1982 — von Laienschauspielern in Köstenberg/Kostanje aufgeführt wurde.

In der ersten Hälfte des 19. Jahrhunderts war die zentrale Persönlichkeit der Kärntner Slowenen zweifellos der Pfarrer, Philologe, Dichter und Historiker Urban Jarnik (1784—1844). Besonders hingewiesen sei auf seine Mitarbeit in der 1811 gegründeten Zeitschrift „Carinthia". Schon im 1. Jahrgang veröffentlichte er das Gedicht „Na Slovenze" (An die Slowenen), und 1826 erschien sein noch heute viel beachteter Aufsatz „Andeutungen über Kärntens Germanisierung", in dem er die slawische Vergangenheit Kärntens und den Germanisierungsprozeß darzustellen versuchte. Die „Carinthia" stand den Kärntner Slowenen bis zur Mitte des 19. Jahrhunderts als Publikationsorgan offen. So heißt es in ihrem Programm aus dem Jahre 1811: „Da Kärnten sowohl Deutsche als Slowenen (Slovenzi) bewohnen, so gehört es mit in den Plan der Carinthia, auch manche slowenische Aufsätze zu liefern..." Die Toleranz, die aus diesem Zitat spricht und auch für die 1818 gegründete „Kärntnerische Zeitschrift" gilt, beruhte auf dem kulturpolitischen Programm der geistigen Elite Kärntens in den ersten Jahrzehnten des 19. Jahrhunderts, die, stark von Herder beeinflußt, einen romantischen Kult der Vergangenheit, eine Hinwendung zur Volkssprache und Volkskultur sowie eine Art Wiederbelebung der Kärntner humanistischen Tradition des 16. Jahrhunderts entwickelte. Bei den Kärntner Slowenen deckte sich dieser Kult der (slawischen) Vergangenheit mit den kulturellen Bestrebungen um ein nationales Erwachen. Bei Jarnik stand daher das slowenische Nationalbewußtsein in keinem Widerspruch zum Kärntner Landesbewußtsein,

"Andeutungen über Kärntens Germanisirung" von Urban Jarnik, erschienen in der "Carinthia" 1826

und das deutschsprachige Bürgertum war sich, wenn auch in romantischer Verklärung, der Gemeinsamkeit mit den Slowenen bewußt. Sobald jedoch die slowenische Emanzipation in Kärnten eine politische Dimension erreichte, und dies war spätestens im Revolutionsjahr 1848 der Fall, schlug die Gemeinsamkeit in Gegnerschaft um.

Zwischen nationaler Emanzipation und Assimilation

In der Mitte des 19. Jahrhunderts finden wir in Kärnten im wesentlichen jenen ethnischen Stand vor, der sich nach der mittelalterlichen deutschen Kolonisation und der darauf folgenden Assimilation bis zum 15. Jahrhundert herausgebildet hat. Eine recht klar ausgeprägte Sprachgrenze scheidet das rein deutschsprachige Gebiet vom slowenischen. Nur an wenigen Stellen, vor allem nördlich von Klagenfurt, schließt sie auch gemischtsprachige Gebiete ein. Ein Sonderfall ist das Kanaltal, wo sich deutsche und slowenische Dörfer aneinanderreihen.

Südlich der Sprachgrenze war die Masse der Bevölkerung slowenisch. Deutsch waren nach wie vor der Adel und die wohlhabenden Bürger der Städte und Märkte, aber auch das seit der zweiten Hälfte des 18. Jahrhunderts entstehende vermögende Bürgertum, die Beamten und die freiberufliche Intelligenz. Nahezu alle Slowenen, die in diese sozialen Gruppen aufstiegen, nahmen die deutsche Sprache an. Auch auf die niederen bürgerlichen Schichten, die größtenteils noch slowenisch sprachen, wirkte die deutsche Oberschicht assimilierend. Bis zu den Anfängen des nationalen Erwachens und im großen und ganzen noch bis zur Mitte des 19. Jahrhunderts verlief dieser Prozeß unbewußt und stellte nichts anderes als die Anpassung an eine neue soziale Umwelt dar. Das änderte sich in der 2. Hälfte des 19. Jahrhunderts, als die gezielten Germanisierungsbestrebungen einen wesentlichen politischen Faktor darzustellen begannen.

Die erste Erhebung der sprachlichen Zugehörigkeit der Bevölkerung wurde von den österreichischen Behörden unter der Leitung des Freiherrn von Czoernig im Jahre 1846 durchgeführt. Für Kärnten (in den alten Grenzen) brachte sie folgende Ergebnisse: Von den 318.577 Bewohnern waren 223.033 (70,01 %) Deutsche und rund 95.544 (29,9 %) Slowenen. Analysen haben ergeben, daß Czoernigs Angaben für die gemischtsprachigen Orte ungenau sind und daß man rund 20.000 Slowenen mehr annehmen müßte. Wenn wir diese Zahlen auf das Kärnten in den Grenzen von 1920 (also ohne Mießtal, Seeland und Kanaltal) umrechnen, so können wir annehmen, daß 1846 südlich der Sprachgrenze rund 103.000 Slowenen und 16.000 Deutsche lebten.

In den folgenden drei Jahrzehnten fand keine Sprachenerhebung statt. Erst von 1880 an gab es im Abstand von jeweils zehn Jahren amtliche Zählungen, bei denen die sprachlichen Verhältnisse Berücksichtigung fanden. Als Kriterium für die sprachliche Zugehörigkeit wurde die „Umgangssprache" angenommen. Das hatte zur Folge, daß die zweisprachige slowenische Bevölkerung besonders dort, wo die deutsche Sprache vorherrschte, häufig Deutsch als Umgangssprache angab. Daher lehnten die Slowenen das Kriterium der Umgangssprache ab, während es die Deutschen verteidigten. Die Resultate der Zählungen für Kärnten in den Grenzen vor und nach 1920 (auf der Basis der Umgangssprache!) lauteten wie folgt:

	1880		1890		1900		1910	
Deutsche	241.585	70,2%	254.632	71,5%	269.960	74,8%	304.287	78,6%
Slowenen	102.252	29,7%	101.030	28,4%	90.495	25,1%	82.212	21,2%
Andere	227	0,1%	274	0,1%	345	0,1%	573	0,2%
Gesamt	344.064	100,0%	335.936	100,0%	360.800	100,0%	387.072	100,0%

Umgerechnet auf Kärnten in den Grenzen nach 1920:

	1880		1890		1900		1910	
Deutsche	234.825	73,4%	247.174	74,4%	261.561	77,6%	295.462	81,6%
Slowenen	85.051	26,6%	84.667	25,5%	75.136	22,3%	66.463	18,3%
Andere	211	0,0%	222	0,1%	295	0,1%	334	0,1%
Gesamt	320.087	100,0%	332.063	100,0%	336.992	100,0%	362.259	100,0%

Südlich der Sprachgrenze kam es auf Grundlage der Volkszählungen 1880 und 1910 zu folgenden Veränderungen:

Ehemaliges Kärnten		
	1880	1910
Slowenen	101.874	81.410
Deutsche	48.629	87.577

Kärnten nach 1920		
	1880	1910
Slowenen	84.673	65.661
Deutsche	41.869	78.752

Diese Zahlen sind nicht nur im Hinblick auf das Zählkriterium „Umgangssprache" mit Vorsicht zu verwenden. Auch die Zählmethoden waren nicht immer einwandfrei. Außerdem fanden die öffentlichen Volkszählungen unter starkem deutschnationalen Druck statt — die deutschnationale Agitation war vor Zählungen um nichts schwächer als vor Wahlen. Private Zählungen und die Angabe in den Kirchenschematismen auf der Basis der Mutter- und Familiensprache zeigen, daß die Volkszählungsergebnisse doch klar zuungunsten der Slowenen ausfielen. Trotzdem steht fest, daß der Germanisierungsprozeß Fortschritte erzielt hatte. Für die Slowenen wird man im besten Fall annehmen können, daß ihre Zahl stagnierte. In bezug auf die ethnische Grenze führte der Germanisierungsprozeß im Gebiet nördlich von Klagenfurt zur Eindeutschung der dortigen Dörfer, sodaß Klagenfurt stärkeren Kontakt zum rein deutschsprachigen Territorium bekam.

Die Ursachen für diese Entwicklung lagen in zwei Bereichen, die allerdings nicht immer klar voneinander getrennt werden können: im Bereich der sozialökonomischen Verhältnisse und der geographischen Gegebenheiten sowie im Bereich politischer Zielsetzungen und Maßnahmen. Im sozialökonomischen Bereich haben wir es mit einem ganzen Komplex von Ursachen zu tun. Angeführt sei zunächst die immer stärker werdende wirtschaftliche Verflechtung mit dem deutschsprachigen Teil des Landes und mit den großen städtischen Zentren, wodurch die Zweisprachig-

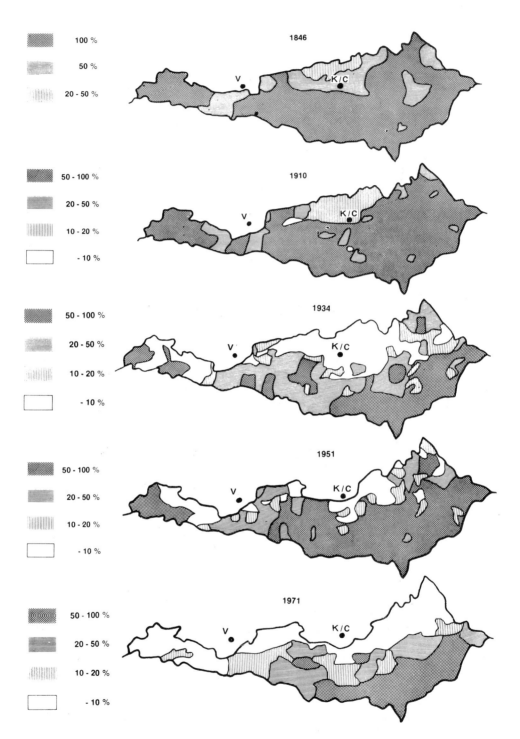

Anteil der slowenischen Bevölkerung im zweisprachigen Gebiet Kärntens (1846—1971)

keit rasch zunahm, während der wirtschaftliche Kontakt zu den anderen slowenischen Gebieten, erschwert durch die geographischen Gegebenheiten, stagnierte. Die bereits erwähnten ungünstigen Besitzverhältnisse im slowenischen Teil des Landes hatten in Verbindung mit der schwachen Industrialisierung Südkärntens gleich mehrere Folgen. Sie bewirkten eine umfangreiche Saisonwanderung von Süden nach Norden und damit eine zunehmende Zweisprachigkeit und stärkere Assimilationsbereitschaft sowie eine starke Auswanderung nach Übersee. Die sich ausbreitenden nichtagrarischen Berufe schließlich konnten im Gegensatz zu den anderen slowenischen Gebieten nicht Grundlage für die Entstehung einer slowenisch bewußten kleinbürgerlichen Schicht werden, da sie dem Germanisierungsdruck besonders stark ausgesetzt waren. Alle diese Faktoren zeigen, daß sich der nationale Affirmationsprozeß der Kärntner Slowenen nicht auf der Basis einer eigenständigen wirtschaftlichen und sozialen Differenzierung entwickeln konnte, sondern nur in Verflechtung mit dem wirtschaftlich und sozial dominanten deutschsprachigen Teil des Landes. Das Resultat dieser Struktur waren ein schwächer entwickeltes slowenisches Nationalbewußtsein als etwa in der Untersteiermark, in Krain und im Küstenland sowie als Folge davon eine erhöhte Assimilationsbereitschaft. Trotzdem darf die Germanisierung nicht als eine automatische, elementare Folge der wirtschaftlichen Entwicklung angesehen werden. Neben den sozialökonomischen Faktoren wirkte ein System eines bewußten, von Jahr zu Jahr verstärkten politischen Drucks. Wenden wir uns daher der Analyse der politischen Entwicklung zu.

Das Jahr 1848 brachte auch in Kärnten erste politische Antworten auf die Frage, wie weit sich das regionale Denken dem Nationalbewußtsein unterzuordnen habe und ob die alten Landesgrenzen neuen nationalen Grenzen zu weichen hätten. Für die Kärntner Slowenen beantwortete diese Frage, noch vor den Slowenen in anderen Kronländern, der Geistliche Matija Majar (1809—1892), indem er die Vereinigung aller von Slowenen besiedelten Gebiete, die auf die Kronländer Krain, Steiermark, Kärnten, Küstenland, die Provinz Venetien und Ungarn verteilt waren, in eine administrative Einheit forderte. Majar dachte an ein autonomes Slowenien, das in eine enge Verbindung zu Kroatien treten, nicht aber dem Deutschen Bund angehören sollte. Diesem Programm schloß sich auch Andrej Einspieler (1813—1888) an, der bereits im Revolutionsjahr zum führenden Politiker der Kärntner Slowenen wurde. Bei den politischen Vertretern der Deutschen Kärntens stieß die Forderung nach einem vereinigten Slowenien auf entschiedene Ablehnung. Der provisorische Kärntner Landtag, schon mit einer liberalen Mehrheit und ohne slowenische Vertreter, sprach sich einstimmig gegen die Teilung Kärntens aus. Einzig die im Landtag nicht vertretene kleine Gruppe der radikalen Demokraten, die auch der Wiener Revolution positiv gegenüberstand, nach 1848 aber verschwand, stellte sich nicht gegen eine Teilung Kärntens auf nationaler Grundlage. Aber auch bei den Slowenen herrschte in dieser Frage keine einheitliche Meinung. Im Verfassungsausschuß des Kremsierer Reichstages schlugen die slowenischen Abgeordneten Kavčič und Kranjc die Errichtung eines vereinigten Slowenien ohne Kärnten vor. Der Klagenfurter „Slowenische Verein" (Slovensko društvo) schließlich

Ansichtskarte von Suetschach/Sveče, dem Geburtsort Andrej Einspielers

begnügte sich mit einem Kompromiß, indem er zwar die Trennung der beiden Nationen in der Kreisgliederung berücksichtigt haben wollte, sich auch gegen die Eingliederung des slowenischen Teils von Kärnten in den Deutschen Bund aussprach, aber nicht mehr die Forderung nach einem vereinigten Slowenien erhob. Hingegen waren sich alle slowenischen Repräsentanten darin einig, daß der slowenischen Sprache in Schule und Amt und der slowenischen Nation überhaupt größere Bedeutung zukommen müsse. Die slowenische Bauernschaft Kärntens, die zur selben Zeit gegen die letzten feudalen Bindungen kämpfte, blieb ebenso wie die deutsche von den nationalen Programmen noch weitgehend unberührt.

Der Absolutismus der fünfziger Jahre verwies die slowenische nationale Bewegung in Kärnten wieder auf die kulturelle Ebene, auf der sie allerdings bedeutende Leistungen zustande brachte. Klagenfurt wurde für zwei Jahrzehnte sogar zum kulturellen Zentrum aller Slowenen, wo neben Andrej Einspieler vor allem Anton Janežič (1828—1869) wirkte, der unter anderem ein in mehreren Auflagen erschienenes slowenisches Wörterbuch und eine slowenische Sprachlehre verfaßte. Zwischen 1850 und 1858 wurden in Klagenfurt außerdem vier slowenische Zeitschriften herausgegeben. Hier wurde 1851 auch der St. Hermagoras-Verein (Društvo sv. Mohorja) gegründet. Er nahm seine Tätigkeit 1852 auf und setzte diese 1860 als St. Hermagoras Bruderschaft (Družba sv. Mohorja) fort. Durch sie allein gelangten bis zum Jahre 1918 über 16 Millionen Bücher, vorwiegend religiös-erzieherischen und patriotischen Inhalts, in die slowenischen Haushalte, und ihre Mitgliederzahl stieg von 116 im Jahre

1860 auf 90.512 im Jahre 1918. Davon entfielen auf Kärnten 7226 Mitglieder.

Nach der Erneuerung des verfassungsmäßigen Lebens in den sechziger Jahren des vorigen Jahrhunderts gewannen die Kärntner Slowenen auch auf der politischen Ebene wieder an Boden. Es war dies die Zeit, in der das slowenische Nationalbewußtsein eine Massenbasis erlangte, und zwar in der sogenannten Tabor-Bewegung. Die Tabori — große Volksversammlungen im Freien — waren eine Art Plebiszit der slowenischen Bevölkerung Krains, Kärntens, der Steiermark und des Küstenlandes für ein Vereinigtes Slowenien, also für den Zusammenschluß in eine politische Einheit. In Kärnten fanden in den Jahren 1870—1871 drei dieser Massenversammlungen mit jeweils ungefähr 5000 Teilnehmern statt. Im Zusammenhang mit der Tabor-Bewegung waren auch in Kärnten Ansätze für die Ausbildung einer eigenständigen liberalen slowenischen Gruppierung vorhanden. In den anderen slowenischen Gebieten ging daraus eine slowenische liberale Partei hervor, in Kärnten blieb es beim Versuch. Ab den siebziger Jahren dominiert die konservative Richtung Andrej Einspielers und wird in der Phase, in der sich in den anderen Kronländern die slowenischen politischen Parteien (Konservative, Liberale, Sozialdemokraten) ausbilden, zur einzigen politischen Kraft der Slowenen im Lande. Einspieler verfolgte nicht mehr das radikale Programm eines Vereinigten Slowenien und hoffte, seine nationalen Ziele, vor allem die Gleichberechtigung der slowenischen Sprache in der Öffentlichkeit, im Rahmen der Kronlandgrenzen in Zusammenarbeit mit den zahlenmäßig schwachen deutschen Konservativen erreichen zu können. Diese Erwartungen erfüllten sich jedoch nicht, da die deutschen Konservativen Kärntens immer stärker ins Fahrwasser des Deutschnationalismus gerieten. Die slowenische politische Führung gab daher ihr Nahverhältnis zu dieser Gruppe auf. Sie gründete im Jahre 1890 den „Katholischen politischen und wirtschaftlichen Verein für die Slowenen in Kärnten" (Katoliško politično in gospodarsko društvo za Slovence na Koroškem). Dieser suchte unter seinen führenden Persönlichkeiten Franc Grafenauer, Janko Brejc und Franc Smodej eine immer engere Verbindung mit dem politischen Zentrum der Slowenen in Laibach (Ljubljana), vor allem mit der Führung der katholischen Partei, der er 1909, und zwar als Teilorganisation der „Allslowenischen Volkspartei" (Vseslovenska ljudska stranka) beitrat. Das nationale Programm der Kärntner Slowe-

Aufruf zum Tabor in Selpritsch bei Velden

„Mir" — das Sprachrohr der Kärntner Slowenen, das Andrej Einspieler 1882 gründete.

„Volkstribun" Franc Grafenauer (1860—1935)

nen wurde infolge der starren, unnachgiebigen und unduldsamen Haltung der Deutschnationalen zunehmend radikaler und mündete in den letzten Jahren vor dem ersten Weltkrieg in die Idee des Trialismus, d. h. in die Forderung nach der Bildung einer eigenen südslawischen staatlichen Einheit im Rahmen der Monarchie.

In Kärnten tritt uns also ab den siebziger Jahren des 19. Jahrhunderts ein einheitliches slowenisches politisches Lager entgegen, das bei Wahlen kandidiert, mit dem 1882 gegründeten „Mir" (Der Friede) eine eigene Zeitung hatte und allmählich — langsamer als in den anderen slowenischen Gebieten — ein Netz wirtschaftlicher und kultureller Organisationen aufbaut (Spar- und Darlehenskassen, landwirtschaftliche Genossenschaften, Bildungsvereine). Fest steht aber, daß dieses Lager einen überwiegend konservativen Charakter hatte, in dem der slowenische Klerus eine führende Rolle spielte. Die Ausbildung einer liberalen politischen Formation der Slowenen in Kärnten gelang trotz einiger Versuche nicht. Es fehlten ein zahlreicheres Bürgertum und die weltliche Intelligenz. So entstand die für Kärnten charakteristische Parteiengruppierung: soziale, weltanschauliche und nationale Komponenten begannen sich immer stärker zu decken. Liberal bedeutete auch deutschnational, während klerikal zunehmend mit slowenischnational gleichgesetzt wurde.

Als Gegner der slowenischen nationalen Emanzipation in Kärnten profilierte sich ab dem Jahre 1848 das deutschliberale Bürgertum. Es erhielt eine von Jahr zu Jahr ausgeprägtere deutschnationale Ausrichtung und stellte die stärkste politische Kraft im Lande dar. Dieses Lager, das über Kapital, die politische Macht und die Intelligenz verfügte, in dessen Hand sich die Verwaltung des Landes befand und auf dessen Seite im wesentlichen auch die staatliche Zentralgewalt stand, wies alle slowenischen politischen Bemühungen schroff zurück, nicht nur die Programme für ein Vereinigtes Slowenien und später den Trialismus, sondern auch die slowenischen Bestrebungen für eine sprachliche Gleichberechtigung innerhalb der Landesgrenzen. Die Deutschnationalen, die sich als Vorposten der angestrebten deutschen Brücke zur Adria verstanden, stellten auch die Organe der autonomen Landesverwaltung in den Dienst ihrer Ziele, nicht zuletzt den Bereich des Grundschulwesens. Die 1872 eingeführte utraquistische Volksschule, in der der Gebrauch der slowenischen Sprache überwiegend nur als Mittel dazu diente, um einen Übergang zum deutschsprachigen Unterricht zu ermöglichen, wurde zum Instrument der Behinderung der nationalen Emanzipation der Kärntner Slowenen. Die nach 1848 eingeführten slowenischen Volksschulen — 1861 gab es in Kärnten noch 28 — wurden bis auf drei durch die utraquistischen Schulen verdrängt. Dem deutschnationalen Bürgertum gelang es sogar, eine so demokratische Reform, wie es die Einführung des allgemeinen und gleichen Wahlrechts für den Reichsrat im Jahre 1907 war, in ein Hindernis für die nationale Entwicklung der Kärntner Slowenen umzufunktionieren. Dies geschah in der Weise, daß man große Teile des slowenischen und gemischtsprachigen Gebietes stückweise den benachbarten Wahlbezirken mit deutscher Mehrheit anschloß, sodaß nur ein einziger Wahlkreis mit slowenischer Mehrheit übrigblieb.

Die Kärntner Sozialdemokratie, die wegen des hohen Anteils an ländlichem Proletariat auch im slowenischen Gebiet von allem Anfang an relativ stark war, betrachtete die nationale Frage als eine Sache des Bürgertums. Sie trat für nationalen Frieden ein und lehnte daher den Sprachenstreit ab. Objektiv bedeutete dies eine Unterstützung des deutschen Standpunktes, waren es doch die Slowenen, die gegen den status quo ankämpfen mußten. Daß die nationale Bewegung einer unterdückten Nation auch progressive Elemente im Hinblick auf die soziale Emanzipation enthält, war der österreichischen Sozialdemokratie damals nicht bewußt. Vor diesem Hintergrund wird verständlich, daß es der slowenischen politischen Partei in Kärnten nicht gelang, die gesamte slowenischsprechende Bevölkerung zu gewinnen. Immerhin befand sich aber

Wahlkreiseinteilung 1907

Prozentueller Anteil der Bevölkerung mit slowenischer Umgangssprache im jeweiligen Wahlkreis nach der Volkszählung 1900

etwa die Hälfte der Kärntner Slowenen im Lager der slowenischen Partei.

Der 1. Weltkrieg verschlimmerte die Lage der Kärntner Slowenen noch weiter. In enger Zusammenarbeit von Militär- und Zivilbehörden, bei breitester Unterstützung durch deutschnationale Organisationen und Zeitungen, kam es zu gezielten Verfolgungen führender Kärntner Slowenen. Das Bekenntnis, Slowene zu sein, genügte bereits, um des Hochverrats verdächtigt oder gar angeklagt zu werden. So wurde neben slowenischen Geistlichen auch der damals einzige Reichsratsabgeordnete der Kärntner Slowenen, Franc Grafenauer, verhaftet. Die Verfolgungen bewirkten nur eine Radikalisierung der slowenischen bzw. südslawischen Bewegung. Auch zahlreiche Kärntner Slowenen schlossen sich im Herbst 1917 der Maideklarationsbewegung an, die eine staatsrechtliche Vereinigung aller Slowenen, Kroaten und Serben der Monarchie unter dem Zepter der Habsburger forderte. Rund 19.000 Kärntner Slowenen und 10 Gemeindeausschüsse sprachen sich für die Maideklaration aus. Auf der Basis dieser breiten Bewegung und als Reaktion auf die starre Haltung der Staatsführung, welche die Slowenen in keine wie auch immer geartete Lösung der südslawischen Frage miteinbeziehen wollte, forderte der slowenische Nationalrat für Kärnten am 17. Oktober 1918 die Einverleibung des slowenischen Sprachgebietes Kärntens in den zu gründenden Staat der Slowenen, Kroaten und Serben. Der Kärntner Landesausschuß hingegen trat eine Woche später mit dem Hinweis, daß Südkärnten kein geschlossenes slowenisches Siedlungsgebiet sei, für die Unteilbarkeit Kärntens ein. Damit waren die Positionen für die Konfrontation 1918—1920 bezogen.

Arbeitsaufgaben und Fragen:

1. Wiederhole die einzelnen Gruppen der indoeuropäischen Sprachfamilie und die geographische Gliederung der Slawen!
2. Wie erfolgte die fränkische Reichsgründung?
3. Wiederhole die Grundlagen der feudalen Ordnung (des Lehenswesens)!
4. In welchen Etappen erfolgte das Vordringen der Osmanen nach Europa?
5. Sprecht über Reformation und Gegenreformation in den habsburgischen Erbländern!
6. Erörtert Zusammenhänge zwischen sozialer und nationaler Frage in der multiethnischen Donaumonarchie!
7. Untersuche die nationale Zusammensetzung der von Slowenen besiedelten Kronländer der Monarchie!

II. Vom Zerfall Österreich-Ungarns bis zur Volksabstimmung

Zur Vorbereitung: Bündnissysteme vor dem und im Ersten Weltkrieg.
Der Verlauf des Krieges.
Kriegsziele der Verbündeten.
Gegensätze innerhalb Österreich-Ungarns, Nachfolgestaaten Österreich-Ungarns.

Vom dynastischen Vielvölkerstaat zum Nationalstaat

1. Rückblick und Ausblick

Von der Französischen Revolution (1789) bis zum Ende des Ersten Weltkrieges hat sich die politische Landkarte Europas grundlegend verändert. Italien und Deutschland wurden 1870 bzw. 1871 zu Nationalstaaten, große multinationale Imperien wie das Osmanische Reich und die Habsburgermonarchie zerfielen in Nationalstaaten mit kleineren und größeren nationalen Minderheiten oder wurden, wie das zaristische Rußland, in ein föderatives Staatengebilde umgewandelt. Dieser Prozeß, der stets den selbständigen nationalen Staat oder zumindest die größtmögliche nationale Selbstbestimmung in einem Nationalitätenstaat zum Ziel hatte, erfaßte nach dem Zweiten Weltkrieg auch die Kolonialreiche. Er kommt erst in der Gegenwart zu seinem Abschluß.

2. Wirtschaftliche und gesellschaftliche Ursachen

Welche Kräfte bewirkten nun die Ablöse des dynastischen, zumeist multinationalen Staates durch den Nationalstaat? In erster Linie waren es wirtschaftliche und technische Neuerungen, die einen tiefgreifenden Wandel in der Gesellschaft und somit den Wunsch nach Änderung der politischen Verhältnisse auslösten. Um diesen Vorgang zu verstehen, muß man an den Zustand von Wirtschaft und Gesellschaft Europas vor dem Industriezeitalter erinnern. Damals bestand die wirtschaftliche Tätigkeit der arbeitenden Bevölkerung überwiegend in der Bearbeitung von Grund und Boden. Im Rahmen dieser Produktionsweise waren Gewerbe und Handel noch wenig entwickelt, obwohl sie im regionalen Bereich eine bedeutende Rolle spielten. Direkte und ständige Kontakte unterhielt man übewiegend nur mit Menschen derselben Kleinregion. In politischer und rechtlicher Hinsicht unterstand die Bevölkerung der ebenso kleinräumig organisierten Grundherrschaft. Die Grundherrschaft stellte die unterste Verwaltungs- und Gerichtsorganisation des Staates dar.

Die industrielle Revolution des 18. und 19. Jahrhunderts sprengte dieses als feudalistisch bezeichnete Wirtschafts- und Gesellschaftsgefüge. Nunmehr entstanden über ganz Europa verstreute gewerbliche und industrielle Produktionsstätten von immer größeren Ausmaßen. Die landwirtschaftliche Produktion diente nicht nur der Selbstversorgung, sondern auch der Ernährung der in der Industrie beschäftigen Bevölkerung. Es entstanden daher weiträumige und zur Vermittlung von Massengütern geeignete Handelsbeziehungen: Eisenbahnen und Dampfschiffe vermittelten als Massentransportmittel Güter über weite Entfernungen. Die Menschen verließen immer mehr ihre regionale Abgeschiedenheit und traten als Produzenten und als Konsumenten miteinander in Beziehung. Die wirtschaftliche Erneuerung stärkte vor allem die gesellschaftliche Bedeutung des Bürgertums, aber auch die aus der persönlichen Untertänigkeit befreiten Bauern. Seit der Französischen Revolution erlangten das Bürgertum und reichere Bauern das Recht auf Mitbestimmung. Nun galt nicht mehr ausschließlich das alte im Herrscher verkörperte, gottgewollte Ordnungsprinzip, sondern auch der Wille des souveränen Volkes (Volkssouveränität).

3. Die Entstehung der modernen Nationen

Das Volk selbst wurde nunmehr zum Träger des Staates, und zwar in seiner Gesamtheit als Nation. In den einzelnen Teilen Europas verlief der Prozeß der Nationswerdung entsprechend dem unterschiedlichen technisch-wirtschaftlichen Entwicklungsstand und der Verschiedenartigkeit der Herrschaftssysteme ungleichmäßig. Dort, wo breitere Bevölkerungsschichten früh das Recht auf Mitsprache am Staatsgeschehen erreichten, wie in West- und Nordeuropa, in Mitteleuropa und in der Schweiz, identifizierte sich die gesamte Bevölkerung unabhängig von Sprache und Nationalität mit ihrem Staat und wurde zur Staatsnation. Wer der gleichberechtigten Gemeinschaft der Bürger dieses Staates angehörte, zählte zur Nation. Ein Schweizer ist, ob deutsch-, französisch- oder italienischsprachig, Angehöriger der Schweizer Nation. Anders war die Entwicklung in Italien und Deutschland. Hier wurde das Volk, das eine gemeinsame Sprache sprach und in dessen Namen die Staatsbildung vor sich ging, zur Staatsnation.

Wieder anders verlief der Prozeß in Ostmittel- und Südosteuropa, wo viele kleine Völker multinationalen Imperien angehörten. Sie mußten ihre soziale Emanzipation erst in der Auseinandersetzung mit fremdnationalen Oberschichten erkämpfen. In der Habsburger-Monarchie z. B. waren die slawischen Völker vor allem von Deutschen und Magyaren beherrscht. Auf dem Balkan standen die verschiedenen Nationen unter der Herrschaft des Osmanischen Reiches. Daher verlangten sie im Rahmen ihrer vor allem durch die Sprache abgegrenzten Gemeinschaft die politische Selbstbestimmung innerhalb des Imperiums, dem sie angehörten, oder die Eigenstaatlichkeit. Dabei waren die Tschechen in den wirtschaftlich am besten entwickelten Gebieten der Habsburgermonarchie als das slawische Volk mit der modernsten Sozialstruktur mit ihren nationalen Forderungen beispielgebend für die anderen Slawen Österreich-Ungarns.

4. Nation und Nationalstaat

Im Nationalstaat wurden, um breiteste Bevölkerungsschichten auf die neue politische Ordnung zu verpflichten, die alten Loyalitäten zur Dynastie durch nationale Ideologien ersetzt. Als Merkmale, die dem einzelnen Bürger die Zugehörigkeit zur Nation klar machen sollten, galten vor allem die gemeinsame Sprache, die gemeinsame Kultur, das gemeinsame historische Schicksal, die Religion und andere verbindende Gemeinsamkeiten wie Sitten und Gebräuche. Die Wertigkeit dieser nationsbildenden Kriterien war in den einzelnen Nationalbewegungen und ihren Ideologien sehr unterschiedlich.

Wegen der Unfähigkeit der Führungsspitzen der Habsburgermonarchie, den Staat rechtzeitig etwa auf föderativer Grundlage zu reorganisieren, wegen der immer stärker den Gesamtstaat zersetzenden nationalen Bestrebungen und vor allem infolge des Verlaufs des Ersten Weltkrieges zerbrach Österreich-Ungarn.

5. Die Slowenen im SHS-Staat, in Italien, Ungarn und in Österreich

Auch für die Slowenen war der Zusammenbruch der Habsburgermonarchie von einschneidender Bedeutung. Die von der slowenischen Nationalbewegung seit dem Revolutionsjahr 1848 angestrebte Vereinigung aller Slowenen in einer administrativen Einheit gelang nur teilweise. Am 29. Oktober 1918 wurde zunächst der Staat der Slowenen, Kroaten und Serben gegründet. Er umfaßte die Südslawen der ehemaligen Donaumonarchie und wurde schließlich am 1. Dezember 1918 Teil des neu entstandenen Königreichs der Serben, Kroaten und Slowenen (SHS-Staat). Die Slowenen hatten sich den südslawischen Staat freilich anders vorgestellt, als er sich in der weiteren Folge entwickelte, denn die Serben betrachteten diesen Staat als ihren großserbischen Nationalstaat und gewährten den Slowenen und Kroaten nur beschränkte nationale Eigenständigkeit. Überdies blieb ungefähr ein Drittel des slowenischen Volkes außerhalb der Grenzen des neuen südslawischen Staates, der von den slowenischen Gebieten nur den Großteil Krains, die Untersteiermark und das Übermurgebiet einschloß. Das Küstenland und ein Teil Innerkrains fielen als Kriegsbeute dem italienischen Nationalstaat zu. Die Kärntner Slowenen verblieben bei Österreich. Einen geringeren Anteil an slowenischer Bevölkerung entlang des Flusses Raab bekam Ungarn. Die Slowenen nennen dieses agrarische Gebiet südlich von Szentgotthárd, in dem 1900 4919 und 1921 4680 slowenisch Sprechende gezählt wurden — heute sind es rund 4000 —, Porabje. Der dort gesprochene Dialekt ähnelt sehr jenem im benachbarten Übermurgebiet (Prekmurje).

Sowohl in Italien und Ungarn als auch in der „Deutschösterreich" genannten Republik entwickelten die staatstragenden Nationen einen ausgeprägten Nationalismus. In Staaten mit extremen Nationalideologien werden nationale Minderheiten als störende Fremdkörper in der Volksgemeinschaft aufgefaßt. Wenn diese Minderheiten nicht über Schutzmächte verfügen, werden sie im günstigeren Fall isoliert oder im anderen Fall durch verstärkte Assimilation oder gar Aussiedlung in ihrer Existenz bedroht. Beiden Formen der Verfolgung waren die Slowenen in Italien und Österreich bzw. ab 1938 im Deutschen Reich ausgesetzt. Bezeichnend für den übersteigerten Deutschnationalismus in Kärnten ist, daß für jene slowenischsprachige Bevölkerung des Landes, die sich nicht zur slowenischen Nationalität bekannte, ein eigenes Volkstum erfunden wurde, das der sogenannten „Windischen". Ähnliches versuchte man in Ungarn mit den „Wenden" (vend).

6. Die Bedeutung des Nationalstaates

Rückblickend kann man heute feststellen, daß der nationale Staat ein Übergangsstadium von dynastischen Staatsgebilden zu größeren räumlichen Einheiten der Zukunft darstellt. Die heute die Menschheit bewegenden und bedrohenden Probleme sind auf nationalstaatlicher Ebene nicht mehr zu lösen. Auf dem Wege zur Demokratisierung der Gesellschaft war der Nationalstaat zweifellos eine Notwendigkeit.

7. Die Situation in Ost- und Südosteuropa

Namentlich in Ostmittel- und Südosteuropa war der Nationalstaat nur beschränkt fähig, die sozialen Probleme der modernen Gesellschaft zu lösen. Die nach dem Zusammenbruch der großen Imperien entstandenen kleineren Staaten waren durchwegs keine wirklichen Nationalstaaten, sondern jeweils mehrere nationale Minderheiten einschließende Nationalitätenstaaten, in welchen die jeweils staatstragenden Nationen die nationalen Minderheiten in deren Entwicklung behinderten.

8. Nationalstaaten und nationale Minderheiten

Heute wird der in seinen Grenzen abgeschlossene Nationalstaat von zwei Seiten her in Frage gestellt. Einerseits erfordert die technisch-wirtschaftliche Entwicklung die Abgabe staatlicher Funktionen an großräumige Organisationen. Es seien als Beispiel nur Handel, Verkehr, Tourismus usw. genannt. Andererseits besteht das Bedürfnis nach verstärkter Demokratisierung der Gesellschaft, was wiederum nur in kleineren, überschaubaren gesellschaftlichen und territorialen Einheiten möglich ist. Nationale Ideologien weichen einerseits übernationalen, andererseits regionalen. Für die nationalen Minderheiten bedeutet das eine Verbesserung ihrer im Nationalstaat prekären Situation: Die Loyalität zu dem Staat, in dem sie leben, wird ihnen leichter gemacht. Sie können Beziehungen hauptsächlich kultureller und wirtschaftlicher Art über die Staatsgrenzen hinweg pflegen, ohne sich dem Verdacht des Irredentismus auszusetzen. Und schließlich können sie ihre sprachliche und kulturelle Pluralität in den Dienst der modernen Gesellschaft stellen.

Die Auflösung der Donaumonarchie

Der Erste Weltkrieg hatte für ganz Mittel- und Osteuropa schicksalhafte und langandauernde Folgen. Die Februarrevolution 1917 stürzte das Zarenregime in Rußland, und die Oktoberrevolution führte zur Gründung des ersten marxistisch-kommunistischen Staates der Welt. Der verlorene Krieg hatte auch für die Mittelmächte weitreichende Folgen. Im Deutschen Reich, das trotz territorialer Verluste im Kern unverändert geblieben war, wurde die Monarchie abgeschafft. Österreich-Ungarn zerfiel in die drei Nachfolgestaaten Tschechoslowakei, Österreich, Ungarn und die restlichen Gebiete wurden in bereits bestehende oder neu enstandene Nationalstaaten eingegliedert (Italien, Rumänien, SHS-Staat, Polen).

1. Ursachen

Die Ursachen für den Zerfall der Habsburgermonarchie waren neben dem verhängnisvollen Bündnis mit dem Deutschen Reich vor allem folgende: Mit ihren nationalen Bewegungen strebten die slawischen Völker der Monarchie territoriale Autonomie zum Zwecke der Emanzipation an. Dem traten die herrschenden deutschen Schichten in der österreichischen und die magyarischen in der ungarischen Reichshälfte entgegen, weil sie ihre politische, soziale, ökonomische und auch kulturelle Vormachtstellung im dualistisch eingerichteten Österreich-Ungarn beibehal-

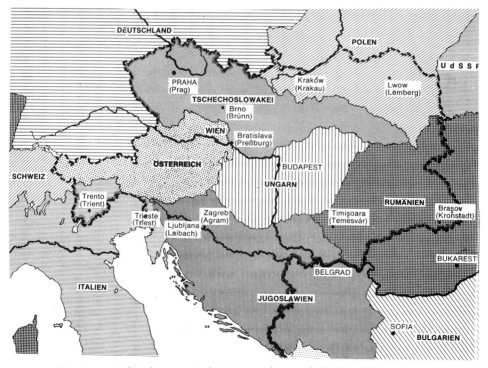

Die österreichisch-ungarische Monarchie und die Nachfolgestaaten

ten wollten. Sie behinderten damit gleichzeitig die soziale und politische Emanzipation der slawischen Völker, welche gerade deshalb immer stärker die nationale Selbständigkeit anstrebten, lange Zeit innerhalb, schließlich aber außerhalb der Habsburgermonarchie. Der Ausgang des Ersten Weltkriegs bot ihnen die Möglichkeit, eigene nationale Staaten mit Hilfe der Ententemächte zu gründen. Den Führungsschichten der Habsburgermonarchie war es nicht gelungen, den Staat rechtzeitig in eine Föderation gleichberechtigter nationaler Selbstverwaltungsterritorien umzuwandeln, um so die wirtschaftliche und politische Einheit eines großen, multinationalen Staates im mitteleuropäischen Raum zu erhalten. Die Nachfolgestaaten Österreich-Ungarns, die alle in nationaler Hinsicht heterogen waren, hatten gleich nach ihrer Gründung mit schweren wirtschaftlichen Krisen zu kämpfen. Bald verwandelten sie sich aus parlamentarischen Demokratien in autoritäre Systeme. Nur die wirtschaftlich gut entwickelte Tschechoslowakei war in der Zwischenkriegszeit eine Ausnahme. Die vorhandenen wirtschaftlichen und politischen Spannungen in diesem Raum nützte dann das nationalsozialistische Deutschland zur Verwirklichung seiner Großmachtinteressen.

2. Österreich-Ungarn und die Südslawen

Die Auflösung Österreich-Ungarns wurde durch den Ausgang des Ersten Weltkriegs beschleunigt. Die slawischen Nationen und die Rumänen und Italiener Österreich-Ungarns identifizierten sich nicht mit den Kriegszielen der Mittelmächte. Als nach drei Jahren Kriegsabsolutismus der letzte österreichische Kaiser, Karl I., für den 30. Mai 1917 wieder das Parlament der österreichischen Reichshälfte einberief, hatte eine Reorganisation des Staates und eine Versöhnung der Nationen nur mehr geringe Chancen.

a) Die Maideklaration

Am 29. Mai 1917 vereinigten sich alle südslawischen Abgeordneten des Wiener Parlaments im „Südslavischen Klub" (Jugoslovanski klub), dessen Vorsitzender Anton Korošec in der Parlamentssitzung am darauffolgenden Tag die sogenannte „Maideklaration" verlas. Diese staatsrechtliche Erklärung lautete:

„Die gefertigten im Südslavischen Klub vereinigten Abgeordneten erklären, daß sie auf Grund des nationalen Prinzips und des kroatischen Staatsrechtes die Vereinigung aller von Slovenen, Kroaten und Serben bewohnten Gebiete der Monarchie zu einem selbständigen, von jeder nationalen Fremdherrschaft freien, auf demokratischer Grundlage aufgebauten Staatskörper unter dem Zepter der Habsburgisch-Lothringischen Dynastie fordern und daß sie für die Verwirklichung dieser Forderung ihrer einheitlichen Nation mit allen Kräften einstehen werden. Mit diesem Vorbehalte werden die Gefertigten an den Arbeiten des Parlaments teilnehmen.
Wien, 30. Mai 1917"

Auf Initiative des Laibacher Fürstbischofs Anton Bonaventura Jeglič kam am 15. September 1917 die sogenannte Laibacher Deklaration (Ljubljanska deklaracija) zustande, die die Maideklaration bekräftigte und den Beginn der Maideklarationsbewegung signalisierte, einer Bewegung, die sich in der Sammlung von Unterschriften und in großen Volksversammlungen manifestierte. Rund 350.000 Unterschriften für einen südslawischen Staat im Rahmen der Habsburgermonarchie wurden gesammelt, an die 19.000 allein unter den Kärntner Slowenen.

Eine große Demonstration der Einigungsbewegung war das Begräbnis des am 8. Oktober 1917 verstorbenen Führers des progressiven demokratischen Flügels der Slowenischen Volkspartei, Janez Evangelist Krek, der als Vater der Maideklaration galt, weil er sich die größten Verdienste um den Zusammenschluß der südslawischen Abgeordneten im Wiener Parlament erworben hatte. An seinem offenen Grab sprach Anton Korošec Worte aus dem Evangelium, die damals eine Synthese des politischen Willens aller Slowenen darstellten: „Erhebt das Haupt, denn eure Erlösung naht!"

Janez Ev. Krek (1865—1917), der „Vater der Maideklaration"

Kurze Zeit hoffte der „Südslavische Klub" noch auf eine Reorganisation der Donaumonarchie. Vor allem vom jungen Kaiser erwartete man eine Wende. Doch spätestens mit der Bestellung des definitiven Kabinetts Seidler am 31. August 1917 wurde die Möglichkeit des Zerfalls Österreich-Ungarns ins Kalkül gezogen. Wegen der starren Haltung der Wiener Regierung — keine der Regierungen hat bis zum Zusammenbruch je ernsthaft an die Einbeziehung der Slowenen in eine Lösung der südslawischen Frage im Rahmen der Monarchie gedacht — traten die Südslawen im Parlament gemeinsam mit den Tschechen in eine scharfe Opposition. Aus ihren Erklärungen und vor allem den Resolutionen der großen Volksversammlungen im Frühjahr 1918 verschwand allmählich das Bekenntnis zum Haus Habsburg. Auch die wichtige Zagreber Erklärung der Südslawen beider Reichshälften vom 3. März 1918 enthält diese Klausel nicht mehr und fordert für die Südslawen das uneingeschränkte Recht auf nationale Selbstbestimmung.

b) Die Entstehung des südslawischen Staates

Um eine gesamtslowenische politische Plattform zu schaffen, wurde nach eingehenden Verhandlungen aller slowenischen Parteien am 16. August 1918 der Narodni svet (Nationalrat) für die Slowenen ins Leben gerufen. In diesem waren alle politischen Gruppierungen der Slowenen vertreten. Der nächste Schritt war die Schaffung eines gemeinsamen nationalen Forums für alle Südslawen der Monarchie. Das „Narodno vijeće", die Nationalversammlung aller Slowenen, Kroaten und Serben in Österreich-Ungarn, wurde gegründet. Die erste Sitzung des „Narodno vijeće" fand am 17. Oktober 1918 in Zagreb statt. Einen Tag zuvor hatte Kaiser Karl sein bekanntes Völkermanifest erlassen, das eine Föderalisierung, allerdings nur Zisleithaniens, also der westlichen Reichshälfte, auf nationaler Grundlage ankündigte. Darin heißt es:

„Nunmehr muß ohne Säumnis der Neuaufbau des Vaterlandes auf seinen natürlichen und daher zuverlässigsten Grundlagen in Angriff genommen werden. Die Wünsche der österreichischen Völker sind hiebei sorgfältig miteinander in Einklang zu bringen und der Erfüllung zuzuführen.

Ich bin entschlossen, dieses Werk unter freier Mitwirkung Meiner Völker im Geiste jener Grundsätze durchzuführen, die sich die verbündeten Monarchen in ihrem Friedensangebot zu eigen gemacht haben. Österreich soll dem Willen seiner Völker gemäß zu einem Bundesstaate werden, in dem jeder Volksstamm auf seinem Siedlungsgebiete sein eigenes staatliches Gemeinwesen bildet."

Das „Narodno vijeće" lehnte jedoch am 19. Oktober das von der Entwicklung bereits überholte kaiserliche Manifest ab und erklärte:

„I. — Wir verlangen die Vereinigung unseres gesamten Volkes der Slowenen, Kroaten und Serben auf seinem gesamten ethnographischen Gebiet, ohne Rücksicht auf die Landes- und Staatsgrenzen, innerhalb derer sie heute siedeln — in einen einheitlichen, vollkommen souveränen Staat, fußend auf den Grundsätzen der politischen und wirtschaftlichen Demokratie, was auch die Beseitigung aller sozialen und wirtschaftlichen Ungerechtigkeiten und Ungleichheiten einschließt. II. — Wir verlangen, daß auf einer zukünftigen internationalen Friedenskonferenz unser Volk einheitlich durch seine Abgesandten vertreten sein soll."

Die endgültige Entscheidung über die zukünftige Staatenordnung in Europa aber lag in den Händen der Entente. In seinen 14 Punkten vom 8. Jänner 1918 hatte ja der amerikanische Präsident Woodrow Wilson für die Völker in Österreich-Ungarn das Selbstbestimmungsrecht verlangt.

Am 29. Oktober 1918 beschloß das „Narodno vijeće" die Gründung des selbständigen „Staates der Slowenen, Kroaten und Serben", der jenes Gebiet des alten Österreich-Ungarn umfaßte, auf dem die südslawischen Völker siedelten. Am 31. Oktober ernannte dann der Nationalrat in Ljubljana die slowenische Nationalregierung. Es folgte bis zur endgültigen Vereinigung aller Südslawen (die Bulgaren ausgenommen) ein staatsrechtlich sehr komplizierter Zeitabschnitt. Montenegro und die Vojvodina beschlossen Ende November auf „Nationalversammlungen" in Podgorica und Novi Sad den Anschluß an Serbien.

„Narodno vijeće" — das oberste Organ des entstehenden Staates der Slowenen, Kroaten und Serben.

Die innere revolutionäre Entwicklung in den südslawischen Gebieten der zerfallenden Monarchie und die Gefahr, die der Vormarsch des italienischen Heeres in sich barg, beschleunigten schließlich die Vereinigung des Staates der Slowenen, Kroaten und Serben mit dem Königreich Serbien und dem Fürstentum Montenegro. Die serbische Staatsgewalt sollte bei der Herstellung der inneren Ordnung und Abwehr des italienischen Okkupators behilflich sein. Deshalb erfolgte am 1. Dezember 1918 übereilt die Gründung des zentralistisch orientierten „Königreiches der Serben, Kroaten und Slowenen (SHS)".

Am 28. Oktober 1918 wurde die Tschechoslowakische Republik ausgerufen, am 3. November die Republik Polen, am 12. November, nachdem tags zuvor Kaiser Karl I. auf die Teilnahme an den Staatsgeschäften in der österreichischen Reichshälfte verzichtet hatte, folgte die Republik Deutschösterreich und am 16. November die Republik Ungarn.

3. Die Entstehung der Republik Deutschösterreich bzw. der Ersten Republik

Die Republik Österreich entstand 1918 aus den überwiegend deutschsprachigen Alpenländern der Donaumonarchie. Die Auflösung des habsburgischen Vielvölkerstaates erfolgte nach dem Verfall des staatlichen Machtapparates und der militärischen Niederlage der k. u. k. Armee. Am 21. Oktober 1918 traten in Wien die Vertreter der Bevölkerung des deutschen Sprachgebietes der Monarchie, nämlich die 1911 gewählten Reichsratsabgeordneten, zusammen und konstituierten sich unter Berufung auf das Selbstbestimmungsrecht als „provisorische Nationalversammlung des selbständigen deutschösterreichischen Staates". Die anderen Nationen Zisleithaniens hatten jede weitere staatliche Gemeinschaft mit den Deutschösterreichern abgelehnt. Die ersten Novembertage des

Jahres 1918 brachten dann die Entscheidung über die neue Staatsform. Kaiser Karl verzichtete zwar nicht auf den Thron, gab aber am 11. November die Erklärung ab, auf die Teilnahme an den Staatsgeschäften zu verzichten und jede Entscheidung über die Staatsform anzuerkennen. Am nächsten Tag, dem 12. November 1918, proklamierte die provisorische Nationalversammlung für Deutschösterreich die demokratische Republik Deutschösterreich und erklärte den neuen Staat zum Bestandteil der Deutschen Republik.

Das neue Österreich war somit als Übergangslösung bis zur endgültigen Eingliederung in einen gesamtdeutschen Staat gedacht. Sämtliche damals in Österreich maßgebenden Parteien, nämlich Sozialdemokraten, Christlichsoziale und Deutschnationale, wünschten den Zusammenschluß Österreichs mit Deutschland. Sie alle hofften auf deutsche Hilfe bei der Wiederherstellung geregelter innerer Verhältnisse und für die Sicherstellung der wirtschaftlichen Entwicklung. Die deutschösterreichischen Sozialdemokraten erwarteten in einem geeinten Deutschland zusätzlich politische Hilfe von seiten der starken deutschen Arbeiterbewegung. Hingegen dämpfte die revolutionäre deutsche Nachkriegsentwicklung bereits 1919 die Anschlußtendenzen der Christlichsozialen. Über die damalige Haltung der österreichischen Bevölkerung zum Anschluß ist schwer zu urteilen. Sie war uneinheitlich und schwankend, außerdem standen für den einzelnen soziale Fragen im Vordergrund.

a) Innenpolitische Schwerpunkte

Das innenpolitische Leben der jungen Republik war vor allem von sozialen Themen beherrscht. Österreich entwickelte sich nach dem Ende der Habsburgermonarchie als demokratisches Staatswesen, das sämtliche Standes- und Geburtsprivilegien beseitigte, den Frauen das Wahlrecht gewährte und mit einer vorbildlichen Sozialgesetzgebung soziale Rechte und ein gewisses Maß an Mitbestimmung im Arbeitsbereich garantierte. Der Ausbau des Systems der sozialen Sicherheit war eine Folge der vom Krieg verursachten Verschiebung der gesellschaftlichen und politischen Verhältnisse. In unmittelbarer Nachbarschaft Österreichs, in Ungarn und in Bayern, bestanden 1919 kurzfristig „Räteregierungen", die eine gänzlich neue Gesellschaftsordnung durch die Verstaatlichung der Produktionsmittel anstrebten. Ein Teil der österreichischen Arbeiterschaft sympathisierte offen mit dem Rätesystem. In dieser Situation erreichte die Sozialdemokratische Partei, die seit März 1919 gemeinsam mit der Christlichsozialen Partei regierte, die Zustimmung des Koalitionspartners zu jenen sozialpolitischen Maßnahmen, die bis heute eine wesentliche Grundlage des politischen Lebens in Österreich bilden.

b) Die Fragen der Grenzziehung

Ihre endgültigen Grenzen erhielt die Republik Österreich am 10. September 1919 im Staatsvertrag von St. Germain. Das Staatsgebiet umfaßte die mehrheitlich und ausschließlich deutschsprachigen Kronländer der westlichen Reichshälfte der Habsburgermonarchie. Dazu kam noch das

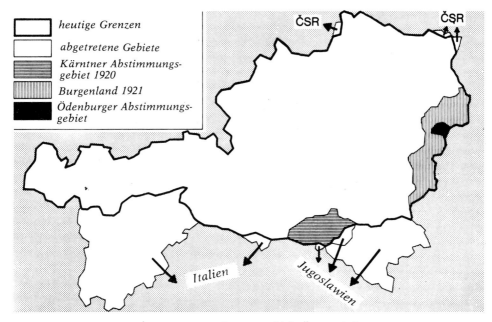

Die Grenzen der Republik Österreich

überwiegend deutschsprachige Westungarn, das heutige Burgenland. Der deutschsprachige Teil Südtirols kam jedoch an Italien, und die von Deutschen besiedelten Gebiete Böhmens, Mährens und Schlesiens wurden in die tschechoslowakische Republik eingegliedert. Der Artikel 88 des Staatsvertrages erklärte die staatliche Selbständigkeit Österreichs für unabänderlich, es sei denn, der Völkerbund stimme einer Abänderung zu. Ohne Einverständnis des Völkerbundes war somit ein Anschluß an Deutschland und selbst jede den Anschluß vorbereitende Politik verboten.

Artikel 88.

Die Unabhängigkeit Österreichs ist unabänderlich, es sei denn, daß der Rat des Völkerbundes einer Abänderung zustimmt. Daher übernimmt Österreich die Verpflichtung, sich, außer mit Zustimmung des gedachten Rates, jeder Handlung zu enthalten, die mittelbar oder unmittelbar oder auf irgendwelchem Wege, namentlich — bis zu seiner Zulassung als Mitglied des Völkerbundes — im Wege der Teilnahme an den Angelegenheiten einer anderen Macht seine Unabhängigkeit gefährden könnte.

Staatsvertrag von St. Germain (10. September 1919)

c) Die wirtschaftliche Lage

Die Republik Österreich war ein Kleinstaat mit annähernd sieben Millionen Einwohnern. Die wirtschaftliche Ausgangsposition war nach der Auflösung des großen gemeinsamen Wirtschaftsraumes der Donaumonarchie sehr ungünstig. Die Landwirtschaft war nicht in der Lage, die Ernährung der Bevölkerung sicherzustellen, und die industrielle Produktion fand nur ungenügenden Absatz. Dazu belastete der für den Kleinstaat viel zu große, aus der Monarchie übernommene staatliche und private Verwaltungsapparat die Wirtschaft des Landes. Viele deutschsprachige Beamte und Militärs aus dem gesamten früheren Habsburgerreich wählten die Republik Österreich zu ihrem ständigen Wohnsitz und belasteten damit die Sozialausgaben des Staates. Nach der Auflösung der Monarchie wurde so augenscheinlich, daß es überwiegend die deutschsprachige bzw. vom Deutschtum assimilierte Bevölkerung und insbesondere jene der Reichshauptstadt Wien gewesen war, die den im Gesamtstaat erarbeiteten Reichtum verwaltet und die sozialen Oberschichten gebildet hatte.

Die Lebensfähigkeit des neuen Staates wurde von Wirtschaftsfachleuten nicht nur negativ beurteilt. Immerhin besaß Österreich Lagerstätten wichtiger Rohstoffe, einen großen Holzvorrat, in Industrie und Gewerbe arbeiteten gut geschulte Fachkräfte, die Wasserkräfte waren eine ausbaufähige Energiequelle, die Handelsposition am Schnittpunkt wichtiger Verkehrslinien war günstig, und schließlich bot eine erst wenig erschlossene Erholungslandschaft Erwerbsmöglichkeiten aus dem Fremdenverkehr. Österreich war an natürlichen Gütern reicher ausgestattet als mancher andere europäische Kleinstaat. Dennoch sprach man in der Zwischenkriegszeit häufig von Österreich als dem „Staat wider Willen", der nicht aus eigener Kraft lebensfähig wäre, sondern sein Heil im Anschluß an das Deutsche Reich suchen müsse. Die Ursachen der Anschlußidee in Österreich waren weniger wirtschaftlicher als nationalpolitischer Natur. Letztlich konnten sich Österreichs politische und wirtschaftliche Führungskräfte schwer damit abfinden, nicht in einem Großstaat die führende Rolle zu spielen, sondern den Interessen eines Kleinstaates dienen zu müssen.

d) Die Anschlußfrage

Anschlußpropaganda und Anschlußpolitik bildeten einen wesentlichen Faktor des innenpolitischen Lebens der Ersten Republik. In Tirol und in Salzburg kam es 1921 zu demonstrativen Volksabstimmungen über den Anschluß an das Deutsche Reich. Die fast hundertprozentige Zustimmung der Bevölkerung wurde jedoch nicht in demokratischer Weise ermittelt. Mehrere Anschlußorganisationen wie der Österreichisch-Deutsche Volksbund und die Österreichisch-Deutsche Arbeitsgemeinschaft sorgten zur Zeit der Ersten Republik mit Unterstützung aller politischen Gruppierungen dafür, daß die Anschlußidee stets von neuem als einzige Lösung für Österreichs Probleme propagiert wurde.

Die österreichische Regierung selbst distanzierte sich von den staatsvertragswidrigen Anschlußkundgebungen, da sie die finanzielle Unter-

> *Der Österreichisch-Deutsche Volksbund kämpft für den Anschluß an Deutschland: auf dem Boden einer, alle Berufe und Klassen umfassenden nationalen Schicksalsgemeinschaft. Ein Volk — ein Reich! Auf dem Boden der Überparteilichkeit, unter strengster Ausscheidung jeder anderen politischen Frage; mit bewußter, schärfster Einseitigkeit des Programmes, das die Geister nur in zwei Lager scheiden darf: Für oder gegen den Anschluß an Deutschland.*
>
> Warum fordern wir den Anschluß? Erste Denkschrift des Österreichisch-Deutschen Volksbundes. — Wien 1926, S. 15

stützung des Völkerbundes benötigte, die nur unter der Bedingung gewährt wurde, daß Österreich seine Unabhängigkeit durch zwanzig Jahre aufrechterhalte. In den Jahren des wirtschaftlichen Wiederaufbaus verlor die Anschlußbewegung etwas an Stärke. Ab 1927 wurde sie dann wieder zu einem beherrschenden Motiv österreichischer Politik. Da der staatsrechtliche Anschluß untersagt war, versuchten ihn die damals regierenden bürgerlichen Parteien durch eine Politik der wirtschaftlichen, rechtlichen und kulturellen Annäherung vorzubereiten. Die von den beiden Regierungen 1931 vorbereitete österreichisch-deutsche Zollunion scheiterte allerdings am Einspruch der Großmächte.

Die österreichischen Anschlußbestrebungen wurden von deutschen Regierungs- und Wirtschaftskreisen mit Interesse verfolgt. Deutsche Großindustrie und deutsches Finanzkapital setzten sich seit Mitte der zwanziger Jahre in Österreich fest. Parallel zum versteckten wirtschaftlichen Anschluß förderte die deutsche Reichsregierung den politischen Anschluß Österreichs, wobei „Volkstumspolitik" in der deutschen Reichspolitik eine besondere Rolle spielte. In diesem Sinne unterstützte die deutsche Regierung zum Zwecke der Festigung der „Südgrenze des Deutschen Reiches" die Germanisierung der Kärntner Slowenen durch finanzielle Zuwendungen und Ansiedlung reichsdeutscher Bauern.

Nach der nationalsozialistischen Machtergreifung in Deutschland im Jahre 1933 strichen die österreichischen Sozialdemokraten die Anschlußforderung aus ihrem Parteiprogramm. Auch die Christlichsoziale Partei lehnte den Anschluß an Hitler-Deutschland ab. Doch gleichzeitig erstarkte die nationalsozialistische Bewegung in Österreich. Der am 1. Mai 1934 eingerichtete österreichische Ständestaat besaß nur ungenügenden Rückhalt in der Bevölkerung. Er schloß die überwiegend sozialdemokratisch orientierte Arbeiterschaft von der politischen Mitarbeit und Mitverantwortung aus. Der ständestaatliche Machtapparat erwies sich schließlich als unfähig, dem zunehmenden innen- und außenpolitischen nationalsozialistischen Druck zu widerstehen. Dazu kamen große wirtschaftliche Schwierigkeiten, besonders eine hohe Arbeitslosenrate. Zur Jahreswende 1937/38 gab es in Österreich insgesamt 400.000 Arbeitslose, während im benachbarten Deutschen Reich auf Grund der Rüstungsproduktion Vollbeschäftigung herrschte.

Diese Gegebenheiten wurden durch die außenpolitische Isolierung Österreichs weiter verschärft. Wohl wünschten die Signatarmächte des Staatsvertrages von St. Germain weiterhin ein selbständiges Österreich, und auch das faschistische Italien unterstützte während des nationalsozialistischen Juliputsches 1934 noch Österreichs Unabhängigkeit durch einen demonstrativen Truppenaufmarsch am Brenner. Zwei Jahre später allerdings kam es zur Achse Berlin-Rom, wonach sich Mussolini einem Anschluß Österreichs an das Deutsche Reich nicht mehr widersetzte.

Die nationalsozialistische Führung des Deutschen Reiches betrachtete den Anschluß als ein rein machtpolitisches Problem. Der Schutz deutscher Sprache und Kultur oder die Zusammenführung aller Deutschen in einen einzigen Staat besaß daher nur propagandistischen Wert. In Wirklichkeit stellten der Anschluß Österreichs und die Zerschlagung der Tschechoslowakei vorbereitende Schritte in Richtung eines Krieges dar. Österreich besaß Rohstoffe, Industriestätten, Devisenreserven und Arbeitskräfte, die der deutschen Rüstungsindustrie nutzbar gemacht werden sollten. Im März 1938 wurde die Republik Österreich widerstandslos durch Militär des deutschen Reiches besetzt. Zur Rechtfertigung des Anschlusses bediente sich Hitler der nationalistischen „Logik" von der Einheit aller Deutschen. Die nachträglich inszenierte Volksabstimmung mit fast 100 Prozent „Ja"-Stimmen — auch der slowenischen, kroatischen und tschechischen nationalen Minderheiten — für den Anschluß erfolgte schon unter Aufsicht des nationalsozialistischen Machtapparates. Sie ist daher kein Beweis für die Haltung der österreichischen Bevölkerung zur Okkupation Österreichs. Dennoch darf nicht übersehen werden, daß viele Österreicher den Anschluß begrüßten und daß selbst die Bischöfe Österreichs und der frühere Kanzler Karl Renner die durch Hitler vollzogene „deutsche Einheit" zunächst bereitwillig anerkannten. Die Ereignisse des Jahres 1938 waren das tragische Ende einer langandauernden Propaganda, die nach 1918 den österreichischen Staat als Provisorium und den Anschluß als unabdingbar bezeichnet hatte.

e) Auf dem Weg zur österreichischen Nation

Als sich 1918 der Habsburgerstaat auflöste, war die deutschsprachige Bevölkerung des alten Österreich, also des ehemaligen Kaiserreiches Österreich und der darauf folgenden österreichisch-ungarischen Monarchie, in ihrem spezifischen Österreichbewußtsein ebenso verunsichert wie viele Angehörige der anderen Nationalitäten des Großreiches. Dieses Bewußtsein hatte sich auf Grund der gemeinsamen Geschichte seit dem Mittelalter entwickelt, und in diesem Sinne fühlten sich auch viele Bürger dieses Staates ohne Rücksicht auf Nation und Sprache als Österreicher.

Ein österreichisches Nationalbewußtsein wurde in der Ersten Republik vorerst kaum weiterentwickelt. Die deutschsprachige Bevölkerung stand vielmehr unter dem Einfluß der Anschlußpropaganda, welche sie aufgrund sprachlicher Kategorien zu Deutschen erklärte. Das Ziel dieser

Propaganda war die Schaffung eines gesamtdeutschen Staates „soweit die deutsche Zunge reicht". Doch ist die Sprache erfahrungsgemäß nicht die einzige Grundlage für die Bildung einer Nation. So sind die Bürger der Vereinigten Staaten von Amerika trotz ihrer überwiegend englischen Muttersprache unzweifelhaft eine eigene Nation, ebenso die Niederländer trotz ihrer sprachlichen Verwandtschaft mit den Niederdeutschen. Die Schweiz wiederum umfaßt als nationale Gemeinschaft vier ihrer Sprache nach unterschiedliche Volksgruppen. Nun könnte man meinen, in den vorliegenden Beispielen hätte die staatliche Gemeinschaft die nationale hervorgebracht. Eine solche Überlegung ist nicht ganz korrekt, da sie außer acht läßt, daß sowohl in den USA als auch in den Niederlanden und der Schweiz der politische und wirtschaftliche Zusammenschluß einer staatlich-nationalen Einheit vorausgingen. Somit war es nicht wirklich eine staatliche Gemeinschaft, sondern der Wille, sie zu bilden, der in unseren Beispielen nationsbildend wirkte. Die drei Nationen entstanden aus dem Anspruch, eine als drückend empfundene Fremdherrschaft zu überwinden und die eigenen Angelegenheiten im staatlichen Rahmen selbst zu bestimmen. Innerhalb der nationalen Gemeinschaft bestanden weiterhin soziale, wirtschaftliche, regionale und vereinzelt sprachliche Differenzierungen, die in demokratischer Weise zu lösen waren, um nicht die nationale Einheitlichkeit in Frage zu stellen. So kann man ganz allgemein feststellen, daß soziale Ungleichheit der Staatsbürger, wirtschaftliche Benachteiligung einzelner Regionen oder kulturelle Unterdrückung einzelner Gruppen den nationalen Konsens erschweren, wenn nicht zerstören.

Eine wesentliche Basis für das moderne nationale Bewußtsein ist somit die demokratische Anteilnahme am Staat. Im Österreich der Zwischenkriegszeit fehlten die meisten Voraussetzungen für die Entwicklung eines Nationalbewußtseins. Die bisherigen Bindungen waren aufgelöst. Die einzelnen gesellschaftlichen Gruppen entwickelten nunmehr Modelle zur Lösung des nationalen Problems nach ihren partikularen Interessen. Da hoffte ein Teil des österreichischen Bürgertums auf die Restauration alter Machtpositionen im Donauraum, was allerdings ohne Hilfe aus dem Deutschen Reich unerreichbar schien. Selbst der autoritäre Ständestaat propagierte bei aller Ablehnung des Anschlußgedankens die Idee eines „deutschen Österreich", das eine „abendländische" Tradition des „österreichischen Deutschtums" fortsetzen und die gesamtdeutsche Nation im „katholisch-universalen" Sinne missionieren sollte. Zum anderen lehnte die Arbeiterbewegung den Österreichbegriff ab, der als habsburgisch und reaktionär galt. Die Sozialdemokratische Partei wollte Österreich an eine gesamtdeutsche Republik anschließen, um mit Hilfe der starken deutschen Arbeiterbewegung Österreich den „Weg zum Sozialismus" zu ebnen. Erst nach der nationalsozialistischen Machtergreifung im Deutschen Reich wurde der Anschlußartikel aus dem sozialdemokratischen Parteiprogramm gestrichen. Und schließlich gab es noch die Deutschnationalen in mehreren Schattierungen, die den Anschluß verlangten, um am Aufstieg des imperialistischen Deutschland teilzuhaben.

Unabhängig von den jeweils unterschiedlichen Motiven für oder gegen den Anschluß waren sich alle politischen Gruppierungen darin einig, daß die Österreicher letztlich Deutsche seien. Die „deutsche" Orientie-

> *„Nach der österreichischen Theorie von Österreich ist Österreich wie jeder andere Staat, wie insbesondere auch Belgien, Holland, die Schweiz, die Tschechoslowakische Republik und andere Nachfolgestaaten, in denen deutschsprachige Volksteile leben, der politische Träger eines nationalen Volkstums sui generis, des österreichischen Volkes, oder politisch gesprochen nach westeuropäischer Terminologie der österreichischen Nation. Nach dieser Auffassung ist Österreich aus sich selbst frei und unabhängig. Nach der deutschnationalen Theorie von Österreich, der eine kleine, aber rührige Gruppe nationaler Katholiken anhängt, die von Deutschland stark beeindruckt sind, ist Österreich ein deutscher Stamm, der geistig, historisch und ethnisch im Grunde zu Deutschland gehört."*
>
> Ernst Karl Winter — Bahnbrecher des Dialogs. Ausgewählt und eingeleitet von Alfred Missong. — Wien, Frankfurt, Zürich 1969, S. 186

rung hat wesentlich zur inneren Aushöhlung des Staates beigetragen, den angeblich ohnehin „keiner wollte". Politischen Nutzen aus dieser nationalen Orientierungslosigkeit zog der Nationalsozialismus, der sich in der Wirtschaftskrise als Retter aus ökonomischer Not und als Vollstrecker einer deutschen Selbstbestimmung anbot.

Erst der Druck des nationalsozialistischen Deutschen Reiches gegen Österreich hat das österreichische Nationalbewußtsein verstärkt. Es kommt nicht von ungefähr, daß die österreichische Nationswerdung in jenen Jahren geistig vorbereitet wurde, in denen sich das nationalsozialistische Deutschland zur Okkupation Österreichs anschickte. So hat der Publizist und Historiker Ernst Karl Winter als erster im katholischen Lager einen österreichischen Nationsbegriff entwickelt, der mit der politischen Realität des in seiner Unabhängigkeit bedrohten Österreich im Einklang stand.

Winter hat ab 1936 in mehreren Arbeiten den österreichischen Staat ausdrücklich als dauernde Einrichtung bezeichnet und die Existenz einer österreichischen Nation anerkannt. Er schrieb dazu in seinem Buch „Monarchie und Arbeiterschaft": „Weil es einen österreichischen Staat gibt, so gibt es ein österreichisches Volk und eine österreichische Nation, eben eine Staatsnation. Wer Österreich als deutschen Staat betrachtet, von Deutschösterreich spricht, muß früher oder später auch den österreichischen Staat negieren".

Im Jahre 1937 hat der Kommunist Alfred Klahr die Existenz einer österreichischen Nation theoretisch begründet. Klahr war davon überzeugt, daß eine weit zurückreichende staatliche Selbständigkeit die Herausbildung einer österreichischen Nation vorbereitet habe. Damit waren seiner Meinung nach wesentliche Voraussetzungen für einen Abwehrkampf gegen das nationalsozialistische Deutschland geschaffen, der dann seinerseits das Nationalbewußtsein festigen würde. Die eigentliche

Grundlage des Nationalbewußtseins war also nach Winter und Klahr ein Konsens der österreichischen Bevölkerung über alle politischen Differenzierungen hinweg zum Schutz der österreichischen Unabhängigkeit vor deutschen imperialistischen Plänen. Die große intellektuelle Leistung bestand somit in der Erkenntnis, daß auch im Falle Österreich nicht allein sprachliche Faktoren, sondern gemeinsame Interessen einen nationalen Konsens herstellten. Gemeinsames Interesse vermag sich freilich nur unter wirklich freien Verhältnissen durchzusetzen. Der Ständestaat mit seiner Unterdrückung grundlegender politischer Freiheiten war daher ein Hindernis für die Schaffung einer geeinten nationalen Abwehrfront gegen den Nationalsozialismus. Die Idee einer eigenen österreichischen Nation wurde daher vorerst nur in politischen Randgruppen diskutiert. In der Sozialdemokratie konnte sie sich erst im Verlaufe des Krieges durchsetzen, bis dahin hoffte die zum größten Teil ins Ausland emigrierte Führung der Partei auf eine gesamtdeutsche Revolution unter Einschluß der Österreicher zum Sturz Hitlers.

Die Unsicherheit der österreichischen Bevölkerung über ihre nationale Identität hat das Erkennen des imperialistischen Charakters der deutschen Okkupation anfänglich erschwert. Zwar wurden unmittelbar nach dem Anschluß viele Regimegegner und Patrioten verhaftet und verschleppt, doch die Mehrzahl der Österreicher erlag der Anschlußbegeisterung. Erst allmählich erkannte die österreichische Bevölkerung, daß der Anschluß nicht ein deutsches Selbstbestimmungsrecht verwirklicht, sondern ein österreichisches verletzt hatte.

Österreich wurde von den deutschen Machthabern nicht als befreites Land, sondern als Kolonie behandelt. Sein nationaler Reichtum diente den Interessen der deutschen Kriegführung, hunderttausende Österreicher fielen auf den Schlachtfeldern des Zweiten Weltkrieges. Eine große Zahl von Österreichern hat sich gegen diese Unterjochung der Heimat aufgelehnt. 35.000 Österreicher wurden als Widerstandskämpfer in Konzentrationslagern, Gestapogefängnissen und Zuchthäusern umgebracht. 65.000 österreichische Juden wurden ermordet. Im aktiven Widerstand gegen das nationalsozialistische System oder zum mindesten in der inneren Ablehnung des Okkupanten haben die Österreicher ihr Nationalbewußtsein gefunden.

Die österreichische Nation entstand in diesem schmerzvollen Prozeß — nicht anders als die amerikanische, die niederländische oder die Schweizer Nation — als eine Gemeinschaft von Menschen, die ihr Recht auf demokratische Selbstbestimmung gegen Fremdherrschaft verteidigt. Der österreichische Staat ist der äußere Rahmen, in dem sich diese nationale Selbstbestimmung vollzieht. Er allein hat aber diese Nation nicht geschaffen. Es ist daher nur bedingt richtig, von einer österreichischen Staatsnation — im Gegensatz etwa zum Begriff der Sprachnation — zu reden, da der eigentliche integrierende Faktor vor 1945 nicht der Staat war, sondern der Wille, ihn zur Sicherung der nationalen Einheit wieder zu begründen. Die nationale Einheit steht somit zeitlich vor der Wiedererlangung der staatlichen Souveränität.

Das Nationalbewußtsein der österreichischen Bevölkerung wurde nach dem Zweiten Weltkrieg glänzend bestätigt, als sie einmütig zehn Jahre lang die endgültige Befreiung von jeder fremden Kontrolle durch

> Moskauer Erklärung über Österreich,
> 1. November 1943
>
> *Die Regierungen des Vereinigten Königreiches, der Sowjetunion und der Vereinigten Staaten von Amerika sind darin einer Meinung, daß Österreich, das erste freie Land, das der typischen Angriffspolitik Hitlers zum Opfer fallen sollte, von deutscher Herrschaft befreit werden soll.*
> *Sie betrachten die Besetzung Österreichs durch Deutschland am 15. März 1938 als null und nichtig. Sie betrachten sich durch keinerlei Änderungen, die in Österreich seit diesem Zeitpunkt durchgeführt wurden, als irgendwie gebunden. Sie erklären, daß sie wünschen, ein freies unabhängiges Österreich wiederhergestellt zu sehen und dadurch ebensosehr den Österreichern selbst wie den Nachbarstaaten, die sich ähnlichen Problemen gegenübergestellt sehen werden, die Bahn zu ebnen, auf der sie die politische und wirtschaftliche Sicherheit finden können, die die einzige Grundlage für einen dauerhaften Frieden ist.*
> *Österreich wird aber auch daran erinnert, daß es für die Teilnahme am Kriege an der Seite Hitler-Deutschlands eine Verantwortung trägt, der es nicht entrinnen kann, und daß anläßlich der endgültigen Abrechnung Bedachtnahme darauf, wieviel es selbst zu seiner Befreiung beigetragen haben wird, unvermeidlich sein wird.*
>
> Übersetzung der Zentral-Übersetzungsstelle des State Department, abgedruckt u. a. bei Verosta, *Die internationale Stellung Österreichs 1938 bis 1947*, Wien 1947, 52—53.

einen Staatsvertrag forderte. Österreich wurde damit das bittere Schicksal einer Aufteilung und Zuordnung einzelner Gebiete zu weltpolitischen Blöcken wie im Falle Deutschlands erspart. Der wirtschaftliche Aufstieg, die soziale Sicherheit im Inneren und die Politik der Neutralität nach außen tragen ihrerseits zur Festigung des österreichischen Nationalbewußtseins bei. Sozialwissenschaftliche Untersuchungen bestätigen, daß die Zahl jener Österreicher, die von der Existenz einer eigenen österreichischen Nation überzeugt sind, weiter im Ansteigen begriffen ist. Das Nationalbewußtsein entwickelt sich folgerichtig als Ergebnis eigener Erfahrungen: So sind die in der zweiten Republik geborenen Österreicher fast durchwegs überzeugte Österreicher.

Zur österreichischen Nation rechnet man die österreichischen Staatsbürger und allenfalls noch die deutschsprachigen Südtiroler, die durch Jahrhunderte Österreich angehört haben und heute noch enge Beziehungen zu Österreich unterhalten. Die österreichische Nation umfaßt aber nicht nur deutschsprachige Bürger, sondern auch Angehörige mehrerer anderer Nationalitäten: die Slowenen in Kärnten und in geringer Zahl in der Steiermark, die Kroaten und Magyaren im Burgenland und die Tschechen in Wien. Als ethnische Minderheiten der österreichischen Nation sind noch Zigeuner, Juden und verschiedene Zuwanderer, die sich in Österreich niedergelassen haben, zu nennen. Diese ethnischen Gruppen nehmen das natürliche und für die Slowenen und Kroaten im Staatsvertrag verbriefte Recht wahr, ihre sprachliche und kulturelle Eigenart sowie ihre eigenständigen politischen Traditionen zu pflegen.

Die ungehinderte Ausübung innerstaatlicher Selbstbestimmung ist eine wesentliche Voraussetzung für die Sicherung der nationalen Einheit. Dasselbe Recht auf Selbstbestimmung, das die österreichische Nation nach außen hin in Anspruch nimmt, muß sie auch nach innen hin gewähren, soll ihr Bestand gesichert sein. In den nationalen Konsens sind nur jene Staatsbürger und Gruppen eingebunden, die im Rahmen der Gesetze die Möglichkeit haben, ihre Interessen wahrzunehmen. Insbesondere sprachliche Minderheiten bedürfen des Schutzes vor Diskriminierung und der staatlichen Förderung zur Entfaltung ihrer Eigenart, ehe sie in der Lage sind, sich vorbehaltlos und aus freien Stücken als Angehörige der österreichischen Nation zu fühlen.

Die Lage der Kärntner Slowenen nach der Auflösung Österreich-Ungarns 1918—1920

Die Auflösung Österreich-Ungarns hatte für die Kärntner Slowenen schwerwiegende Folgen. Sie waren bisher mit dem multinationalen Habsburgerstaat auf das engste verbunden gewesen. Alle ihre seit der Revolution von 1848 entwickelten Pläne für eine Vereinigung der slowenischen Nation sollten im Rahmen des habsburgischen Gesamtstaates verwirklicht werden, so auch der Plan einer Vereinigung aller Südslawen Österreich-Ungarns, wie er in der Maideklaration zum Ausdruck gekommen war. Nach der Entstehung der Republik Deutschösterreich und des Königreiches der Serben, Kroaten und Slowenen standen sie vor der Entscheidung über ihre staatliche Zugehörigkeit. Bei der Volkszählung von 1910, die freilich nicht die nationale Zugehörigkeit erhoben hatte, hatten 82.212 Kärntner Slowenisch als ihre Umgangssprache angegeben. Südkärnten südlich der Drau war überwiegend von Slowenen bewohnt. Somit stand nahezu ein Viertel der Kärntner Bevölkerung vor der Wahl, ihrer langjährigen Bindung an den deutschsprachigen Teil Kärntens entsprechend bei Deutschösterreich zu verbleiben oder sich aufgrund der ethnischen Zugehörigkeit dem südslawischen Staat anzuschließen. Maßgebende

Prälat Valentin Podgorc (1867—1956). Ab 1907 Sekretär, später Obmann der St.-Hermagoras-Bruderschaft.

slowenische Politiker wie Franz Grafenauer, Franc Smodej und Janko Brejc traten für eine Einbeziehung des slowenischen Teils Kärntens in den südslawischen Staat ein. Für die Beibehaltung der alten Landesgrenzen sprach sich hingegen Valentin Podgorc aus.

1. Gebietsansprüche und Grenzkämpfe

Eine einvernehmliche Aufteilung des altösterreichischen Staatsgebietes wurde 1918 durch einander überschneidende Gebietsforderungen der Nachfolgestaaten verhindert. So wurde Kärnten nach einem Beschluß der Kärntner Landesversammlung vom 11. November 1918 „durch das geschlossene deutsche Siedlungsgebiet des ehemaligen Herzogtums Kärnten und jene gemischtsprachigen Siedlungsgebiete dieses Herzogtums gebildet, die sich auf Grund des Selbstbestimmungsrechtes ihrer Bewohner dem Staatsgebiete des Staates Deutsch-Österreich verfassungsmäßig anschließen". Die slowenische Regierung in Laibach hingegen beanspruchte Südkärnten aufgrund des ethnisch-nationalen Prinzips für den neuen südslawischen Staat. Die Standpunkte waren unvereinbar.

Um das umstrittene Gebiet kam es ab Dezember 1918 und nach einem längeren im Jänner 1919 geschlossenen Waffenstillstand erneut ab April 1919 zu regionalen Grenzkämpfen mit jeweils unterschiedlichem militärischem Ausgang. So endeten die Kämpfe zur Jahreswende 1918/1919 mit der Besetzung Südostkärntens einschließlich der Stadt Völkermarkt durch südslawische Einheiten. Anfang Mai 1919 wurden diese Truppenverbände über die Landesgrenzen zurückgedrängt. Schließlich endeten die Grenzkämpfe jedoch mit der Besetzung Südkärntens und des Kärntner Zentralraumes einschließlich der Landeshauptstadt Klagenfurt durch Truppen des SHS-Staates im Juli 1919.

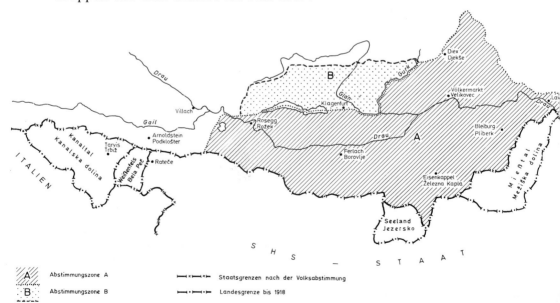

Die Zonen A und B der Kärntner Volksabstimmung

Südslawisches Flugblatt

Aufruf der österreichischen Sozialdemokraten

Die politische Bedeutung dieser Grenzkämpfe für die Lösung der Kärntner Grenzfrage ist in der historischen Forschung umstritten. So wird einerseits der Standpunkt vertreten, erst die Abwehrkämpfe hätten die Pariser Friedenskonferenz über die nationalen und politischen Verhältnisse Südkärntens informiert und bewogen, ein Plebiszit anzuordnen. Von anderer Seite wird festgestellt, daß die Pariser Friedenskonferenz territoriale Entscheidungen nicht ausschließlich nach ethnischen Gesichtspunkten traf, sondern ebenso wirtschaftliche und verwaltungsmäßige Überlegungen berücksichtigte. Ausschlaggebend sei im vorliegenden Fall die Überzeugung gewesen, daß ein Gebiet von der geographischen Geschlossenheit Kärntens nicht geteilt werden sollte. Bezüglich der territorialen Zukunft Südkärntens wurde auf der Friedenskonferenz in Paris jedenfalls im Mai 1919 die Abhaltung einer Volksabstimmung beschlossen.

2. Die Volksabstimmung in Kärnten

Um eine Volksabstimmung mit einem für sie letztlich unsicheren Ausgang zu verhindern, schlug die südslawische Delegation auf der Pariser Friedenskonferenz die Aufteilung des Abstimmungsgebietes in zwei Zonen vor, die jeweils ohne Abstimmung dem SHS-Staat oder Österreich zu-

Österreichische und südslawische Propaganda

fallen sollten. Die Friedenskonferenz mißbilligte den Vorschlag und fand insofern einen Kompromiß, als die Abstimmung nicht in der gesamten Abstimmungszone einheitlich, sondern in den beiden — nach dem südslawischen Vorschlag abgegrenzten — Zonen gesondert vorgenommen werden sollte. Nunmehr wurde festgelegt, daß als erste die Bewohner der Zone A über die künftige staatliche Zugehörigkeit befragt werden sollten. Im Falle einer Mehrheit für Österreich würde die Abstimmung in der Zone B entfallen und das Klagenfurter Becken ungeteilt zu Österreich kommen. Sollte die Abstimmung in der Zone A eine Mehrheit für den SHS-Staat erbringen, dann wäre die Bevölkerung der Zone B über ihre staatliche Zugehörigkeit zu befragen gewesen.

Die Grenze der Zone A verlief vom Mallestiger Mittagskogel in nördlicher Richtung zur Drau, folgte dem Lauf der Drau von St. Niklas an der Drau bis Rosegg, erreichte das Westende des Wörther Sees, den sie seiner ganzen Länge nach teilte, und verlief nun nördlich bzw. westlich von Viktring, Ebental, Radsberg, Poggersdorf, Waisenberg, Diex, Pustritz, Griffen, Ruden, Schwabegg und Lavamünd. Die an die Zone A im Norden anschließende Zone B war durch eine Linie nördlich von Köstenberg, Techelsberg, Tigring, St. Peter am Bichl und Ottmanach begrenzt.

Nach achtwöchiger Besetzung zog sich das südslawische Militär Ende Juli 1919 aus Klagenfurt in die Zone A zurück. Die beiden Abstimmungszonen wurden im Sommer 1920 von SHS- und österreichischen Truppen zur Gänze geräumt. Für die Durchführung des Plebiszits amtierte in Klagenfurt eine interalliierte Kommission, der englische, französische, italienische, österreichische und südslawische Vertreter angehörten. Sie überwachten die korrekte Durchführung der am 10. Oktober 1920 in den 51 Gemeinden der Zone A erfolgten Volksabstimmung. Für Österreich stimmten 22.025 (59,04 Prozent) der Abstimmungsberechtigten, für den SHS-Staat 15.279 (40,96 Prozent). Das Abstimmungsgebiet fiel damit zur Gänze an Österreich.

3. Analyse des Abstimmungsergebnisses

Das Abstimmungsergebnis mit seiner klaren Mehrheit für Österreich überrascht in einem Gebiet, in dem bei der Volkszählung 1910 noch 70 % der Bevölkerung Slowenisch als Umgangssprache angegeben hatte.

Wenn wir versuchen, jene Faktoren aufzuschlüsseln, die für das Ergebnis der Volksabstimmung bestimmend waren, bei der sich um die 12.000 Kärntner Slowenen gegen eine staatspolitische Zuordnung zum Königreich der Serben, Kroaten und Slowenen entschieden haben, so müssen wir allgemeine und konkrete Motive unterscheiden. Wesentlich war, daß ein erheblicher Teil der Kärntner Slowenen infolge der politischen und sozialökonomischen Entwicklung, die durch eine jahrhundertelange deutsche politische und ökonomische Übermacht im Lande bestimmt war, nicht zu den nationalbewußten Mitgliedern der slowenischen Gemeinschaft gehörte. Viele von ihnen wählten politische Parteien, die eine deutschnationale Politik führten. Diese slowenischsprachige Bevölkerung befand sich in nationaler Hinsicht in einem Zwischenstadium und war in der konkreten Situation der Volksabstimmung eher geneigt, für die Aufrechterhaltung der historischen Landeseinheit und für die kulturelle, politische und ökonomische Verbindung mit den deutschsprachigen Kärntnern zu votieren. Sie war empfänglich für die geschickte deutschnationale Propaganda, die ganz auf die Weckung von religiösen, kulturellen und nationalen Vorurteilen gegen das Königreich der Serben, Kroaten und Slowenen ausgerichtet war und die das Kärntner Landesbewußtsein und den geschlossenen Wirtschaftsraum Kärnten hervorstrich. Aber auch nationalbewußte Slowenen haben für Österreich gestimmt, so z. B. die Gruppe um Valentin Podgorc; ebenso auch viele Sozialdemokraten, denen die in der Sozialgesetzgebung fortschrittlichere deutschösterreichische Republik eine bessere Zukunft versprach als die südslawische Monarchie mit ihren ausgeprägten militaristischen Zügen.

Flugblatt zur Volksabstimmung

Entschließung anläßlich der Volksabstimmung. (Begrüßung der Bevölkerung in der Zone A.)
Die vorläufige Landesversammlung von Kärnten hat in ihrer Sitzung am 28. September 1920 die nachstehende Entschließung einstimmig angenommen:

„*Entschließung.*

Der 10. Oktober naht! Mit ihm beginnt ein neuer Abschnitt in Kärntens Geschichte. Der freie Wille des Volkes wird an diesem Tage über Kärntens Schicksal entscheiden. Mit froher Zuversicht blickt die vorläufige Landesversammlung der Volksabstimmung entgegen. Sie wird ein machtvolles Bekenntnis zur Kärntner Heimat werden und die Wiedervereinigung der Zone A mit dem übrigen Kärnten bringen.

Die stimmberechtigten Landsleute der Zone A sind mit dem übrigen Kärntner Volke durch die Geschlossenheit des Landes, durch die Gemeinsamkeit wirtschaftlicher Interessen, durch die Geschichte von vielen Jahrhunderten und durch die gemeinsame Kultur so innig verbunden, daß das Zusammenhalten der deutschen und slowenischen Bevölkerung Kärntens in der Frage der Unteilbarkeit des Landes zu einer Naturnotwendigkeit geworden ist.

Die vorläufige Landesversammlung, weit entfernt, die Methoden jugoslawischer Vergewaltigung und Willkür anzuwenden, vertritt als Grundsatz der zukünftigen Landespolitik die Politik der Versöhnung und der Gerechtigkeit.

Sie erklärt daher im Bewußtsein der verantwortungsvollen Stunde namens der von ihr vertretenen Bevölkerung, daß sie den slowenischen Landsleuten ihre sprachliche und nationale Eigenart jetzt und allezeit wahren will und daß sie deren geistigem und wirtschaftlichem Aufblühen dieselbe Fürsorge angedeihen lassen wird, wie den deutschen Bewohnern des Landes.

Eine genaue Ausarbeitung dieser Grundsätze wird nach durchgeführter Wiedervereinigung mit den Vertretern der Kärntner Slowenen vereinbart werden.

Die demokratischen Grundsätze, auf denen die Republik Österreich aufgebaut ist, bürgen übrigens dafür, daß der Wille der slowenischen Bevölkerung unverhüllt zum Ausdrucke kommen wird.

Der Kärntner Slowene wird daher auch innerhalb seines bisherigen Heimatlandes Kärnten die Bürgschaft für den Bestand seines nationalen Lebens und seines wirtschaftlichen und kulturellen Aufschwunges vorfinden. In friedlicher Arbeit vereint, werden nach der Wiedervereinigung beide Volksstämme Gelegenheit finden, wieder alle jene Schäden gutzumachen, die ein langjähriger Krieg und eine zweijährige Besetzung größerer Landstriche durch ungebetene Eindringlinge verursacht hat.

Die vorläufige Landesversammlung entsendet den heldenhaften Märtyrern in der Zone A vor der Volksabstimmung nochmals herzliche Grüße und ruft ihnen namens der übrigen Bevölkerung Kärntens, die glücklicher war und von dem furchtbaren Joche der Südslawen verschont blieb, zu:

Seid bedankt für die hingebungsvolle Treue, mit der Ihr zu Eurer Heimat gestanden seid, für die ungeheuren Opfer an Gut und Blut, die Ihr aus Liebe zu Kärnten gebracht habt, für die bewunderungswürdige Haltung, mit der Ihr alle Verfolgungen und Unterdrückungen über Euch ergehen ließet!

Laßt Euch nicht entmutigen, gebt nicht den Lohn für eine fast zweijährige Qual in letzter Stunde preis! Harret vielmehr aus in Eurer Standhaftigkeit bis zu dem gottlob nicht fernen Tage der Befreiung.

Eure Heimat Kärnten wird es Euch vergelten, Eure Kinder und Kindeskinder werden Euch dafür danken!" (L. A. Z. 495/Präs./20.)

Versprechungen an die Kärntner Slowenen vor der Volksabstimmung 1920

Auch war der SHS-Staat von Anfang an von tiefen sozialen, nationalen und politischen Gegensätzen geprägt.

Außerdem haben Unzulänglichkeiten und Fehler in der südslawischen Verwaltung der Zone A für die Abstimmenden die Attraktivität des SHS-Staates verringert. Einen nicht zu unterschätzenden Einfluß auf das Stimmverhalten der Kärntner Slowenen dürfte schließlich die Erklärung der provisorischen Kärntner Landesregierung vom 28. September 1920 gehabt haben, in der versprochen wurde, den slowenischen Landsleuten ihre sprachliche und nationale Eigenart „jetzt und allezeit" zu wahren und deren geistigem und wirtschaftlichem Aufblühen dieselbe Fürsorge angedeihen zu lassen wie den deutschen Bewohnern des Landes.

Arbeitsaufgaben und Fragen:

1. Wiederhole die Vorgeschichte des 1. Weltkrieges (Bündnispolitik, Imperialismus)!
2. Österreich-Ungarn als Vielvölkerstaat — Völkerkerker oder Modell für ein multinationales Europa?
3. Erörtert die Begriffe „Nation", „Nationalismus" und „Chauvinismus" und deren Stellenwert seit der Französischen Revolution!
4. Vertiefe dich in die Geschichte der Schweiz, der Niederlande und der USA; vergleiche ihre Entwicklung zur Nation mit jener Italiens und Frankreichs!
5. Versuche dich in die Situation eines deutsch- oder slowenischsprachigen Kärntners nach dem Zerfall der Donaumonarchie im November 1918 zu versetzen!
6. Diskutiert sachlich das Ergebnis der Volksabstimmung!

III. Die Kärntner Slowenen in der Ersten Republik

Zur Vorbereitung: Österreich, die Sudetendeutschen und Südtirol.
Grundpfeiler der Verfassung der I. Republik.
Das ständestaatliche Experiment in Österreich.
Das slowenische Siedlungsgebiet in den einzelnen Staaten nach 1918!

Unmittelbare Folgen des Plebiszits für die Kärntner Slowenen

Nach der Volksabstimmung verschlechterte sich die Lage der Kärntner Slowenen gegenüber ihrer Situation in der Habsburgermonarchie wesentlich. Sie waren jetzt vom übrigen slowenischen Volk, das zum überwiegenden Teil dem neuen südslawischen Staat angehörte, durch eine Staatsgrenze getrennt (siehe Karte S. 137!). Im Habsburgerreich war die Einheit nahezu aller Slowenen in kultureller und trotz der Kronländergrenzen zumindest teilweise auch in politischer Hinsicht gewahrt gewesen. Die neuen nationalstaatlichen Grenzen unterbrachen nun die engen Verbindungen der Slowenen Kärntens mit jenen im neuen südslawischen Staat. Die Kärntner Slowenen blieben so vom Aufschwung der nationalen slowenischen Kultur der Zwischenkriegszeit weitgehend ausgeschlossen. Im kulturellen und politischen Leben waren sie auf ihre eigene Kraft angewiesen. Als ethnischer Minderheit innerhalb eines überwiegend deutschsprachigen Staates galt ihre erste Sorge der Sicherung ihrer nationalen Existenz. Das fiel nicht leicht, weil die führenden politischen Kräfte Österreichs ihren Staat als deutschen Staat verstanden und daher für nationale Minderheiten wenig Verständnis aufbrachten.

1. Die Minderheitenschutzbestimmungen des Staatsvertrages von St. Germain

Die Volksabstimmungspropaganda für die Einheit Kärntens hatte den Slowenen im Falle ihres Verbleibens bei Österreich ausreichende Garantien für den Fortbestand ihrer Existenz als Volksgruppe versprochen. Die mit den Stimmen von rund 12.000 Slowenen für Österreich entschiedene Abstimmung wurde besonders in Kärnten nicht als Votum für Österreich, sondern als Erfolg für das Deutschtum verstanden. Man nahm das Ergebnis der Volksabstimmung zum Anlaß, die nach dem Weltkrieg kurz unterbrochene Germanisierung wieder aufzunehmen. Zuerst ging man daran, die rechtliche Lage der Minderheit gegenüber der habsburgischen Zeit zu verschlechtern. Dazu bot der Staatsvertrag von St. Germain vom 10. September 1919 eine geeignete Handhabe. Dieser enthielt zwar einige Bestimmungen zum Schutz von sprachlichen und religiösen Minderheiten, sie reichten aber keineswegs aus, die Slowenen

> *„Alle Volksstämme des Staates sind gleichberechtigt und jeder Volksstamm hat ein unverletzliches Recht auf Wahrung und Pflege seiner Nationalität und Sprache.*
>
> *Die Gleichberechtigung aller landesüblichen Sprachen in Schulen, Amt und öffentlichem Leben wird vom Staate anerkannt.*
>
> *In den Ländern, in welchen mehrere Volksstämme wohnen, sollen die öffentlichen Unterrichtsanstalten derart eingerichtet sein, daß ohne Anwendung eines Zwanges zur Erlernung einer zweiten Landessprache jeder dieser Volksstämme die erforderlichen Mittel zur Ausbildung in seiner Sprache erhält."*
>
> Artikel XIX des Staatsgrundgesetzes über die allgemeinen Rechte der Staatsbürger vom 21. Dezember 1867

als Volksgruppe zu schützen. In Wirklichkeit anerkannte der Staatsvertrag nicht die Notwendigkeit, den Volksgruppen besonderen Schutz zu gewähren.

Die Unzulänglichkeiten der Minderheitenschutzbestimmungen von St. Germain zeigt der Vergleich mit dem Nationalitätenrecht im alten Österreich. Da waren alle Volksgruppen — damals Volksstämme genannt — zumindest auf dem Papier gleichberechtigt und hatten laut Art. 19 des Staatsgrundgesetzes vom 21. Dez. 1867 „ein unverletzliches Recht auf Wahrung und Pflege" ihrer Nationalität und Sprache. Alle „landesüblichen Sprachen" waren gleichberechtigt und als solche bei Gericht, Ämtern und im Unterrichtsbereich anerkannt. Slowenisch galt in Kärnten als „landesübliche Sprache". Südkärnten wurde daher als slowenisches bzw. gemischtsprachiges Gebiet behandelt. Dem hatten Gerichte, Ämter und Schulen Rechnung zu tragen.

Ganz anders verhielt es sich mit dem Staatsvertrag von St. Germain. Seine Bestimmungen zielten nicht darauf ab, Garantien für den Bestand der Volksgruppen zu bieten. Die ethnische Vereinheitlichung Österreichs sollte nicht behindert werden. So enthielt der Staatsvertrag keine Bestimmungen für den Schutz der Slowenen als Volksgruppe. Die Minderheitenbestimmungen waren lediglich darauf ausgerichtet, einzelnen Staatsbürgern, soweit sie der deutschen Sprache nicht in ausreichendem Maße mächtig waren, „angemessene Erleichterungen" im Gebrauch ihrer Muttersprache vor Gericht zu gewähren. Vorschriften über die Amtssprache waren nicht enthalten, doch sollten Angehörige der Minderheit das Recht auf muttersprachlichen Unterricht ihrer Kinder erhalten. Diese Bestimmung war jedoch an die Bedingung geknüpft, daß die Minderheit in nicht näher definierten Verwaltungseinheiten „eine verhältnismäßig beträchtliche Zahl" erreichte. Erstmals in ihrer Geschichte wurden die Slowenen durch diesen Staatsvertrag dazu genötigt, in ihrem angestammten Gebiet den Nachweis ihrer Existenz zu erbringen, wenn sie nationale Rechte erhalten wollten. Die öffentlichen Einrichtungen Südkärntens verloren ihren zweisprachigen Charakter.

DIE MINDERHEITENSCHUTZBESTIMMUNGEN
DES STAATSVERTRAGES VON ST. GERMAIN

Artikel 66

Alle österreichischen Staatsangehörigen ohne Unterschied der Rasse, der Sprache oder Religion sind vor dem Gesetze gleich und genießen dieselben bürgerlichen und politischen Rechte.

Unterschiede in Religion, Glauben oder Bekenntnis sollen keinem österreichischen Staatsangehörigen beim Genuß der bürgerlichen und politischen Rechte nachteilig sein, wie namentlich bei Zulassung zu öffentlichen Stellungen, Ämtern und Würden oder bei den verschiedenen Berufs- und Erwerbstätigkeiten.

Keinem österreichischen Staatsangehörigen werden im freien Gebrauch irgendeiner Sprache im Privat- oder Geschäftsverkehr, in Angelegenheiten der Religion, der Presse oder irgendeiner Art von Veröffentlichungen oder in öffentlichen Versammlungen Beschränkungen auferlegt.

Unbeschadet der Einführung einer Staatssprache durch die österreichische Regierung werden nicht deutsch sprechenden österreichischen Staatsangehörigen angemessene Erleichterungen beim Gebrauch ihrer Sprache vor Gericht in Wort oder Schrift geboten werden.

Artikel 67

Österreichische Staatsangehörige, die einer Minderheit nach Rasse, Religion oder Sprache angehören, genießen dieselbe Behandlung und dieselben Garantien, rechtlich und faktisch, wie die anderen österreichischen Staatsangehörigen, insbesondere haben sie dasselbe Recht, auf ihre eigenen Kosten Wohltätigkeits-, religiöse oder soziale Einrichtungen, Schulen und andere Erziehungsanstalten zu errichten, zu verwalten und zu beaufsichtigen mit der Berechtigung, in denselben ihre eigene Sprache nach Belieben zu gebrauchen und ihre Religion frei zu üben.

Artikel 68

Was das öffentliche Unterrichtswesen anlangt, wird die österreichische Regierung in den Städten und Bezirken, wo eine verhältnismäßig beträchtliche Zahl anderssprachiger als deutscher österreichischer Staatsangehöriger wohnt, angemessene Erleichterungen gewähren, um sicherzustellen, daß in den Volksschulen den Kindern dieser österreichischen Staatsangehörigen der Unterricht in ihrer eigenen Sprache erteilt werde. Diese Bestimmung wird die österreichische Regierung nicht hindern, den Unterricht der deutschen Sprache in den besagten Schulen zu einem Pflichtgegenstand zu machen.

In Städten und Bezirken, wo eine verhältnismäßig beträchtliche Anzahl österreichischer Staatsangehöriger wohnt, die einer Minderheit nach Rasse, Religion oder Sprache angehören, wird diesen Minderheiten von allen Beträgen, die etwa für Erziehung, Religions- oder Wohltätigkeitszwecke aus öffentlichen Mitteln in Staats-, Gemeinde oder anderen Budgets ausgeworfen werden, ein angemessener Teil zu Nutzen und Verwendung gesichert.

2. Ausschaltung der slowenischen Intelligenz

Die Verschlechterung der rechtlichen Lage äußerte sich umgehend in der Benachteiligung der Slowenen durch die Behörden. Die öffentlichen Gewalten Kärntens machten es sich zur Aufgabe, die slowenische Minderheit in wenigen Jahrzehnten einzudeutschen. In einem Menschenalter wollte der Kärntner Landesverweser Arthur Lemisch die Slowenen ihrer Nationalität entfremden.

Dazu war zunächst die Ausschaltung ihrer nationalen Intelligenz notwendig. So wurden unmittelbar nach der Volksabstimmung beinahe sämtliche slowenischen Lehrer und etwa die Hälfte der slowenischen

---

Landesverweser Arthur Lemisch anläßlich einer Festsitzung des Kärntner Landtages am 25. November 1920:

„Bei der Wiederaufrichtung der Heimat dürfen nicht jene 15.278 vergessen bleiben, die bei der Volksabstimmung für den Anschluß an SHS stimmten. Wir glauben, daß davon wohl viele Tausende Verführte sind, die wir wieder zu Kärntnern zu machen haben.

Nur ein Menschenalter haben wir Zeit, diese Verführten zum Kärntnertum zurückzuführen; in der Lebensdauer einer Generation muß das Erziehungswerk vollendet sein. Das werden nicht die Behörden und Regierungen machen können, das Kärntner Volk selbst muß es besorgen; Haus, Schule und Kirche müssen sich am Heilungswerk beteiligen. Ohne Künsteleien, ohne Druck hat sich bisher das Wort des Slowenen Urban Jarnik in die Tat umgesetzt, daß die Sprachgrenze in Kärnten in einem Jahrhundert um eine Meile nach Süden vorrückte, und ohne Druck und ohne Künsteleien, nach Kärntner Gebräuchen, muß auch dieses Kärntner Werk vollbracht werden.

Was die öffentliche Verwaltung hinsichtlich der Schule tun kann, wird sie tun, und zwar bei aller Rücksichtnahme auf die durch den Friedensvertrag geschützte Minorität. Was aber die Kirche hinsichtlich der Reinigung des öffentlichen Geistes beitragen kann, uns von jenem widerkärntnerischen Drucke zu befreien, der dem Lande so unheilvolle Wunden geschlagen, das muß die kirchliche Gewalt besorgen, wir können nur raten und fördern. Nicht die Göttin der Rache wollen wir anrufen, sondern die Friedensengel, und dazu können wir nur Mittler brauchen, die auch Frieden und Eintracht verkünden. [...] Die K u l t u r des deutschen Volkes hat Kärnten zur südlichen Mark gemacht, die Kultur Mitteleuropas gegenüber südlicher Hyperkultur soll es und wird es auch schaffen, mitzuhelfen, daß Kärnten ungeteilt bleibt.

Mit deutscher Kultur und Kärntner Gemütlichkeit wollen wir, wenn Schule und Kirche das ihre tun, in einem Menschenalter die uns vorgesteckte Arbeit geleistet haben."

(Kärntner Landsmannschaft, 15. 12. 1920)

Priester aus dem slowenischen Gebiet entfernt, vom Dienst suspendiert, oder es wurde ihnen die Ausübung ihres Berufes unmöglich gemacht. Begründet wurden diese Maßnahmen mit dem Verhalten der slowenischen Intelligenz vor und während der Volksabstimmung. In einer Eingabe an das Innenministerium hat die Kärntner Landesregierung 1921 dies auch klar zum Ausdruck gebracht. Bezüglich der Lehrer heißt es da, daß man nur jene im österreichischen Schuldienst belassen könne, „welche mehr aus wirtschaftlichen Gründen die Übernahme in jugoslawische Dienste erbeten, sich aber weiterhin politisch nicht exponiert hatten"; hingegen beschloß man, „jene Personen, welche in der Propagandaaktion der Gegner eine führende Rolle gespielt und dadurch ähnlich wie einzelne Pfarrer den schweren Haß der Bevölkerung auf sich geladen hatten, von einer Wiederverwendung im Kärntner Schuldienste auszuschließen". Für nationalbewußte slowenische Lehrer war also im Kärntner Schuldienst kein Platz mehr.

Schwieriger war für die Landesverwaltung das Problem im kirchlichen Bereich. Die Geistlichkeit hatte sich im Abstimmungsgebiet mit nur geringen Ausnahmen „in den Dienst der jugoslawischen Propaganda" gestellt. Hier mußte die Landesregierung im Einvernehmen mit kirchlichen Stellen handeln. In einem Bericht an das Innenministerium vom 8. März 1921 heißt es dazu: „Immerhin ist in dieser Richtung bereits vieles geschehen, indem zehn der kompromittiertesten Geistlichen bereits in südslawische Diözesen übernommen wurden, zehn weitere sich außer

---

Von den slowenischen Lehrkräften an den utraquistischen Schulen waren aus der Vor- und unmittelbaren Nachkriegszeit nur mehr vier in Österreich verblieben, von denen zunächst keiner wieder in Dienst gestellt wurde. Später trat hier eine gewisse Milderung ein, so daß im Jahre 1933 zwei slowenische Lehrer, jedoch nicht im gemischtsprachigen Gebiet, tätig waren. Slowenischer Lehrernachwuchs fehlte freilich völlig, da an der Klagenfurter Lehrer- und Lehrerinnenbildungsanstalt eine Art Numerus clausus für slowenische Schüler eingeführt wurde, das heißt, es wurden nur solche slowenische Schüler in die Anstalt aufgenommen, von denen mit Sicherheit anzunehmen war, daß sie ihr Volkstum beim Verlassen der Anstalt würden aufgegeben haben. Einer der Hauptklagepunkte der Slowenen gegen die utraquistischen Schulen in diesem Zeitabschnitt richtete sich denn auch gegen die Tatsache, daß die Lehrer auch in rein slowenischen Gemeinden ausschließlich Deutsche oder eingedeutschte Slowenen waren, die meist noch infolge ihrer parteipolitischen Zugehörigkeit es als ihre Aufgabe ansahen, einen Gegenpol zum slowenischen Pfarrer zu bilden, und so, ob bewußt oder nicht, mit zur Entwurzelung des slowenischen Kindes beitrugen, das sie nicht nur seinem Volke, sondern auch seinem Glauben zu entfremden trachteten.

Theodor Veiter: Die slowenische Volksgruppe in Kärnten. Geschichte, Rechtslage, Problemstellung. — Wien, Leipzig 1936 (Kleine historische Monographien, 50), S. 70.

Kärntner Schulpolitik in der Zwischenkriegszeit

> *Der Abgang an heimischen Lehrkräften mit deutschen und slowenischen Sprachkenntnissen ist auf die mangelhafte Ausbildung des Lehrernachwuchses an der Lehrerbildungsanstalt in Klagenfurt seit dem Ende des ersten Weltkrieges zurückzuführen.*
>
> *Bis ungefähr 1915 bestanden an der Lehrerbildungsanstalt in Klagenfurt zwei Kurse für slowenische Sprache: einer für Schüler mit slowenischer Muttersprache (Unterrichtssprache Slowenisch), einer für Schüler mit deutscher Muttersprache (Unterrichtssprache Deutsch). Nur die Absolventen des Kurses mit slowenischer Unterrichtssprache konnten zur Reifeprüfung geführt werden und kamen als Lehrkräfte an zweisprachigen Schulen in Betracht. Die Besucher des zweiten Kurses erlangten mit wenigen Ausnahmen die Fähigkeit an doppelsprachigen Schulen zu unterrichten.*
>
> *Nach dem Jahre 1920 wurden beide Kurse zusammengelegt. Nur wenige Kursteilnehmer erlangten die für die Reifeprüfung aus slowenischer Sprache notwendigen Kenntnisse. Dieser Umstand und die Tatsache, daß der Besuch des Slowenisch-Kurses freiwillig war, führten zu dem betrüblichen Zustand, daß in den letzten 25 Jahren der Lehrernachwuchs für zweisprachige Schulen stets abnahm und in der Zeit zwischen 1938—1945 die Ausbildung vollkommen eingestellt wurde.*
>
> *Mit Beginn des Schuljahres 1945/1946 wurden an der Lehrerbildungsanstalt in Klagenfurt wieder slowenische Sprachkurse für Slowenen und Deutsche eingeführt.*
>
> Stand des zweisprachigen Schulwesens in Kärnten am 1. Oktober 1945. Bericht des Landesschulrates für Kärnten. Klagenfurt 1945. Ausschnitt.

Landes befinden und nicht mehr zurückkehren werden und die Versetzung von Geistlichen innerhalb des Landes bereits in vollem Zuge ist."

3. Öffentliches Leben und Schule

Auf die Maßnahmen gegen die slowenische Intelligenz folgte die Ausschaltung der slowenischen Sprache aus dem öffentlichen Leben Kärntens. Zweisprachige Ortstafeln wurden nach 1920 zum größten Teil entfernt. Als Amtssprache galt ausschließlich die deutsche Staatssprache. Nationalbewußte Slowenen wurden durch behördliche Maßnahmen in ihrem wirtschaftlichen Fortkommen beeinträchtigt, und das kulturelle Leben der Volksgruppe wurde erschwert. Die 1919 aus Klagenfurt nach Prevalje übersiedelte Hermagoras-Bruderschaft, die bis zur Volksabstimmung 40 % der slowenischen Bevölkerung Kärntens mit Druckschriften erreicht hatte, konnte nicht wieder zurückkehren.

Die Schule wurde gänzlich deutschnationalen Interessen dienstbar gemacht. Keine der bisher bestehenden slowenischen Schuleinrichtungen konnte gehalten werden. Die Einrichtung von privaten slowenischen Un-

> „Es gibt in Kärnten keine einzige Schule, in der in den ersten 4 Schuljahren mit slowenischer Unterrichtssprache unterrichtet wird. Vielmehr wird die slowenische Sprache in den Schulen nur soweit verwendet, als sie für die Verständigung mit den Schulkindern unbedingt nötig ist. Die slowenische Sprache tritt bereits in der 2. Schulstufe hinter dem Gebrauch der deutschen zurück. Beschwerden der deutschen Bevölkerung, ihre Kinder in slowenisch-deutsche Schulen schicken zu müssen sind mir trotz Erhebungen durch die Bezirksschulbehörden nicht bekannt geworden und wäre für die Bekanntgabe der im angeführten Erlass angezogenen Nachricht dankbar.
> Slowenisch-deutsche Schulen finden sich in den Schulbezirken Hermagor, Klagenfurt-Land, Villach-Land und Völkermarkt. In den Schulbezirken Hermagor, Klagenfurt und Villach ist seit Beginn des Schuljahres 1938/39 in allen gemischtsprachigen Schulen mit Ausnahme der Schule in Zell die deutsche Fibel eingeführt worden, so daß auch die slowenischen Kinder von Anfang an in deutscher Sprache lesen und schreiben lernen. Die slowenische Sprache wird in den Schulen dieser Bezirke von Anfang an nur für die slowenischen Kinder und auch für diese nur soweit verwendet, als es zur Verständigung nötig ist. Von der zweiten Schulstufe an ist für alle Kinder der Unterricht in deutscher Sprache. Es kann daher von einem Unterricht deutscher Kinder in slowenischer Sprache niemals die Rede sein. Etwas anders liegen die Verhältnisse im Schulbezirke Völkermarkt. Hier sprechen ungefähr 80% der Schulanfänger beim Eintritt in die Schule nur slowenisch. Die Lehrerschaft hat aber schon immer die deutschsprechenden Schulanfänger ganz besonders berücksichtigt. Sie wurden wohl nur in den seltensten Fällen gezwungen, auch slowenische Merkstoffe mitzusprechen und wurden nicht angehalten, sich der slowenischen Fibel zu bedienen. Ich beabsichtige aber auch für diesen Schulbezirk im Schuljahr 1939/40 die deutsche Fibel einzuführen."
>
> Bericht des Landesschulrates für Kärnten an das Ministerium für innere und kulturelle Angelegenheiten vom 16. Mai 1939. Ausschnitt.

terrichtsanstalten wurde sogar gegen den Widerstand der Wiener Regierung und unter Umgehung des Staatsgrundgesetzes von 1867 verhindert. Gänzlich unterbunden wurde die Heranbildung eines slowenischen Lehrernachwuchses. Die Klagenfurter Lehrerbildungsanstalt verließen nur noch deutschbewußte Lehrer. Der Landesschulrat für Kärnten hat in einem Bericht aus dem Jahre 1945 diese deutschnationale Tendenz der Zwischenkriegszeit und der Kriegsjahre als Ursache für den Mangel an slowenischen Lehrkräften anerkannt. Wie bisher wurden die slowenischen Schüler in sogenannten utraquistischen Schulen unterrichtet, in denen Slowenisch lediglich in den ersten beiden Schuljahren vorwiegend als Hilfssprache zur Erlernung des Deutschen verwendet wurde. Von einer Erlernung der slowenischen Sprache in Wort und Schrift, wie das bis zum Ersten Weltkrieg zumindest in einigen utraquistischen Schulen der Fall gewesen war, konnte keine Rede mehr sein. Die Kärntner Schulverwaltung bezeichnete es nach der Okkupation Österreichs durch das nationalsozialistische Deutschland als großen nationalpolitischen Erfolg, daß das slowenische Schulwesen Mitte der Zwanzigerjahre beseitigt war und die utraquistische Schule als Instrument der Eindeutschung gedient hatte.

4. Minderheitenfeindliche Organisationen

Die Eindeutschungspolitik wurde vom „Kärntner Heimatdienst" unterstützt, der nach der Volksabstimmung seine Tätigkeit über propagandistische Aktionen hinaus ausdehnte. Nach dem Austritt der Sozialdemokraten im Jahre 1924 wurde er als private Organisation unter dem Namen „Kärntner Heimatbund" weitergeführt. Er überzog ganz Südkärnten mit einem feinmaschigen Organisationsnetz, um slowenische Kultur- und Wirtschaftseinrichtungen zu kontrollieren und deutschnationale Bildungsarbeit zu leisten. Seine größte Bedeutung erlangte der Heimatbund mit seiner Bodenvermittlungsstelle, die bis 1933 beinahe 200 Höfe slowenischer Bauern in „heimattreue deutsche Hände" brachte. Er nützte die Verarmung der Slowenen für eine „künstliche Durchsetzung Südostkärntens mit reichsdeutschen Siedlern" — so der Kärntner Landesausschuß 1945. Nur „eindeutschungswillige" Slowenen konnten im Notfall mit öffentlicher Unterstützung und Krediten von Kärntner Geldinstituten rechnen, während nationalbewußte Slowenen im Krisenfall ihre Anwesen aufgeben mußten. Im Zweifelsfalle lag es am Heimatbund, ob Hilfe politisch angebracht schien, denn ohne seine Mitwirkung wurde kaum eine finanz- oder personalpolitische Frage der Südkärntner Region entschieden.

Diskriminierung und Versuch der Spaltung der slowenischen Volksgruppe

Da nun die slowenische nationale Bewegung schwer beeinträchtigt und die unbedingte Vorherrschaft der deutschen Sprache in Amt und Schule hergestellt war, da schließlich auch die wirtschaftliche Abhängigkeit des slowenischen und gemischtsprachigen Gebietes gesichert war, wurde die 1918—1920 unterbrochene Germanisierung der Slowenen fortgesetzt. Der Erfolg blieb nicht aus. „Viele Angehörige der unterlegenen Minderheit" hielten nunmehr, wie der Kärntner Historiker Martin Wutte schrieb, „ein Bekenntnis zur slowenischen Sprache nicht für ratsam". Ohne in ihrer Mehrzahl wirklich Sprache und Nationalität zu wechseln, distanzierten sie sich von der slowenischen nationalen Bewegung. Viele von ihnen vollzogen damit auch den ersten Schritt zur Aufgabe ihrer slowenischen Muttersprache und Eigenart. Sie beugten sich endgültig dem deutschnationalen Druck, weil sie sich und ihren Kindern die Nachteile der Zugehörigkeit zur slowenischen Volksgruppe ersparen wollten. Stets war die Beeinträchtigung des wirtschaftlichen, kulturellen und politischen Lebens der Slowenen eine unabdingbare Voraussetzung für die

Eindeutschung eines Teiles der Volksgruppe. Die Geschichte der Ersten Republik ist dafür ein Beispiel.

Der Zusammenhang von Unterdrückung und Entnationalisierung wird von den Deutschnationalen seit jeher bestritten. Sie behaupten, daß die Kärntner Slowenen ihre Nationalität freiwillig aufgegeben hätten. Die zunehmende nationale Überfremdung der Volksgruppe soll als natürlich und unabänderlich erscheinen. Um dies zu beweisen, haben deutschnationale Sprachwissenschaftler, Historiker und Volkskundler seit der Volksabstimmung Theorien entwickelt, die eine von jeher bestehende Abhängigkeit der Slowenen vom kulturell und wirtschaftlich führenden Deutschtum behaupten. Den Slowenen wird jegliche Fähigkeit zur nationalen Selbsthilfe und Selbstbehauptung abgesprochen. Selbst die slawische Vergangenheit des Landes vor seiner Eingliederung ins Frankenreich und der slowenische Charakter der Herzogseinsetzung auf dem Fürstenstein wurden geleugnet. In einer Schrift des Kärntner Volkskundlers und Landesschulinspektors Georg Graber aus dem Jahre 1924 sind sogar rassistische Aussagen zu finden, die eine angebliche Minderwertigkeit der Slowenen erklären sollten.

Es ist bezeichnend, daß die größte Aufmerksamkeit der Wissenschaft stets der slowenischen bzw. gemischtsprachigen Zone des Landes galt. Nach Meinung des Sprachwissenschaftlers Primus Lessiak sei Südkärnten schon immer sprachlich gemischt gewesen. Lessiak erklärte das Kärntner Slowenisch zur Mischsprache, nur weil es zahlreiche deutsche Lehnwörter und vereinzelt grammatikalische Elemente des Deutschen aufweist. Vollends hat Martin Wutte 1927 die slowenische Nationalität der Kärntner Slowenen bestritten. Ihm zufolge wären diese nicht wirklich Slowenen, sondern „Windische". Als „Windische" wurden im Deutschen allerdings bis ins 19. Jahrhundert noch durchwegs alle Slowenen bezeichnet. Später erst wurde die Eigenbenennung „Slowenen" übernommen. Deutschnationale Wissenschaftler aber griffen den Begriff „Windische" auf, um damit die in ihrer überwiegenden Zahl angeblich „deutschfreundlichen" Kärntner Slowenen zu bezeichnen. Die „Windischen" sah man in gänzlicher Abhängigkeit von den Deutschen und erwartete von

---

Je weiter man dagegen in Unterkärnten nach Osten wandert, desto veränderter der Menschenschlag. Dort scheint sich der Einfluß der durch die Slawen vermittelten Ostrasse stärker bemerkbar zu machen. Die Gesichter zeigen häufig schon mongolische Züge. Auch das Volksleben dieses Landesteiles ist dem übrigen Kärnten gegenüber auffallend arm an schöpferischer Kraft, trotz des seit dem frühen Mittelalter wirksamen Einflusses der Märkte, die immer deutsche Sprachinseln gewesen sind.

Georg Graber: Die Ursprünge des Kärntner Volkstums. — In: Kärntner Almanach 1924 (Ausschnitt)

ihnen, daß sie sich binnen kurzem eindeutschen ließen. Sie allein hätten den Ausgang der Volksabstimmung entschieden.

Von den „Windischen" wurden die sogenannten „Nationalslowenen", die sich zu ihrer nationalen Eigenart bekannten, scharf abgegrenzt. Diese hätten auch 1920 für Jugoslawien gestimmt. Sie galten als erklärte Feinde des Deutschtums. Es schien politisch gefährlich, sie als ethnische Gruppe durch besondere Gesetze zu schützen. Nach deutschnationaler Ansicht gefährdete allein ihre Existenz die Einheit Kärntens. Es wurde zur staatspolitischen Aufgabe, ihre nationale Existenz zu behindern.

Die Spaltung der Slowenen Kärntens in zwei Gruppen war also politisch bedingt. Sie entsprang der Absicht, die national nicht oder wenig bewußten Slowenen als „Windische" dem Deutschtum zuzurechnen, die nationalbewußten hingegen als Feinde Kärntens zu brandmarken.

Wenn sich jedoch ein direkter Weg zur Germanisierung der Slowenen eröffnete, dann verzichteten Kärntens Deutschnationale auf die Windischen-Theorie. Das geschah unter der nationalsozialistischen Herrschaft, als man die Slowenenfrage mit Gewalt zu lösen begann. So hat der langjährige Führer des Kärntner Heimatbundes, Alois Maier-Kaibitsch, 1942 die Meinung vertreten, daß nunmehr die politische Konstruktion der „Windischen" entfallen und es in Kärnten nur noch Deutsche geben könne. Auch sollte nunmehr die „windische Mundart" ausgemerzt werden. Die „Windischen" hatten als Hilfsmittel der Germanisierung vorübergehend ihre Bedeutung verloren. Erst nach dem Zweiten Weltkrieg wurde die Theorie von der Existenz eines eigenen windischen Mischvolkes wieder aufgegriffen, um die slowenische Volksgruppe zu schwächen.

1. Die Frage der sogenannten „Windischen"
a) Etymologie des Begriffes

Im Zusammenhang mit der Regelung von Minderheitenproblemen wird in Kärnten immer wieder die Frage der sogenannten „Windischen" und der „windischen" Sprache aufgeworfen. Die Germanen haben ihre slawischen Nachbarn im Osten und Süden, seit sie mit ihnen in Berührung gekommen sind, als „Winades", „Winadi" oder „Winedi" bezeichnet. Dieser Name geht ursprünglich auf die Bezeichnung der östlich der Germanen siedelnden Veneter zurück. Die jüngere deutsche Form dieses Wortes lautet „Winden", „Windische", als Adjektiv „windisch".

Schon in den ältesten lateinisch geschriebenen Quellen finden wir aber neben den oben erwähnten Namen „Winedi" usw. auch die Bezeichnungen „Sclaveni" (Sclaueni), „Sclavani", „Sclavini", „Sclavi" oder ähnliche.

Die Slowenen selbst haben sich so wie die übrigen Slawen von den ältesten Zeiten an „Slovêne" (Einzahl: Slovênin), später Slovenci (Slowenen) bezeichnet.

Bis zum Ende des 18. Jahrhunderts waren „windisch" und „Windische" die deutsche Bezeichnung für die slowenische Sprache und die Slowenen. Primož Trubar gab seinem Katechismus, dem ersten slowenischen Buch (1550), den deutschen Untertitel „Katechismus in der windischen

Sprach". Das slowenische Vorwort aber beginnt mit den Worten „Vsem Slovencom" (An alle Slowenen).

b) Die Eigenbenennung „Slovenci" (Slowenen) setzt sich durch

An der Wende vom 18. zum 19. Jahrhundert begann sich auch in der deutschen Sprache die Tendenz durchzusetzen, „Windische" und „windisch" durch die Eigenbenennung der Slowenen, „Slovenci" und „slovensko" („Slowenen", „slowenisch"), zu ersetzen. Der Kärntner Slowene Urban Jarnik, einer der bedeutendsten slowenischen Kulturschaffenden in der ersten Hälfte des 19. Jahrhunderts, verwendete in seinen in deutscher Sprache geschriebenen Schriften schon den Ausdruck „slowenisch", die Slowenen aber nennt er „die Slowenischen".

Die nationale Bewegung der Slowenen und die Entstehung einer einheitlichen slowenischen Schriftsprache vollzog sich unter den Eigenbenennungen „Slowenen" und „slowenisch". Diese Begriffe wurden gegenüber den Fremdbezeichnungen dominierend. Ab der Mitte des 19. Jahrhunderts sind in der deutschen Sprache die Begriffe „Slowenen" und „slowenisch" bereits üblich. Nur in den lokalen deutschen Dialekten — so auch in Kärnten — blieben die Bezeichnungen „Windische" und „windisch" erhalten. Mit dem wachsenden deutschen Nationalismus erhielten sie schließlich eine abwertende Bedeutung.

c) Die „Windischen-Theorie" als politisches Instrument der Eindeutschung

Als es den Deutschnationalen in Kärnten nach der Volksabstimmung darum ging, die slowenische Volksgruppe zu spalten, gaben sie dem Begriff „windisch" eine neue, politische Bedeutung. Es wurde die bereits erwähnte pseudowissenschaftliche Windischentheorie konstruiert, die im wesentlichen auf den Kärntner Historiker Martin Wutte zurückgeht. Danach seien die Windischen jene „heimattreuen Slowenen", die im Jahre

---

Man pflegt jenen Teil der slowenisch sprechenden Bevölkerung Kärntens, der mit dem deutschen Nachbar in Frieden und Eintracht leben will, „deutschfreundliche Slowenen" zu nennen. Diese Bezeichnung ist nicht zutreffend. Denn sie sind nicht Slowenen, sondern bilden eine Mittelschichte, die nach Abstammung und Sprache einen Mischtypus darstellt, aber durch ihre Schicksals-, Lebens- und Kulturgemeinschaft mit den Deutschen, sowie durch die gefühlsmäßige Einstellung und ihr folgerichtiges, seit den Anfängen der nationalen Frage in Kärnten ununterbrochen beobachtetes Verhalten gegenüber den slowenisch-nationalen Bestrebungen viel eher zu den Deutschen als zu den Slowenen gehört.

Martin Wutte: Deutsch-Windisch-Slowenisch. Zum 7. Jahrestag der Kärntner Volksabstimmung. — Klagenfurt 1927. S. 15—16

1920 für Österreich gestimmt hatten. Im Gegensatz zu den Nationalslowenen bildeten sie der Sprache und Abstammung nach eine eigene Gruppe der Südkärntner Bevölkerung, die auf Grund ihrer Schicksals-, Lebens- und Kulturgemeinschaft mit den Deutschen die slowenischen nationalen Bestrebungen ablehne und in nationaler Hinsicht eher zu den Deutschen als zu den Slowenen gehöre. Das ihr vorbestimmte Schicksal sei das Aufgehen im „deutschen Kulturkreis".

d) Wissenschaftliche Widerlegung dieser Theorie

Die Slowenen hingegen sind nie vom Standpunkt abgewichen, daß es keine Windischen und keine eigene windische Sprache gibt. Alle Kärntner Slowenen, also auch jene Personen, die als Windische bezeichnet werden, sprechen ein- und dieselbe slowenische Sprache. Der Unterschied zwischen Dialekten und Schriftsprache besteht im Slowenischen nicht anders als in allen Sprachen der Welt. So unterscheiden wir auch zwischen den Kärntner slowenischen Dialekten und anderen slowenischen Dialekten, die die slowenische Schriftsprache miteinander verbindet.

Die Existenz eines windischen Mischvolkes wurde von der ernstzunehmenden Forschung immer in Abrede gestellt. Auch die beim Bundeskanzleramt in Wien eingesetzte Studienkommission zur Regelung von Fragen der slowenischen Volksgruppe in Kärnten und die Volksgruppengesetzgebung 1976 kennen in Kärnten nur eine deutsche und eine slowenische Sprache.

Die Vertreter der Windischentheorie sind der Ansicht, daß der Minderheitenschutz auf der Grundlage des Artikels 7 nur für Slowenen gelten dürfe, die sich als solche auch bekennen. Als Kriterium für die Verwirklichung der Minderheitenschutzbestimmungen vertreten sie das subjektive Prinzip, also das Bekenntnisprinzip, die Slowenen aber das objektive Prinzip, dem die slowenische Muttersprache zugrundeliegt. Im Zusammenhang mit diesen beiden grundsätzlich verschiedenen Auffassungen müssen die Gegensätze in der Vergangenheit und die gegenwärtigen Schwierigkeiten bei der Lösung von Fragen der slowenischen Volksgruppe in Kärnten gesehen und beurteilt werden.

Die Erneuerung des politischen, kulturellen und wirtschaftlichen Lebens der Kärntner Slowenen nach 1920

1. Neue Voraussetzungen und Gegebenheiten

Da in der österreichisch-ungarischen Monarchie die von Slowenen besiedelten Kronländer nur durch Landesgrenzen voneinander getrennt waren, konnten sich die seit 1861 entstehenden Vereine und Genossenschaften in gesamtslowenischen Zentralverbänden zusammenschließen. Im letzten Jahrzehnt vor dem Ersten Weltkrieg integrierten sich auch die Organisationen der Kärntner Slowenen in die zentralen politischen und wirtschaftlichen Verbände mit Sitz in Laibach. Als nach der Volksabstimmung die Abstimmungszone am 11. November 1920 der österreichischen Verwaltung übergeben wurde und nun eine Staatsgrenze die Kärntner Slowenen von jenen im Königreich SHS trennte, war die enge Verbindung zu Laibach unterbrochen. Die nun in Deutschösterreich zur nationalen Minderheit gewordenen Kärntner Slowenen mußten ihre politischen, kulturellen und wirtschaftlichen Organisationen neu aufbauen. Dies wurde durch mehrere Umstände erschwert. Zahlreiche Führungskräfte, besonders die slowenischen Lehrer und zahlreiche Geistliche, hatten das Land verlassen. Die Behörden behinderten die Wiedererrichtung der slowenischen Organisationen. Ein beträchtlicher Teil der Kärntner Slowenen ließ sich unter dem zunehmenden deutschnationalen Druck nicht mehr auf slowenischer Seite organisieren und wandte sich den anderen politischen Parteien und Vereinigungen zu.

2. Die Erneuerung der politischen Organisation

Der erste Versuch, mit der Zeitung „Glas pravice" („Stimme des Rechts", erschienen vom Jänner bis Juli 1921) das politische Leben zu erneuern, brachte noch keinen Erfolg. Im März 1921 trat dann ein Teil des Ausschusses des ehemaligen „Katholischen, politischen und wirtschaftlichen Vereins für die Slowenen in Kärnten" zusammen, beschloß die organisatorische Trennung von der Slowenischen Volkspartei in Laibach und konstituierte sich erneut als „Politischer und wirtschaftlicher Verein für die Slowenen in Kärnten" (Politično in gospodarsko društvo za Slovence na Koroškem). Unmittelbarer Anlaß für die Neugründung waren die Landtags- und Gemeinderatswahlen im April 1921. Als wahlwerbende Gruppe trat der Politische und wirtschaftliche Verein unter der Bezeichnung „Koroška slovenska stranka" (Kärntner slowenische Partei) auf. Trotz der kurzen Vorbereitungszeit konnten die Slowenen schon bei diesen Wahlen zwei Landtagsmandate erringen. Schlechter schnitten sie bei den ergänzenden Gemeinderatswahlen für das Abstimmungsgebiet ab, aus denen sie mit 155 Gemeinderäten als zweitstärkste Partei, weit hinter den Sozialdemokraten mit 301 Gemeinderäten, hervorgingen. Das Organ des Politischen und wirtschaftlichen Vereins war der „Koroški Slovenec" („Der Kärntner Slowene"), der als kulturpolitisches Wochenblatt von März 1921 bis April 1941 erschien. Da sich in Kärnten keine Druckerei bereitfand, die Zeitung herzustellen, mußte sie in Wien herausgegeben werden.

Organisiert war der Politische und wirtschaftliche Verein auf der Basis von Vertrauensmännern. Bis 1924 wurden in jeder Pfarre Vertrauensmänner bestellt. Danach begann man mit dem Aufbau von lokalen Organisationen möglichst in jedem Ort, zumindest aber in jeder Pfarre. Diese wählten dann die Vertrauensmänner. Bei den jährlichen Vollversammlungen der Vertrauensmänner trafen sich jeweil an die 400 Personen. Die Hauptpunkte im Programm des Vereins waren: Wahrung des nationalen Besitzstandes, Pflege breitester Volksbildung auf religiöser Basis und Pflege aller Zweige des slowenischen Wirtschaftslebens.

Die Zusammenarbeit mit den anderen politischen Kräften im Lande gestaltete sich überaus schwierig. Scharf bekämpft wurde der Politische

„Koroški Slovenec" („Kärntner Slowene"), Wochenzeitung der Kärntner Slowenen in der Ersten Republik

und wirtschaftliche Verein vom Landbund, der besonders die „Windischen" für sich beanspruchte, von der Großdeutschen Volkspartei und besonders vom Kärntner Heimatdienst (ab 1924 Kärntner Heimatbund), in dem viele politische Funktionäre Kärntens tätig waren. Die Unterstützung, die der slowenische Verein den ihm weltanschaulich am nächsten stehenden Christlichsozialen bei Wahlen angedeihen ließ, blieb unerwidert. Die Anzeichen eines kurzfristigen Wohlwollens seitens der Sozialdemokraten nach der Wahlniederlage 1923 entsprangen hauptsächlich parteipolitisch-taktischen Erwägungen.

Bei der Neugründung des Politischen und wirtschaftlichen Vereins für die Slowenen in Kärnten war man sich nach der Herauslösung aus den gesamtslowenischen politischen Strukturen der Notwendigkeit der nationalen Sammlung bewußt. Der Begriff „katholisch" wurde daher aus dem Namen der Organisation gestrichen. Um möglichst viele Angehörige der Volksgruppe anzusprechen, bemühte sich die Organisation, das nationale Bewußtsein und den Kampf um die nationale Gleichberechtigung über die immer stärker werdenden weltanschaulichen Gegensätze zu stellen. Das konnte freilich nur teilweise gelingen. Weil die Kärntner Slowenen ganz überwiegend der traditionell katholisch orientierten sozialen Unterschicht der Kleinbauern angehörten und die lokalen Organisationen fast ausschließlich in den Händen von Pfarrern waren, setzte sich im Politischen und wirtschaftlichen Verein die katholisch-konservative weltanschauliche Richtung immer mehr durch. Es konnte daher nicht ausbleiben, daß mit der zunehmend schwierigen Wirtschaftslage die slowenischen Industrie- und Landarbeiter ihre Interessen von den Sozialdemokraten vertreten sahen und sich diesen zuwandten. Die wirtschaftlich besser situierten Slowenen, vor allem die für den Markt produzierenden größeren Bauern, schlossen sich hingegen dem liberalen Landbund an, der vorwiegend die bäuerlichen Interessen in seinem Programm zu vertreten versuchte. Auch mag die von der slowenischen Geistlichkeit propagierte Begründung des nationalen Bewußtseins als religiös-moralische Verpflichtung sowohl sozialistisch als auch liberal orientierte Slowenen der slowenischen politischen Organisation entfremdet haben.

Innerhalb der slowenischen politischen Organisation bildeten sich zwei Strömungen. Die liberalere vom späteren Landtagsabgeordneten Franc Petek und dem Lehrer Franc Aichholzer geführte Richtung hielt kritische Distanz zur Kirche, während die katholisch-konservative von Geistlichen (Vinko Poljanec, Janez Starc, Rudolf Blüml) geführt wurde und in engster Verbindung zur Kirche stand. Die äußerst bedrängte Lage der Kärntner Slowenen in den Jahren nach dem Plebiszit erforderte einen verstärkten Zusammenhalt der nationalen Kräfte und verhinderte die stärkere weltanschauliche Differenzierung innerhalb der slowenischen politischen Organisation.

3. Die Erneuerung der kulturellen Organisation

Schwieriger noch als die Wiederbelebung der politischen Organisation gestaltete sich die Erneuerung des slowenischen kulturellen Lebens. Hier wirkten sich die Abwanderung der weltlichen Führungskräfte und

Vinko Poljanec (1876—1938), Landtagsabgeordneter

Janez Starc (1885—1953), Landtagsabgeordneter

Im Jahre 1934 wurde im Stift Griffen das Lustspiel „Čevljar baron" (Der Schuhmacher Baron) aufgeführt. Als Mitwirkende in der letzten Reihe links mit Zöpfen die Mutter von Peter Handke.

die Unterbrechung des Kulturaustausches im gesamtslowenischen Rahmen besonders nachteilig aus. Im März 1922 wurde der „Slowenische christlichsoziale Verband" (Slovenska krščansko socialna zveza) als Dachorganisation der lokalen Bildungsvereine wiederbelebt. Sein Ziel war es, möglichst in jeder Pfarre einen katholischen Bildungsverein einzurichten. Schon im März 1924 verfügte der Verband über 35 aktive Vereine. Als 1930 Vincenc Zwitter dessen Sekretär wurde, waren es bereits 41. Diese Bildungsvereine waren die eigentliche Massenorganisation der Kärntner Slowenen. Sie unterhielten Bibliotheken, veranstalteten Vortragsabende und pflegten Chorgesang und Laienspiel. Haushaltungs- und andere Fachkurse ergänzten das Programm. Ihre Leitung oblag fast ausschließlich den Pfarrern, die auch bestrebt waren, möglichst aus jeder Pfarre einen Schüler auf das Gymnasium nach Klagenfurt zu schicken. Die Funktionäre der Bildungsvereine wurden auf Seminaren geschult. In diese Arbeit schaltete sich auch der „Klub Kärntner slowenischer Akademiker" ein.

Gemeinsam mit dem „Slowenischen Schulverein" (Slovensko šolsko društvo) bemühte sich der Slowenische christlichsoziale Verband um das slowenische Schulwesen und den slowenischen Sprachunterricht. Da in den utraquistischen Schulen die slowenische Schriftsprache immer mehr vernachlässigt wurde, richtete man private Slowenischkurse ein. Die Versuche, die slowenischen Privatschulen wiederzubeleben, endeten allerdings 1925 erfolglos.

Die Veranstaltungen der Bildungsvereine waren nicht nur behördlichen Schikanen, sondern auch tätlichen Angriffen durch deutschnationalistische Gruppen ausgesetzt. Besonders häufig kam es im Gebiet von Völkermarkt zu solchen Überfällen. Im Gailtal scheiterte die Aktivierung der Bildungsarbeit am Fehlen geeigneter Führungskräfte.

Zweifellos ist es den katholischen Bildungsvereinen zu danken, daß die Kärntner Slowenen in der für sie überaus schwierigen Zeit nach der Volksabstimmung nicht noch stärker dezimiert wurden. Die starke konfessionelle Bindung hat allerdings ihren Aktionsraum eingeschränkt.

4. Die Wiederbelebung der wirtschaftlichen Organisationen

Schon zur Zeit der Habsburgermonarchie war das Genossenschaftswesen das wirtschaftliche Rückgrat der slowenischen Volksgruppe in Kärnten. Wegen der klein- und mittelbäuerlichen Besitzstrukturen waren die Bauern Südkärntens in ihrer wirtschaftlichen Existenz besonders gefährdet. Deshalb entwickelte sich hier früher als im deutschsprachigen Teil des Landes unter der Führung der volksverbundenen, sozial denkenden und nationalbewußten Geistlichkeit die bäuerliche Selbsthilfe in einem gut organisierten Genossenschaftswesen. Vor dem Ersten Weltkrieg gab es in Kärnten 52 slowenische Genossenschaften, überwiegend Spar- und Darlehenskassen, die bis auf zwei im „Genossenschaftsverband" (Zadružna zveza) in Laibach ihre Dachorganisation hatten.

Nach der Lösung vom gesamtslowenischen Genossenschaftsverband in Laibach erwarb sich Monsignore Valentin Podgorc große Verdienste um den Wiederaufbau der slowenischen Genossenschaften in Kärnten. Zunächst galt es, eine neue genossenschaftliche Zentralorganisation zu gründen. Schon im Februar 1921 schlossen sich 33 Genossenschaften zum „Verband Kärntner Genossenschaften" (Zveza koroških zadrug) zusammen. 1924 betrug ihre Zahl bereits 45. Unter ihnen gab es 35 Spar- und Darlehenskassen, fünf Viehzuchtgenossenschaften, eine Warengenossenschaft, eine Molkereigenossenschaft, ein genossenschaftliches Elektrizitätswerk und einen gemeinnützigen Verein zur Behebung von Brandschäden sowie eine Servitutsberechtigtengenossenschaft (Tabellen S. 87-89)

Wenig geschultes Personal, die zeitweilig hohe Inflation, wachsende Wirtschaftskrise, schärfste Konkurrenz im Rahmen des Kärntner Genossenschaftswesens und die Mißgunst der Behörden behinderten die Tätigkeit der slowenischen Genossenschaften. So wurden z. B. in unmittelbarer Nähe slowenischer Spar- und Darlehenskassen zwecks Konkurrenzierung Raiffeisenkassen gegründet. Landesregierung und Handelsgericht verboten die slowenische Sprache im öffentlichen Schriftverkehr. 1931 und 1934 war der Verband slowenischer Genossenschaften nahe daran, seine Eigenständigkeit zu verlieren.

Da die deutschnationalen politischen Kräfte in Kärnten, insbesonders der Landbund, über die Kredit- und Subventionspolitik die slowenische Volksgruppe zu schwächen trachteten, war die Tätigkeit der slowenischen Genossenschaften für die Kärntner Slowenen von großer Bedeutung. Sie konnten, wenn auch nur in bescheidenem Maße, zu Ansätzen wirtschaftlicher Unabhängigkeit beitragen und waren um betriebswirtschaftliche Verbesserungen bemüht. So veranstaltete der Verband slowenischer Genossenschaften gemeinsam mit den örtlichen Bildungsvereinen landwirtschaftliche Schulungskurse.

Als effektivste Organisation der Kärntner Slowenen in der Zeit zwischen den beiden Weltkriegen kann der 1932 entstandene „Bauernbund" (Kmečka zveza) bezeichnet werden. Er wurde gegründet, als im genannten Jahr in Kärnten als letztem Bundesland die Landwirtschaftskammer eingerichtet wurde und Vertreter in diese berufsständische Institution zu wählen waren. Die bestens organisierte Kmečka zveza schnitt bei den Kammerwahlen gut ab — sie erreichte im Gebiet südlich der Drau und östlich von Villach sogar die absolute Mehrheit und zog als drittstärkste Fraktion in die Kärntner Landwirtschaftskammer ein. Nur in diesem Gremium waren die Kärntner Slowenen angemessen vertreten. Schon im Vorläufer der Landwirtschaftskammer, im „Landeskulturrat", hatten die Slowenen mit Valentin Podgorc ihren vom Verband slowenischer Genossenschaften delegierten Vertreter gehabt.

Die Tatsache, daß es den Kärntner Slowenen schon in den ersten Jahren nach der Volksabstimmung gelungen ist, ihre politischen, kulturellen und wirtschaftlichen Organisationen wieder aufzubauen, wird sehr oft als Beweis dafür angeführt, daß von einer Unterdrückung der slowenischen Volksgruppe in der Ersten Republik keine Rede sein kann. Dieses Argument geht an der Wirklichkeit vorbei. Eben weil die slowenenfeindliche Stimmung im Lande so heftig war, bestand bei der Volksgruppe ein verstärktes Bedürfnis nach nationalen Schutzverbänden. Insgesamt stellte jedoch die Entwicklung des slowenischen Genossenschaftswesens in der Zwischenkriegszeit im Vergleich zur Epoche vor 1914 einen Rückschritt dar. Die Ursachen dafür bestanden in den äußerst ungünstigen politischen Rahmenbedingungen sowie im Fehlen einer genügend breiten slowenischen Führungsschicht. Die Folge davon waren nur sehr eingeschränkte Möglichkeiten der Betätigung des slowenischen Genossenschaftsverbandes, der weder den wirtschaftlichen noch den nationalen Bedürfnissen in ausreichendem Maße gerecht werden konnte.

Slowenische Genossenschaften bis 1918
Kreditgenossenschaften:

(1) St. Jakob / Št. Jakob
(2) Windisch Bleiberg / Slovenji Plajberk*
(3) Finkenstein / Bekštanj
(4) Unterdrauburg / Dravograd
(5) St. Michael / Šmihel
(6) Diex / Djekše
(7) Klagenfurt / Celovec
(8) Glainach / Glinje
(9) Kühnsdorf / Sinča vas
(10) Tainach / Tinje
(11) Schwarzenbach / Črna
(12) Völkermarkt / Velikovec
(13) Feistritz / G. / Bistrica n. Z.
(14) Prevali / Prevalje
(15) Neuhaus / Suha
(16) St. Johann / Št. Janž
(17) St. Leonhart / Št. Lenart
(18) Kletschach / Kleče
(19) St. Stefan / G. / Štefan n. Z.
(20) Eisenkappel / Železna Kapla
(21) Edling / Kazaze

(22) Schiefling / Škofiče
(23) Keutschach / Hodiše
(24) Gallizien / Galicija
(25) Globasnitz / Globasnica
(26) Saifnitz / Žabnice
(27) Maria Gail / Marija na Zilji
(28) St. Georgen / G. / Št. Jurij
(29) Köttmannsdorf / Kotmara vas
(30) Unterloibl / Podljubelj
(31) Ferlach / Borovlje
(32) Bleiburg / Pliberk
(33) Mieß / Mežica
(34) Haimburg / Vovbre
(35) St. Francisci / Želinje
(36) Ludmannsdorf / Bilčovs
(37) St. Thomas / Št. Tomaž
(38) St. Stefan / Mal. / Šteben
(39) Greutschach / Krčanje
(40) Köstenberg / Kostanje
(41) St. Margareten / Šmarjeta

Molkereigenossenschaften:

(1) Feistritz / G. / Bistrica n. Z.
(2) St. Jakob / Št. Jakob
(3) St. Michael / Šmihel*

Viehzuchtgenossenschaften:

(1) Klagenfurt / Celovec
(2) St. Johann / Št. Janž
(3) Loibach / Libuče
(4) Schwabegg / Žvabek
(5) Großenegg / Tolsti vrh
(6) Globasnitz / Globasnica
(7) Sittersdorf / Žitara vas

Konsumgenossenschaft:

(1) St. Stefan / G. / Štefan n. Z.

Brandschadengenossenschaft:

(1) Zell / Sele

* wurden liquidiert

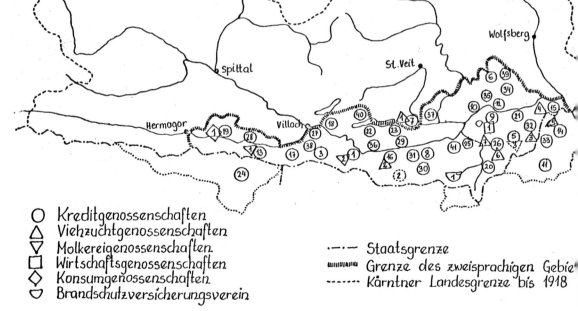

Karte und Tabelle nach Jakob Sitter: *Die Anfänge des slowenischen Genossenschaftswesens in Südkärnten und deren heutige Struktur, Einordnung und Position in der österr. ländlichen Genossenschaftsorganisation unter besonderer Berücksichtigung der Warenorganisation.* Diplomarbeit, Linz 1981, S 48 f.

Slowenische Genossenschaften in Kärnten 1924

Kreditgenossenschaften:

(1) St. Jakob / Št. Jakob
(2) Latschach / Loče
(3) St. Michael / Šmihel
(4) Klagenfurt / Celovec
(5) Glainach / Glinje
(6) Kühnsdorf / Sinča vas
(7) Tainach / Tinje
(8) Völkermarkt / Velikovec
(9) Feistritz a. d. G. / Bistrica n. Z.
(10) Neuhaus / Suha
(11) St. Leonhart / Št. Lenart
(12) Föderlach / Podravlje
(13) Edling / Kazaze
(14) Schiefling / Škofiče
(15) Keutschach / Hodiše
(16) Globasnitz / Globasnica
(17) Maria Gail / Marija na Z.
(18) Köttmannsdorf / Kotmara vas
(19) Unterloibl / Podljubelj
(20) Ferlach / Borovlje
(21) Bleiburg / Pliberk
(22) Haimburg / Vovbre
(23) St. Francisci / Želinje
(24) St. Thomas / Št. Tomaž
(25) St. Stefan / Šteben
(26) Greutschach / Krčanje
(27) Köstenberg / Kostanje
(28) Diex / Djekše
(29) St. Johann / Št. Janž
(30) St. Stefan/G. / Štefan n. Z.
(31) Eisenkappel / Železna Kapla
(32) Gallizien / Galicija
(33) St. Georgen / Št. Jurij
(34) Ludmannsdorf / Bilčovs
(35) St. Margareten / Šmarjeta

Wirtschaftsgenossenschaft:

(1) Kühnsdorf / Sinča vas

Milchgenossenschaft:

(1) St. Jakob / Št. Jakob

Viehzuchtgenossenschaften:

(1) Loibach / Libuče
(2) Schwabegg / Žvabek
(3) Globasnitz / Globasnica
(4) Sitterdorf / Žitara vas
(5) St. Johann / Št. Janž

Elektrizitätsgenossenschaft:

(1) Ledenitzen / Ledince

Brandschadenversicherungsverein:

(1) Zell / Sele

Servitutsberechtigtengen.:

(1) St. Peter am Wallersberg / Št. Peter na Vašinjah

Nach Sitter, S. 54

Katholische Kirche und Slowenen in der Ersten Republik

1. Die St. Hermagoras-Bruderschaft

Auch im kirchlichen Bereich standen die Kärntner Slowenen nach dem Plebiszit 1920 vor einem neuen Anfang.

Die Druckerei der St. Hermagoras-Bruderschaft, der bedeutendsten religiös-kulturellen Organisation der Kärntner Slowenen, war schon vor der Kärntner Volksabstimmung zunächst nach Prevalje übersiedelt. Von Celje, ab 1927 neuer Sitz der Bruderschaft, bezogen die Kärntner Slowenen fortan auch die alljährliche Büchergabe. Die Kärntner Slowenen hatten nach 1920 somit keine eigene Druckerei mehr und vermochten auch keine eigene Verlagstätigkeit zu entfalten. Erst 1947, also nach dem Zweiten Weltkrieg, konnte die St. Hermagoras-Bruderschaft wieder nach Klagenfurt zurückkehren und die verlegerische Tätigkeit wieder aufnehmen.

2. Slowenische Geistlichkeit und bischöfliches Ordinariat

Der Umstand, daß nach dem Plebiszit viele slowenische Geistliche Kärnten verlassen hatten, wurde von der Minderheit als äußerst schmerzlich empfunden. Die politische Situation im Lande hatte ihnen einen Verbleib in Kärnten wegen ihrer nationalpolitischen Haltung zur Zeit des Plebiszits unmöglich gemacht. Starke negative Auswirkungen auf das Verhältnis der Landesbehörden zur slowenischen Geistlichkeit hatte ein Memorandum des Propstes und Dechanten von Eberndorf vom September 1920, das den Titel „Die Pflichten des Gläubigen am Tag des Plebiszits" trug. Zur Zeit der jugoslawischen Besetzung hatte als oberste kirchliche Stelle in der Zone A ein selbständiges Generalvikariat für Slowenisch-Kärnten in Eberndorf amtiert. Im Memorandum waren den Priestern und slowenischen Gläubigen die religiösen, nationalen und wirtschaftlichen Gründe für einen Anschluß an Jugoslawien dargelegt worden. In einem Flugblatt hatte Bischof Adam Hefter dann darauf hingewiesen, daß der Generalvikar ohne vorherige Rücksprache mit dem Bischof zu einem solchen Schritt nicht berechtigt gewesen sei.

Bischof Hefter war nach dem Plebiszit bemüht, den Kärntner Slowenen Verständnis für ihre schwierige Lage entgegenzubringen und ihnen jene Hilfe angedeihen zu lassen, die sie als Minderheit benötigten. Die volle Anerkennung ihrer nationalen Identität durch die Kirche Kärntens wird durch die Tatsache bewiesen, daß man sich beim Ordinariat hinsichtlich sprachlicher Regelungen auch zur Zeit der Ersten Republik ausschließlich des Schematismus bediente, den das fürstbischöfliche Ordinariat 1917/18 unter dem Titel „Personalstand der Säkular- und Regulargeistlichkeit der Diözese Gurk in Kärnten" veröffentlicht hatte. Es war dies der letzte Schematismus des Gurker Ordinariats, in dem auch der ethnische Charakter der Südkärntner Pfarren und Dekanate angeführt worden war.

3. Kulturelle Aktivitäten des slowenischen Klerus

Seit 1926 gab ein Kreis von slowenischen Priestern die Kirchenzeitung „Nedelja" („Sonntag") heraus, die als wichtigste religiöse Zeitschrift der Volksgruppe — mit Unterbrechung während der Zeit des Nationalsozialismus — kontinuierlich bis heute erscheint. In der „Nedelja" veröffentlichte Stephan Singer seine ersten Beiträge zur Kultur- und Kirchengeschichte der Südkärntner Pfarren und Dekanate. Sie waren die Grundlage für Singers umfangreiche Kultur- und Kirchengeschichte der Dekanate Ferlach, Rosegg und Eberndorf. Die Kultur- und Kirchengeschichte des Dekanates Bleiburg stellte Singer im Manuskript noch fertig, konnte sie aber zur Zeit der deutschen Okkupation nicht mehr veröffentlichen.

Der Christliche Kulturverband (Krščanska kulturna zveza) hat 1979 eine unveränderte Auflage dieses bedeutenden historischen Werkes herausgebracht. Viele Priester haben Singers Arbeit durch die Sammlung von Quellenmaterial unterstützt. Damit wurde das Interesse der lokalen Geistlichkeit an der Geschichte ihrer Pfarren und Dekanate geweckt. Die Befassung mit der Heimatgeschichte hat in einer für die Slowenen kritischen Zeit zur Stärkung ihres Kultur- und Nationalbewußtseins beigetragen.

Trotz des Protestes des Kärntner Landesschulrates beim Bundesministerium für Unterricht hat Bischof Hefter 1930 die Herausgabe eines slowenischen und eines slowenisch-deutschen Katechismus für den Religionsunterricht durchgesetzt. Auf ausdrückliche Weisung des Bischofs wurde auch in allen zweisprachigen Pfarren anläßlich seiner Firmungs- und Visitationsbesuche seine deutsche Predigt durch eine slowenische des Hofkaplans ergänzt. Durch die Gewaltakte der nationalsozialistischen Machthaber nach dem Anschluß schwer enttäuscht, resignierte Bischof Hefter. Sein Nachfolger wurde 1939 Kapitelvikar Andreas Rohracher.

Ein Band aus Stephan Singers Kultur- und Kirchengeschichte

Verhandlungen über eine Kulturautonomie für die Kärntner Slowenen (1925 bis 1930)

1. Landespolitische Gegebenheiten und Voraussetzungen

Wie bereits ausgeführt, verstärkte sich in den frühen Zwanzigerjahren der Druck auf die Kärntner Slowenen. Dabei zeigte es sich, daß Antislowenismus und antidemokratische Einstellung auf der gleichen Ebene lagen. Die Sozialdemokraten waren bei den Landtagswahlen von 1921 zur stimmstärksten Partei des Landes geworden und stellten mit Florian Gröger bis 1923 den Landeshauptmann. Kärnten war damit neben Wien das einzige österreichische Bundesland, das in der Zwischenkriegszeit, wenn auch nur vorübergehend, einen Sozialdemokraten zum Landeshauptmann hatte. Doch die bürgerlichen Parteien wollten wiederum die Führung im Lande übernehmen. Auf Anregung des Heimatschutzverbandes stellten der Landbund für Kärnten, die Christlichsoziale Partei für Kärnten, die Großdeutsche Partei Kärntens und die Nationalsozialistische Partei Kärntens für die Landtagswahlen des Jahres 1923 eine Einheitsliste auf. Dieser „Bürgerblock" unterschied nicht weiter zwischen Slowenen und Sozialdemokraten. Er erklärte beide gleichermaßen zu Feinden. In seinem Wahlaufruf hieß es:

„Kärntner und Kärntnerinnen! Ihr habt bereits einmal durch Eure Geschlossenheit einen stolzen Sieg errungen. Ihr habt vor nicht langer Zeit mit einem grünen Stimmzettel Euer Land von Euren äußeren Feinden befreit. Nun tut desgleichen und befreit das Land von Euren inneren Feinden mit dem weißen Stimmzettel, der die Aufschrift trägt: Kärntner Einheitsliste!"

2. Die Initiative der Sozialdemokraten

Antislowenismus war zum Exerzierfeld antidemokratischer Heimatschutzpolitik geworden. Die Sozialdemokraten versuchten daher die Minderheitenfrage einer politischen Lösung zuzuführen. Auf ihre Initiative verhandelten von 1925 bis 1930 zwei Landtagsausschüsse unter Beteiligung slowenischer Landtagsabgeordneter über Schulfragen und eine sogenannte Kulturautonomie für die Slowenen. Die Christlichsozialen folgten zeitweise und zögernd dem nationalen Verständigungskurs, hatten aber wegen ihrer schwachen Verankerung als Partei in Südkärnten in den Verhandlungen nur geringes politisches Gewicht. Die deutschnationalen Parteien, nämlich Landbund und Großdeutsche, behinderten den Ausgleich mit allen erdenklichen Mitteln.

3. Der Inhalt des Gesetzesentwurfes

Der von allen deutschen Landtagsparteien 1927 im Landtag eingebrachte Gesetzesentwurf einer Kulturautonomie basierte auf dem Gedanken der kulturellen Selbstverwaltung von Volksgruppen. Danach verzichtet der Staat in mehreren Sachbereichen auf die uneingeschränkte Ausübung seiner Hoheitsrechte. So sollten die Slowenen das Recht auf eigenständige und eigenveratwortliche Regelung ihrer kulturellen Angelegenheiten erhalten. Insbesondere sollte ihnen das Recht auf Gründung und Führung von slowenischen Schulen zugestanden werden.

Der slowenischen Volksgemeinschaft sollten jene Kärntner angehören, die sich durch Eintragung in einen nationalen Kataster zu ihr bekannten. Dieses Personenverzeichnis sollte in den Gemeindeämtern aufliegen. Die Grundlage der Kulturautonomie war also das Bekenntnisprinzip, das unbeschadet der tatsächlichen ethnischen und sprachlichen Verhältnisse nationale Rechte ausschließlich Bekenntnisslowenen einräumte. So gesehen bestätigte das Projekt nur die in Kärnten lange überlieferte und durch die Volksabstimmung 1920 bestärkte Tendenz zur Spaltung der slowenischen Volksgruppe in einen angeblich eindeutschungswilligen und in einen nationalbewußten Teil. Die slowenische Volksgruppe aber konnte einer politischen Lösung nicht zustimmen, die den überwiegenden Teil der Volksgruppe endgültig der Germanisierung preisgegeben hätte.

4. Die Problematik des Entwurfes

Unter den bestehenden politischen und wirtschaftlichen Verhältnissen wären nur wenige Slowenen in der Lage gewesen, Autonomierechte in Anspruch zu nehmen. Zwar war nach Meinung des Kärntner Land-

> *Einrichtung der slowenischen Volksgemeinschaft:*
>
> *§ 1. Die im Bundesland Kärnten wohnhaften Kärntner Landesbürger slowenischer Volkszugehörigkeit bilden eine Gemeinschaft öffentlich rechtlicher Art (slowenische Volksgemeinschaft), die ihre nationalen und kulturellen Angelegenheiten auf Grund dieses Gesetzes selbst verwaltet.*
>
> *§ 2. Die slowenische Volksgemeinschaft wird gebildet, sobald 100 zum Kärntner Landtag wahlberechtigte, als slowenische Volkszugehörige bekannte Landesbürger oder aber inländische Vereine, deren Zweck satzungsgemäß die Förderung slowenischer Kulturaufgaben bildet, und die zusammen mindestens 100 Mitglieder aufgewiesen haben, bei der Landesregierung schriftlich das Verlangen stellen.*
>
> *§ 3. (1) Mitglied der Volksgemeinschaft wird jeder in Kärnten wohnhafte Landesbürger, der sich hiezu bekennt. Dieses Bekenntnis erfolgt durch freiwillige Meldung zur Eintragung in das slowenische Volksbuch, in das sich jeder Kärntner Landesbürger, ohne Unterschied des Geschlechtes, der vor dem 1. Jänner des laufenden Jahres das 20. Lebensjahr überschritten hat und vom Wahlrecht in den Kärntner Landtag nicht ausgeschlossen ist, aufnehmen lassen kann. Bis zur Erreichung des geforderten Alters gelten die ehelichen oder legitimierten Kinder der eingeschriebenen Gemeinschaftsmitglieder nach ihren Eltern als zur Gemeinschaft gehörig. Ist nur ein Elternteil Gemeinschaftsmitglied, so wird die Frage der Gemeinschaftszugehörigkeit der Kinder nach dem Wunsche der Eltern bestimmt. Wird eine Einigung nicht erzielt, so entscheidet der Wille des Vaters. Uneheliche Kinder folgen der Mutter in der Frage der Gemeinschaftszugehörigkeit. Die Kinder von Mitgliedern der Gemeinschaft gelten als zur Gemeinschaft gehörig, falls sie sich nach Beginn des Kalenderjahres, in dem sie das 20. Lebensjahr überschritten haben, in das slowenische Volksbuch eintragen lassen.*

Aus dem Entwurf eines Gesetzes über die Selbstverwaltung der slowenischen Minderheit, von den Obmännern der Sozialdemokratischen Partei, des Landbundes sowie der in der Einheitsliste vereinigten Christsozialen Partei und der Großdeutschen Volkspartei am 14. Juli 1927 im Kärntner Landtag als Antrag eingebracht.

> *Kärnten hat eine Einwohnerzahl von 370.748 Menschen. Davon männlich 179.870, weiblich 190.878. Bei der letzten Zählung war anzugeben, ob man sich der deutschen oder der slovenischen Umgangssprache bedient. Durch diese Klausel wurde die Anzahl der sich der slov. Umgangssprache bedienenden mit 37.224 Personen festgestellt, während die wirkliche Anzahl der nach Geburt, Abstammung usw. abzuschätzenden Angehörigen des windischen Volksstammes auf 1/3 der Gesamtzahl der Einwohner Kärntens zu rechnen sind. Weil der Landbund im gemischtsprachigen bzw. im windischen Sprechgebiete vielleicht die festesten Positionen in Kärnten bzw. die opferwilligsten Mitglieder hat, hat sich bei den Wahlen die Anzahl der Windischen für ihre eigenen Abgeordneten nicht so ausgewirkt, weil sie nur 2 Landtagsmandate und kein Nationalratsmandat erobern konnten. Die nation. slov. Bewegung ist infolge Tätigkeit der slov. Geistlichkeit in Zunahme begriffen, wozu die Einbringung des unglückseligen Autonomiegesetzes im Landtage durch alle deutschen Parteien werktätige Hilfe leistete.*

Aus einem Schreiben des Landbundsekretariates Klagenfurt vom 4. Jänner 1928 an das Reichsparteisekretariat des Landbundes.

bundsekretariats 1928 noch ein Drittel der insgesamt 370.000 Kärntner slowenischsprachig, diese bekannten sich aber infolge bürokratischer und politischer Maßnahmen nicht zu ihrer Nationalität. Das sozialdemokratische Parteisekretariat Villach wiederum sprach 1926 von 80.000 Kärntnern mit slowenischer Umgangssprache. Ihrer Aussage nach habe die Volkszählung kein richtiges Bild ergeben, „da sich die Mehrheit der Slowenen aus politischen oder aus wirtschaftlichen Gründen nicht zu ihrer Nationalität bekennt". Bei der Volkszählung von 1923 hatten immerhin noch 34.000 Kärntner Slowenisch als ihre „Denksprache" angegeben. Deutschnationale wie Martin Wutte hofften allerdings, die Zahl der Slowenen mit Hilfe der Kulturautonomie weiter zu vermindern. Wutte meinte 1928 zur Vorlage: „Durch die Anlegung des nationalen Katasters wird eine Scheidung eintreten und glaube ich, daß sich in den Kataster nicht mehr als 15.000 Slowenen eintragen werden, so daß sie nach außen hin nicht mehr mit einer Ziffer von 50.000 operieren können. Unsere Schulen werden wir mit Hilfe der nationalen Organisationen schützen können".

5. Die Schulfrage

Der wichtigste Teilbereich des geplanten nationalen Ausgleichswerkes war natürlich die Schulfrage. Der slowenische Unterhändler Franc Petek versuchte zu erreichen, daß sämtliche Kärntner Kinder slowenischer Muttersprache in der Grundschule anfangs slowenisch unterrichtet würden. Nach langer Überlegung stimmte er daher schließlich der Anlegung eines Nationalkatasters zu, wenn zugesichert würde, daß die Volksgruppe die bisherige utraquistische Schule übernehmen und künftighin autonom als Schule der Minderheit führen könnte. Die deutschnationalen Parteien lehnten die Auflösung des utraquistischen Schultyps und gar seine Übergabe an die Slowenen jedoch entschieden als „förmliche Zweiteilung des Landes" ab.

Sozialdemokraten und Christlichsoziale hingegen kamen Petek insofern entgegen, als sie die Möglichkeit prüften, zumindest einen Teil der bisherigen utraquistischen Schulen den Slowenen als Minderheitenschulen zu überlassen. Damals distanzierten sich die Sozialdemokraten von der Windischentheorie. Ihrer Meinung nach sollten die „deutschfreundlichen" Slowenen endgültig entscheiden, ob sie Slowenen oder Deutsche seien. Die Verhandlungen fanden dennoch keinen positiven Abschluß, da die Sozialdemokraten nach einer vorgesehenen endgültigen Aufgliederung des Kärntner Schulwesens in einen deutschen und einen slowenischen Teil es der deutschen Schule gestatten wollten, die Kinder, wenn notwendig, anfangs slowenisch zu unterrichten. Damit hätten assimilierungswillige slowenische Eltern ihre Kinder in die deutsche Schule schicken können.

Dr. Franc Petek (1885—1965), Landtagsabgeordneter

Um nun die Schwierigkeiten zu beseitigen, die sich aus der Anwendung des Autonomiekonzeptes und seiner Nötigung zum nationalen Bekenntnis ergaben, reichten die Slowenen einen Forderungskatalog ein. So verlangten sie sowohl von der Landes- als auch von der Bundesregierung eine buchstabengetreue Handhabung des Erlasses von 1891 für die utraquistischen Volksschulen, insbesondere den obligatorischen Unterricht der slowenischen Sprache in drei Wochenstunden in den höheren Klassen. Weiters wünschten sie die Förderung des slowenischen Genossenschaftswesens, die Einrichtung einer slowenischen Landwirtschaftsschule, die Unterstützung der privaten slowenischen Haushaltungsschulen sowie die Bestellung eines slowenischen Schulinspektors für die utraquistischen Schulen. Doch Land und Bund lehnten aus politischen und finanziellen Erwägungen die Erfüllung des Forderungskatalogs ab.

6. Das Scheitern der Verhandlungen

Die Kärntner deutschen Parteien und die Bundesregierung wollten die Slowenenfrage nicht im Kompromißwege und mit den Vertretern der Volksgruppe lösen, sondern aus eigener Machtvollkommenheit und im

Sinne ihrer Vorstellungen. Angesichts ihrer Ablehnung des bescheidenen slowenischen Forderungpaketes ist ihre Bereitschaft zu angeblich weit größeren Zugeständnissen auf dem Wege der Kulturautonomie zu bezweifeln. Wirtschaftlich starken und nationalpolitisch gefestigten Volksgruppen wie beispielsweise der deutschsprachigen in Südtirol, hätte die Gewährung einer solchen Kulturautonomie Möglichkeiten der nationalen Entfaltung gesichert. Sie wäre in der Lage gewesen, den vom Staat gewährten Freiraum durch autonome Politik auszufüllen. Die Slowenen Kärntens hingegen waren aufgrund ihrer wirtschaftlichen Schwäche, ihrer wenig differenzierten Sozialstruktur und ihres schwach ausgeprägten nationalen Bewußtseins insbesondere nach der Volksabstimmung nicht in der Lage, Autonomierechte in Anspruch zu nehmen. Dazu kam noch, daß Kärntens Deutschnationale die Autonomie geradezu als Instrument einer weiteren Schwächung und Spaltung der Volksgruppe einsetzen wollten. So ist es zu verstehen, daß die Slowenen dieses Projekt der kulturellen Selbstverwaltung zurückwiesen, da es nicht ihren Interessen entsprach. Wie wenig ernsthaft die Kärntner Landesregierung um eine Förderung der Slowenen bemüht war, beweist die 1930 erfolgte Abschaffung der slowenischen Sprache als Pflichtgegenstand am Klagenfurter Gymnasium.

Die Feiern zum 10. Jahrestag der Volksabstimmung brachten wieder alle deutschen Parteien in eine geschlossene Frontstellung gegen die Slowenen. Erneut wurden die alten Leidenschaften entfacht und die nationalbewußten Slowenen in eine Außenseiterrolle gedrängt. Die Abstimmungsspende der Bundesregierung aber wurde zielgerichtet insofern zur Verbesserung der Infrastruktur Südkärntens verwendet, als es der Germanisierung dienlich schien.

Die Kärntner Slowenen im autoritären Ständestaat (1934—1938)

1. Loyalität zum Regime

Ein großer Teil der Kärntner Slowenen stand dem autoritären Regime zwischen 1934 und 1938 weitgehend unkritisch gegenüber. Diese Gruppe, die nach eigenen Angaben ungefähr ein Drittel der slowenischsprachigen Bevölkerung Kärntens ausmachte und deren Sprachrohr das Wochenblatt „Koroški Slovenec" war, erwartete, daß dieses Regime die gemeinsamen Ideale christlicher Politik verwirklichen werde. Sie nahm an, daß der Ständestaat in der Lage sein werde, den in Kärnten herrschenden liberalen Deutschnationalismus einzudämmen und die Auswirkungen seiner antislowenischen Politik rückgängig zu machen. Sie hoffte, daß der rasch fortschreitende Prozeß der Spaltung und Entnationalisierung der slowenischen Volksgruppe in Kärnten gehemmt werden könnte.

Die proösterreichische Haltung der Kärntner Slowenenführung kam schon im Jahre 1933 zum Ausdruck, als sie auf ein sehr bezeichnendes Angebot der Kärntner Nationalsozialisten nicht einging. Am 5. Juli 1933 wurden den Nationalsozialisten durch Abstimmung im Landtag die Mandate aberkannt, was erst durch das Stimmverhalten der beiden slowenischen Abgeordneten ermöglicht wurde. Die Kärntner Nationalsozialisten hatten ihnen im Falle eines gegenteiligen Stimmverhaltens den späteren Anschluß Südkärntens an Jugoslawien in Aussicht gestellt. Die österreichtreue Haltung der Kärntner Slowenen und ihre Loyalität zum neuen Regime wurden auch während des nationalsozialistischen Putschversuches im Juli 1934 und durch den Beitrag der Slowenen zum Aufbau der Vaterländischen Front bewiesen.

Der Wunsch der Kärntner Slowenen, im Rahmen der ständestaatlichen Verfassung einen autonomen nationalen Organismus zu bilden, blieb jedoch unerfüllt. Dafür bekamen sie drei ständische Vertreter im neuen Kärntner Landtag: Prälat Rudolf Blüml vertrat den slowenischen Klerus, Karl Mikl und Albert Breznik vertraten die slowenische Bauernschaft.

Prälat DDr. Rudolf Blüml (1898—1966), Vertreter der Slowenen im Kärntner Landtag zur Zeit des Ständestaates

Im Mai 1934 trat die Kmečka zveza (Bauernbund) in die ständestaatliche Organisation des Kärntner Bauernbundes ein. Bei den Wahlen zur Kärntner Bauernkammer, die allerdings nicht nach demokratischen Prinzipien erfolgten, erhielten die Kärntner Slowenen in den Gemeinden des zweisprachigen Gebietes 157 von 548 Vertretern.

Nachdem der Politische und wirtschaftliche Verein für die Slowenen in Kärnten aufgelöst worden war, wurde unter der Führung von Joško Tischler der Slowenische Kulturverband (Slovenska prosvetna zveza) zur zentralen Organisation der Kärntner Slowenen. Joško Tischler kam als Fachberater für die slowenische Sprache in den Landesschulrat und schließlich auch in die Führung der Kärntner Vaterländischen Front. Auf der Jahreshauptversammlung des Slowenischen Kulturverbandes im März 1937 wurden zur kulturellen Aktivität der Kärntner Slowenen folgende Zahlen genannt: 36 Bildungsvereine mit 3000 Mitgliedern (von denen allerdings nur 700 aktiv), 26 Gesangsvereine, 11 Tamburicagruppen, 14 private Jugendgruppen und zahlreiche Mädchengruppen.

2. Die Lage der slowenischen Arbeiterschaft

Die slowenischen Arbeiter waren zum größten Teil in der Sozialdemokratischen Arbeiterpartei organisiert. Da die politische Führung der Kärntner Slowenen das autoritäre Regime unterstützte, konnte sie die Arbeiter nicht für sich gewinnen. Jene slowenischen Arbeiter, die ihre nationale Identität bewahren wollten, konnten mit der Sozialdemokratie nicht zufrieden sein. In Fragen der nationalen Gleichberechtigung und des nationalen Bewußtseins ihrer Mitglieder mit slowenischer Muttersprache gewährte sie diesen keine Unterstützung, sondern förderte deren Assimilierung. Das erleichterte die Annäherung eines kleineren Teils der slowenischen Arbeiter an die seit 1933 illegale Kommunistische Partei Österreichs, die sich in einer gemeinsamen Erklärung mit den ebenfalls illegalen Kommunistischen Parteien Jugoslawiens und Italiens im Jahre 1934 für das Recht der Slowenen auf nationale Selbstbestimmung aussprach. Im Jahre 1935 bereiteten junge Anhänger der KPÖ aus der Umgebung von Eisenkappel die Herausgabe einer illegalen slowenischen Zeitung mit dem Titel „Kam?" („Wohin?") vor, die den Slowenen in Kärnten einen neuen politischen Weg weisen sollte.

3. Die Volkszählung 1934

Die Hoffnungen der Kärntner Slowenen auf eine Anwendung der Minderheitenschutzbestimmungen des Staatsvertrages von St. Germain in ihrem Sinne wurden auch bei der Volkszählung 1934 enttäuscht. Diese Volkszählung wurde in einer die Slowenen sehr benachteiligenden Weise durchgeführt. Es wurde nicht mehr nach der Umgangssprache wie zur Zeit der Monarchie, aber auch nicht nach der „Denksprache" wie bei der Volkszählung 1923 gefragt, sondern nach der Zugehörigkeit zu einem der beiden Kulturkreise. Bekannte sich die Bevölkerung mit slowenischer Muttersprache nicht zum deutschen, sondern zum slowenischen Kulturkreis, dann lief sie Gefahr, des Irredentismus bezichtigt zu werden. Die amtliche Dezimierung der Zahl der Slowenen durch die Anwendung des reinen Bekenntnisprinzips wurde unter anderem noch durch die gezielte Auswahl parteiischer Zählkommissäre gefördert. Die von Franc Petek beim Völkerbund eingebrachte Beschwerde gegen diese Art der Volkszählung blieb erfolglos. So wurde der Anteil der Slowenen an der Gesamtbevölkerung Kärntens mit statistischen Mitteln von 10,1 % im Jahre 1923 auf 6,6 % im Jahre 1934 reduziert.

4. Hoffnungen auf Änderungen im zweisprachigen Schulwesen

Große Hoffnungen setzten die Kärntner Slowenen in eine Reformierung des bestehenden zweisprachigen Schulwesens, nachdem schon im Dezember 1933 der damalige Unterrichtsminister Schuschnigg angeregt hatte, ihm diesbezügliche Beschwerden vorzulegen. Formell gab es in Südkärnten noch 78 utraquistische Volksschulen. Die vorgeschriebenen Lehrpläne wurden jedoch nur noch in einigen wenigen Schulen eingehalten. Der Reformvorschlag der Kärntner Slowenen, der im Jänner 1934

Die 1908 eröffnete private slowenische Volksschule in St. Peter bei St. Jakob im Rosental/Št. Peter pri Št. Jakobu v Rožu konnte nach dem Plebiszit nicht weitergeführt werden, da die Behörde dies nicht gestattete.

vorgelegt wurde, hatte die Erlernung beider Landessprachen zum Ziel. Danach hätte der Unterricht auf der ersten Schulstufe ausschließlich in der Muttersprache erfolgen und der Deutschunterricht erst auf der zweiten und dritten Schulstufe im Ausmaß von drei bis vier Wochenstunden einsetzen sollen. Für die vierte Schulstufe waren die deutsche und die slowenische Unterrichtssprache im gleichen Ausmaß und für die Oberstufe mindestens vier Wochenstunden Slowenischunterricht vorgesehen. In der Folge wurde aber bald deutlich, daß sich an den Positionen von Mehrheit und Minderheit seit dem Scheitern der Verhandlungen über die Kulturautonomie im Grunde kaum etwas geändert hatte. Die Kärntner Landesschulverwaltung benützte vor allem die Windischentheorie dazu, um bei der Zulassung zu diesen Schulen auf dem Bekenntnisprinzip zu beharren. Dem Kriterium der Muttersprache wurde nicht Rechnung getragen. Auch ein Besuch von Bundeskanzler Schuschnig in Kärnten im Jahre 1936 brachte keine Veränderungen. Erst 1937 wurden im Unterrichtsministerium aufgrund von Erwägungen der Reziprozität gegenüber den deutschsprachigen Minderheiten in Jugoslawien Vorschläge ausgearbeitet, die das muttersprachliche Prinzip stärker berücksichtigen sollten. Nach diesen Vorschlägen, die im wesentlichen vom bereits damals anerkannten Minderheitenexperten Theodor Veiter stammten, sollten besondere Kommissionen die sprachliche Zugehörigkeit der Schüler vor der Aufnahme in die Schule feststellen. Dieser Entwurf eines Bundesgrundsatzgesetzes anerkannte die Tatsache, „daß die slowenische Volksgruppe in Kärnten seit alters her bodenständig ist und daher einen besonderen Anspruch auf freie kulturelle und wirtschaftliche Entfaltung vor allem auch auf dem Gebiete eines eigenen slowenischen Schulwesens hat". Allerdings wurde dieses Gesetz nicht realisiert, sodaß sich an den Schulverhältnissen für die slowenische Minderheit in Kärnten nichts änderte. Die durch den slowenischen Kulturverband eingerichteten privaten slowenischen Sprachkurse wurden zudem oft durch die Kärntner Behörden behindert und in einer Reihe von Fällen auch eingestellt.

Die Erwartungen der slowenischen politischen Führung in den Ständestaat erfüllten sich also nicht. Die wohlwollenden Absichten der Spitzen der Regierung in Wien, den Kärntner Slowenen in einigen wesentlichen Fragen, wie z. B. in der Schulfrage, entgegenzukommen, waren in Kärnten nicht durchführbar. Die politische Basis des Ständesystems war in Kärnten mit seinen lebendigen deutschnationalen Traditionen und seiner starken illegalen nationalsozialistischen Bewegung besonders schmal. Ein Verständigungskurs in Minderheitenfragen konnte daher nicht durchgesetzt werden.

Arbeitsaufgaben und Fragen:

1. Wiederhole die wichtigsten Bestimmungen des Friedens- bzw. Staatsvertrages von Saint Germain und dessen Auswirkungen!
2. Fasse die allgemeinen Wesenszüge einer demokratischen Staatsform zusammen!
3. Sprich über die politischen Parteien in der Ersten Republik!
4. Erörtere Gründe, die Menschen bewegen können, ihr nationales Bekenntnis zu wechseln!
5. Unter welchen Bedingungen ist ein Modell nationaler Autonomie zu verwirklichen?
6. Interpretiere die Volkszählungsergebnisse in Kärnten seit 1880!
7. Welche Unterschiede bestehen zwischen autoritären und totalitären Staaten?

IV. Die Kärntner Slowenen unter nationalsozialistischer Herrschaft

Zur Vorbereitung: Wiederholung der wichtigsten Ereignisse, die zur Machtergreifung durch Hitler geführt haben.
Die Beziehungen Österreichs zum „Dritten Reich".
Hitler und die Tschechoslowakei („Wir wollen gar keine Tschechen").

Vom „Anschluß" bis zur Okkupation Jugoslawiens (1938—1941)

1. Der „Anschluß" und seine Folgen für die Kärntner Slowenen

Mit der Besetzung Österreichs durch die deutschen Truppen im März 1938 und dessen Eingliederung in das Deutsche Reich verschlimmerte sich die Lage der Kärntner Slowenen entscheidend. Bis April 1941, dem Überfall Hitler-Deutschlands auf Jugoslawien, war die antislowenische Politik der Nationalsozialisten noch durch einige Zurückhaltung gekennzeichnet. Diese vorläufige Mäßigung war auf außenpolitische Erwägungen zurückzuführen. Man wollte die Beziehungen zu Jugoslawien, das für ein Bündnis mit den Achsenmächten gewonnen werden sollte, nicht belasten. Auch fürchtete man Auswirkungen auf die Haltung Jugoslawiens gegenüber dessen deutscher Minderheit. Trotzdem bestand schon von Anfang an eine beträchtliche Diskrepanz zwischen großzügigen Versprechungen und der unauffälligen, jedoch fortschreitenden Beeinträchtigung des slowenischen politischen und kulturellen Lebens in Kärnten. Gleichzeitig begann ein für die spätere Entwicklung folgenschwerer Kompetenzstreit zwischen Berliner Zentralstellen und lokalen Kärntner Volkstumspolitikern im Hinblick auf Fragen der slowenischen Volksgruppe. Tatsächlich wurden den Kärntner Nationalsozialisten vom Reichsinnenministerium in Berlin wesentliche Entscheidungsbefugnisse in der Slowenenfrage zugestanden. Der Kärntner Landeshauptmann und Gauleiter richtete eine sogenannte Volkstumsstelle in Klagenfurt ein und betraute Alois Maier-Kaibitsch mit deren Leitung. Dieser berief schon wenige Tage danach die Vertreter des Slowenischen Kulturverbandes zu sich und drohte ihnen mit der Liquidierung des „chauvinistischen Slowenentums". Die Kontinuität der minderheitenfeindlichen Politik der damit befaßten Organisationen war dadurch in verschärftem Maße gegeben.

Stimmzettel für den „Anschluß"

2. Die „Volksabstimmung" vom April 1938

Die Mäßigung in der Politik gegenüber den Kärntner Slowenen in den ersten Wochen nach dem Anschluß hatte noch einen weiteren Grund. Es galt, bei der Volksabstimmung am 10. April ein möglichst einmütiges Votum für das Großdeutsche Reich zu bekommen. Deshalb wurden neben den anderen nationalen Minderheiten auch die Kärntner Slowenen zu dieser Volksabstimmung zugelassen.

Die Führung der Kärntner Slowenen war der Meinung, sie könne vorerst nichts anderes tun, als auf ein gutes Verhältnis mit den neuen Machthabern hinzuarbeiten.

Unter starkem politischen Druck und aus berechtigter Angst vor den Folgen eines Boykotts haben die slowenischen Organisationen ihrer Anhängerschaft empfohlen, bei der Volksabstimmung am 10. April 1938 mit Ja zu stimmen, was auch zu fast 100% geschah. Das änderte nichts an der grundlegenden Haltung der Slowenen: Sie bestanden auf der Erfüllung ihrer nationalen und kulturellen Rechte und erwarteten von der absolut auf dem völkischen Prinzip aufgebauten neuen Staatsgewalt, daß ihnen ihr Verhalten honoriert werde. Der zur Rassenideologie gesteigerte Nationalismus der Nationalsozialisten war allerdings weit davon entfernt, den Slowenen, die der minderwertigen slawischen Rasse zugeordnet wurden, nationale Rechte zuzugestehen.

3. Die Volkszählung 1939

Welche Eile die Nationalsozialisten bei der Germanisierung der Kärntner Slowenen hatten, geht deutlich aus der Volkszählung vom Mai 1939 hervor. Gefragt wurde zwar nach der Muttersprache, jedoch getrennt nach Slowenisch und — „Windisch". Gleichzeitig wurde auch die „Volkszugehörigkeit" erhoben. Es gaben nun wohl 43.179 Kärntner Slowenisch oder „Windisch" als ihre Muttersprache an, jedoch bekannten sich von diesen nur 7715 auch zur slowenischen Volkszugehörigkeit. Mit dieser Art von Volkszählung war die Spaltung der Volksgruppe in eindeutschungswillige, eindeutschungsfähige „Windische" und in nicht eindeutschungsfähige „Nationalslowenen" beabsichtigt. Das war die konsequente Fortsetzung der bereits nach der Volksabstimmung 1920 begonnenen slowenenfeindlichen Politik. Mit Hilfe der aus der Volkszählung gewonnenen Daten konnte man zur Liquidierung der Kärntner Slowenen schreiten; die beiden ersten Kategorien sollten assimiliert und die nichteindeutschungswilligen Nationalslowenen möglichst aus Südkärnten ausgesiedelt werden.

4. Die Abschaffung der utraquistischen Volksschule

Was die dem Deutschnationalismus besonders ergebenen Kärntner Lehrer auf dem Gebiet des Schulwesens bereits vor dem Anschluß für die nationalsozialistische Sache geleistet hatten, fand jetzt seine Erfüllung. Die „geistigen Voraussetzungen für die sprachliche Einheit Kärntens" wurden mit der Liquidierung der kärglichen Reste des zweisprachigen Schulwesens geschaffen. Schon im Schuljahr 1938/39 wurde die utraquistische Schule endgültig beseitigt. Danach erfolgte die Versetzung von Lehrern mit Slowenischkenntnissen in rein deutschsprachige Gebiete. An ihre Stelle wurden deutschsprachige Lehrer berufen. Nur der Religionsunterricht durfte vorläufig noch in der Muttersprache erteilt werden.

5. Kindergärten zum Zwecke der Eindeutschung

Die Abschaffung der slowenischen Sprache in der Schule konnte die Tatsache nicht beseitigen, daß in Südkärnten die meisten Schulanfänger die deutsche Sprache nicht einmal soweit beherrschten, daß sie dem Unterricht hätten folgen können. Im Interesse einer schnelleren Germanisierung sollte den Kindern noch vor dem Schuleintritt die deutsche Sprache vermittelt werden. Diesem Zweck dienten die Kindergärten. Noch im Sommer 1938 wurden in Südkärnten 58 sogenannte Erntekindergärten eingerichtet, die von 2237 Kindern besucht wurden. Die Zahl der ständigen Kindergärten wurde bis Mitte Jänner 1939 von 17 auf 35 verdoppelt. In ganz Kärnten gab es Mitte 1939 nur 95 Erntekindergärten und 40 ständige Kindergärten mit insgesamt 5200 Kindern. Daraus geht deutlich hervor, daß die Nationalsozialisten die Kindergärten in Südkärnten als volkstumspolitisches Kampfinstrument einsetzten.

6. Die Siedlungspolitik

Antislowenische Siedlungspolitik wurde in Kärnten schon seit den Zwanzigerjahren durch den Kärntner Heimatdienst bzw. Kärntner Heimatbund betrieben. Als im Oktober 1939 das deutsch-italienische Abkommen über die Umsiedlung der Südtiroler geschlossen wurde, rückte für die Kärntner Slowenen die Gefahr der Aussiedlung in unmittelbare Nähe, zumal in dieses Umsiedlungsprogramm auch die Kanaltaler einbezogen wurden. Kanaltaler und Grödnertaler aus Südtirol sollten nämlich in Kärnten angesiedelt werden. Maier-Kaibitsch, der mit der Durchführung der Umsiedlungen beauftragt wurde, versprach, alle Möglichkeiten auszunützen, um im gemischtsprachigen Grenzgebiet Kärntens deutsche Bauern anzusiedeln. Schon im September 1940 wurde ein Planungsbericht vorgelegt, der die Ansiedlung von Grödnern im Bereich von Eisenkappel und Zell Pfarre vorsah.

Die Überlegungen der nationalsozialistischen Machthaber in Kärnten beschränkten sich jedoch nicht nur auf das Kärntner Gebiet. Schon im Juli 1940 sandten sie Denkschriften nach Berlin, in denen sie bei einer zukünftigen Aufteilung Jugoslawiens die Angliederung des Mießtales und des Gebiets um Jesenice an Kärnten forderten. Aktuell wurde diese Frage nach dem Überfall des Deutschen Reiches und seiner Verbündeten auf Jugoslawien im April 1941.

Das Schicksal der Kärntner Slowenen zwischen 1941 und 1945

1. Neues Germanisierungsgebiet

Nach der Besetzung Jugoslawiens durch die Truppen des Deutschen Reiches und seiner Verbündeten wurde Slowenien aufgeteilt. Das Übermurgebiet (Prekmurje) übergab man Ungarn, den größten Teil des Landes mit der Hauptstadt Laibach bekam Italien, und das Deutsche Reich verleibte sich die Untersteiermark, das ehemals kärntnerische Mießtal und Oberkrain ein. Die damit geschaffenen Zivilverwaltungsgebiete wurden von den Gauleitern und Reichsstatthaltern in der Steiermark bzw. Kärnten verwaltet. Ziel der nationalsozialistischen Besatzungspolitik war die volle Integration dieser Gebiete in das Deutsche Reich und daher die Germanisierung der dort lebenden slowenischen Bevölkerung. Nunmehr ließ man alle wenn auch noch so geringen Rücksichten auf die Kärntner Slowenen fallen.

2. Die Liquidierung des politischen und kulturellen Lebens der Kärntner Slowenen

Trotz der bereits erwähnten Zurückhaltung aus außenpolitischen Überlegungen war es schon unmittelbar nach dem Anschluß Österreichs an das Deutsche Reich zu Repressalien gegen die Kärntner Slowenen gekommen. Noch im März 1938 wurde der ehemalige Landtagsabgeordnete Vinko Poljanec verhaftet und starb an den Folgen der Haft. Joško Tischler, der Vorsitzende des Slowenischen Kulturverbandes, wurde 1939 als Gymnasiallehrer von Villach nach Bregenz versetzt. Des Landes verwiesen wurden der stellvertretende Vorsitzende des Kulturverbandes, Pfarrer Janez Starc, der Chorleiter des Kulturverbandes, Valentin Hartmann, der Volksschullehrer Franz Aichholzer, der Redakteur des Koroški Slovenec, Rado Wutej, sowie sechs slowenische Geistliche. Damit wurden die Slowenen weitgehend ihrer führenden Funktionäre und Kulturschaffenden beraubt.

Weitere Repressalien waren das Verbot, in den Kasernen, auf den Arbeitsplätzen und in der Öffentlichkeit slowenisch zu sprechen, in den Gasthäusern slowenisch zu singen, die Anordnung zur Entfernung aller slowenischen Aufschriften, selbst auf den Grabsteinen, und die Entlassung aller Slowenen aus dem öffentlichen Dienst.

Der Kärntner spricht deutsch!

Nazipropaganda

Alle diese Maßnahmen wurden erst nach der Zerschlagung Jugoslawiens im April 1941 konsequent durchgeführt. Damals wurde auch im kirchlichen Bereich die slowenische Sprache verboten. „Kärntner, sprich deutsch!" hieß die Parole.

Seit dem Jahresbeginn 1939 häuften sich die Verbote slowenischer Kulturveranstaltungen. Sogar die Abhaltung der von Milka Hartmann geleiteten privaten Haushaltungs- und Kochkurse wurde Ende 1939 untersagt. Verboten wurden auch die Aufführungen der örtlichen Laienspielgruppen. Der deutsche Sicherheitsdienst konnte schon im September 1939 berichten: „Die Kulturarbeit bei den Slowenen in Kärnten ruht derzeit fast gänzlich." 1941 wurden dann alle slowenischen Kulturvereine aufgelöst.

Slowenische Geistliche hatten in Kärnten bei ihrer Tätigkeit der tatsächlichen sprachlichen Situation im Lande Rechnung getragen. So ist es nicht verwunderlich, daß gerade sie nun vorrangig der Säuberungspolitik zum Opfer fielen. Insgesamt 67 slowenische Priester wurden von ihren Pfarren vertrieben.

3. Die Liquidierung des slowenischen Genossenschaftswesens

Gleich nach dem Anschluß hatte es bereits Anzeichen für eine baldige Liquidierung des slowenischen Genossenschaftswesens gegeben. Schon am 22. Juli 1938 erhob der Verband „Südmark" den Anspruch auf die slowenischen Genossenschaften. Auch wurde die Registrierung slowenischer Ausschußmitglieder verweigert, und die Revisoren, Vorstands- und Aufsichtsratsmitglieder des slowenischen Genossenschaftsverbandes wurden unter polizeiliche Aufsicht gestellt. Die Gestapo löste schließlich im Frühjahr 1941 das Problem der slowenischen Genossenschaften in der für sie typischen Weise: Sie drang gewaltsam in die Genossenschaftsgebäude ein, beschlagnahmte Schlüssel und Geschäftsbücher und stellte die Genossenschaften unter kommissarische Leitung. Der Großteil der slowenischen Genossenschaften wurde dann mit den deutschen verschmolzen, ihre Mitglieder wurden größtenteils ausgeschieden, die gewählten Funktionäre abgesetzt, und das Vermögen wurde eingezogen.

4. Aussiedlung

Am 25. August 1941 ordnete Heinrich Himmler in seiner Eigenschaft als Reichskommissar für die Festigung deutschen Volkstums an, daß Kanaltaler Deutsche in Oberkrain, insbesondere aber im gemischtsprachigen Gebiet Kärntens zur „Bereinigung der volkspolitischen Lage" angesiedelt werden sollten. Zu diesem Zweck sollten vorerst 200 slowenische Familien ausgesiedelt werden, deren „volks- und staatsfeindliche Haltung" angeblich bekannt war, auch wenn sie die deutsche Staatsangehörigkeit besaßen.

Die näheren Einzelheiten der Aussiedlung regelten die Klagenfurter Dienststellen, insbesondere die dortige Dienststelle der Geheimen Staatspolizei (Gestapo) und jene unter der Leitung von Maier-Kaibitsch. Nicht übersehen darf man die wichtige Rolle, die lokale NS-Größen in dieser Frage spielten. Sehr viel hing vom Verhalten des sogenannten „Ortsdreiecks" Bürgermeister, Ortsbauernführer, Ortsgruppenleiter ab. Sie bestimmten letztlich, welche Personen in den einzelnen Gemeinden ausgesiedelt werden sollten.

Die Aussiedlungsaktion in Kärnten begann am 14. April 1942 in den frühen Morgenstunden. Überfallsartig wurden 186 Familien aus ihren Wohnstätten geholt und nur mit dem Allernotwendigsten ausgestattet in das Sammellager nach Ebental gebracht. Aus diesem wurden einige Personen noch nach Hause entlassen, so daß schließlich von der Aussiedlung 178 Familien (917 Personen) betroffen waren. Die ausgesiedelten Familien wurden noch im April in Lager nach Deutschland transportiert, die meisten von ihnen nach Thüringen, und dort zur Zwangsarbeit verpflichtet. Vielfach wurden Familien auseinandergerissen, einige Männer wurden aus den Lagern zur Wehrmacht eingezogen. Ferner erfolgten Überstellungen in Konzentrationslager.

Der Widerstand gegen diese Gewaltmaßnahme war zunächst gering. Der Schriftsteller Josef Friedrich Perkonig schrieb zwar einen Protestbrief an den Gauleiter Friedrich Rainer, doch ist über den Verbleib die-

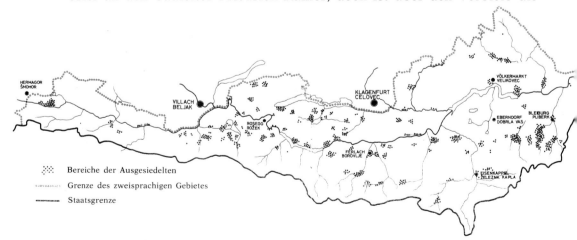

Zwangsweise Aussiedlung von Kärntner Slowenen im April 1942

Eine slowenische Familie wird deportiert

ses Briefes nichts Näheres bekannt. Bischof Andreas Rohracher, der übrigens auch in vielen Fällen erfolgreich gegen die Verfolgung slowenischer Priester intervenierte, protestierte aber in der Silvesterpredigt 1942 in der Klagenfurter Domkirche entschieden gegen dieses Unrecht. Sein diesbezügliches Protestschreiben erntete jedoch nur zynische Bemerkungen von seiten Himmlers.

Es war dann gar nicht so einfach, die enteigneten slowenischen Höfe zu besiedeln. So weigerten sich Kanaltaler Zusiedler, Anwesen vertriebener Slowenen zu übernehmen. In mehreren Fällen blieben die „gesäuberten" Bauernhöfe unbewirtschaftet. Mit dem Erstarken der Partisanenbewegung ab 1943 wurde es ohnehin gefährlich, auf einem requirierten Hof zu leben.

Vereinzelt kam es in Kärnten noch zu weiteren Aussiedlungen bis November 1944, und zwar vor allem unter dem Druck von Klagenfurter Stellen, mit der Begründung, daß Familienangehörige zu den Partisanen übergelaufen seien. Größere geplante Aussiedlungsaktionen wurden aber nicht mehr durchgeführt. Einerseits riet Berlin von Umsiedlungen größeren Umfangs ab, weil sich dadurch die Unruhe im betroffenen Gebiet erhöhe, die Ansiedlung im Reich größte Schwierigkeiten verursache und schließlich auch längerer Lageraufenthalt niemals geeignet sei, die Gesinnung der Leute zu ändern. Andererseits fehlte es an notwendigem Personal und an Transportmitteln, und außerdem hatte sich im Jahre 1943 die Lage an der Ostfront entscheidend verschlechtert.

> HALTUNG DES GURKER ORDINARIUS UND SEINES ORDINARIATES
> IN DER SLOWENISCHEN FRAGE 1941—1946.
> (Amtliche Darstellung)
>
> *II. Tatsachen-Bericht.*
>
> *1. Ausbruch des Krieges mit Jugoslawien und die damit verbundenen staatlichen Maßnahmen gegen Kirche und slowenischen Klerus.*
>
> *Gleich nach Beginn der Kriegshandlungen mit Jugoslawien im April 1941 wurden 30 Geistliche aus dem gemischtsprachigen Gebiet Kärntens verhaftet. Nach den Absichten der Geheimen Staatspolizei sollten diese Priester bei ihrer Freilassung Gauverbot erhalten. Diesen Gauverweis konnten Kanzler und Ordinariat mit vieler Mühe abwenden, aber nur unter der Bedingung (von der die staatliche Behörde nicht abzubringen war), daß die slowenischen Priester nach ihrer Enthaftung in deutsche Pfarreien versetzt würden. Das geschah dann auch, aber unter Beibehaltung der kanonischen Rechte der unter staatlichem Druck versetzten Priester auf ihre bisherigen Pfarren. Im ganzen mußten im Laufe der Zeit 42 slowenische Priester das slowenische Gebiet verlassen. Über Ersuchen und Auftrag des fb. Ordinariates meldeten sich deutsche Priester auch freiwillig für die Seelsorgearbeit im slowenischen Anteil der Diözese. Der Beweggrund dieser Maßnahme war für die bischöfliche Behörde einzig das Bestreben, die katholischen Slowenen gerade in den Zeiten der Not, die jetzt über sie hereinbrach, nicht ohne Tröstungen der hl. Religion zu lassen.*

Aber auch im Lande selbst trat nicht der gewünschte Erfolg ein. Die von der fortschreitenden Diskriminierung und von der Angst vor Aussiedlung gezeichneten Menschen dieses Gebietes reagierten anders als erwartet. Die Kärntner Stellen mußten jedenfalls nach Berlin berichten, daß sich die Aussiedlung anfangs zwar „gut ausgewirkt" habe, daß sich aber ein immer stärkerer Widerstand bemerkbar mache und auch der Gebrauch der deutschen Sprache wieder zurückgehe. Tatsächlich hatte also die Ablehnung des Regimes auch auf weniger nationalbewußte Slowenen übergegriffen und damit den Widerstand in Südkärnten verstärkt.

5. Terror gegen die Zivilbevölkerung

Bereits vor 1940 waren mehrere Kärntner Slowenen aus dem Grenzgebiet nach Jugoslawien geflohen, um der Einberufung zur deutschen Wehrmacht zu entgehen. Einige kamen nach dem April 1941 in ihre Heimat zurück, wo sie sich, von Verwandten und Freunden mit Nahrungsmitteln versorgt, in den Wäldern versteckt hielten. Die Tätigkeit dieser Gegner des Regimes im Raum von Zell-Pfarre, im Bereich des Ferlacher Horns, des Obirs und der Petzen wurde durch Vertrauensleute an die Klagenfurter Gestapo verraten, die daraufhin eine größere Polizeiaktion durchführte. Anfang Dezember 1941 erfolgte der Angriff, wovor sich einige Slowenen noch durch Flucht zu den Partisanen retten konnten. Mehrere Personen wurden festgenommen. Ihnen — insgesamt 36 Männern und

Frauen — wurde zwischen dem 7. und 9. April 1943 in Klagenfurt durch den Volksgerichtshof unter Roland Freisler der Prozeß gemacht. Sie wurden beschuldigt, Kontakt mit Partisanen gehabt und sich der deutschen Mobilisierung durch Flucht entzogen zu haben. 13 von ihnen wurden zum Tode verurteilt, mit der Begründung, sie hätten „im deutschen Kärntnergau terroristischen, kommunistisch eingestellten bewaffneten Banden angehört, die die deutsche und überhaupt die reichsdeutsche Bevölkerung terrorisierten, Deutsche ermordeten, Gehöfte plünderten und Teile des Reiches von ihm losreißen wollten". Sie hätten damit „im Kriege den Feind des Reiches begünstigt" und würden deshalb mit dem Tode bestraft.

Die Gnadengesuche wurden am 28. April 1943 von Hitler abgelehnt, und schon am nächsten Tag, dem 29. April 1943, wurden in Wien die 13 Todesurteile durch Enthauptung vollstreckt.

21 Mitangeklagte wurden wegen Unterstützung der „Hauptschuldigen" zu insgesamt 103 Jahren Zuchthaus verurteilt und in Konzentrationslager gebracht. Danach gab es noch weiter Prozesse gegen 16 Verwandte

---

HALTUNG DES GURKER ORDINARIUS UND SEINES ORDINARIATES
IN DER SLOWENISCHEN FRAGE 1941—1946
(Amtliche Darstellung)

2. Aussiedlung unter den Kärntner-Slowenen 1942:

Am 14. April 1942 begann die barbarische Aussiedlung. Sofort eilte der Ordinariatskanzler zu den staatlichen Stellen: der Geheimen Staatspolizei und zum Reichsstatthalter und bat, die unmenschliche Aussiedlung einzustellen. Dabei ist zu bemerken, daß die Staatspolizei damals das Sprechen von der Aussiedlung ahndete; es war also ein Wagnis, gar Gegenvorstellungen zu machen.

Trotzdem sandte der Ordinarius schon am 16. April 1942 ein Protestschreiben an den Reichsminister und Chef der Reichkanzlei, Dr. Lammers, mit dem dringenden Ersuchen, dem „Führer" die Angelegenheit vorzulegen.

Ähnliche Schreiben ergingen am selben Tage an den Reichsminister des Innern, an den Reichsminister für kirchliche Angelegenheiten, an den Reichsminister und preussischen Minister für Ernährung und Landwirtschaft, an den Reichs-Justizminister und an das Oberkommando der Wehrmacht. Diese Briefe verwiesen auf die Beunruhigung des Volkes durch die Aussiedlung, auf das Unrecht gegen die Slowenen, die durch ihren Kinderreichtum so vorbildlich sind und von denen viele an der Front stehen oder gefallen sind, während Verwandte und Bekannte aus der geliebten Heimat vertrieben werden. Ferner wurde auf die Versprechungen verwiesen, die vor der Abstimmung 1938 gemacht worden waren. So wurde das Wort zitiert, das 1938 der zuständige nationalsozialistische Landesrat dem Kapitelvikar persönlich gesagt hatte: „Die Slowenen werden im Dritten Reich mehr Rechte erhalten, als eine österreichische Regierung ihnen jemals auch nur versprochen hat."

Gedenktafeln für die Opfer von Zell-Pfarre

und Freunde der Hingerichteten, die gleichfalls hohe Gefängnisstrafen ergaben.

In diesen Prozessen war zutage getreten, was auch in einer Urteilsbegründung des Gerichts festgestellt wurde: daß nämlich das „Bandenunwesen" trotz aller deutschen Gegenmaßnahmen auf Kärnten übergegriffen hatte und daß die „Banditen" Unterstützung auch aus katholischen Kreisen bekamen. Die Prozesse mögen die Bevölkerung wohl eingeschüchtert haben, sie haben aber den Slowenen auch die volle Tragweite der nationalsozialistischen Terror-Politik vor Augen geführt, die auf die gänzliche Eliminierung der Volksgruppe abzielte. Damit ist der verstärkte bewaffnete Widerstand zu erklären.

6. Der bewaffnete Widerstand

Bald nach der Besetzung Jugoslawiens im April 1941 hatte das Zentralkomitee der KP Sloweniens alle küstenländischen und Kärntner Slowenen aufgerufen, „den gemeinsamen Kampf für die Befreiung, Unabhängigkeit und Vereinigung des slowenischen Volkes" aufzunehmen. In Kärnten setzte der organisierte bewaffnete Widerstand erst 1942 ein. Ab Mitte 1942 entstanden im westlichen Rosental und im Gebiet Ebriach — Zell-Pfarre Untergrundorganisationen der Befreiungsfront. Sie bereiteten mit der Einbindung nationalbewußter Slowenen politisch den militärischen Kampf vor. Im Herbst 1942 umfaßte das Untergrundnetz bereits 200 Personen. Zu ersten bewaffneten Auseinandersetzungen zwischen Partisanen und SS-Einheiten auf Kärntner Boden kam es am 25. August 1942 in Robesch bei Abtei.

Das Auftreten von bewaffneten Partisaneneinheiten brachte für die

NS-Organe eine Reihe von Problemen. Immerhin mußte ein etwa 100 km langer bewaldeter und gebirgiger Gebietsstreifen abgeschirmt werden. Angriffsziele der Partisanen waren vor allem Betriebe der Rüstungsindustrie, wie die KESTAG in Ferlach, die Akkumulatorenfabrik Jungfer in Feistritz i. Rosental, die Firma Leitgeb in Kühnsdorf, die Draukraftwerke sowie Verkehrs- und Posteinrichtungen. Um die Partisanen abzuwehren, waren beträchtliche mili-

Warnung vor Partisanen

tärische Mittel notwendig, und es wurde eine ganze Reihe verschiedener Einheiten aufgeboten. Insgesamt wurden durch die Partisanentätigkeit in Kärnten zeitweise bis zu 15.000 Mann gebunden. Die Partisanen hatten starken Zulauf. Für viele waren die Aussiedlung, Verhaftung und Verschleppung von Verwandten und Nachbarn ausschlaggebend. Fronturlauber zogen es vor, statt auf den europäischen Kriegsschauplätzen für Hitler-Deutschland in den heimischen Wäldern gegen es zu kämpfen. Schließlich wurde die Lage für die Machthaber Mitte 1943 so bedenklich, daß eine Urlaubssperre für das Gebiet südlich der Drau verhängt wurde. Da die Partisanen erfolgreich versuchten, Kriegsgefangene in ihre Reihen zu ziehen, wurden weiters im Oktober 1944 fast alle Kriegsgefangenen südlich der Drau abgezogen.

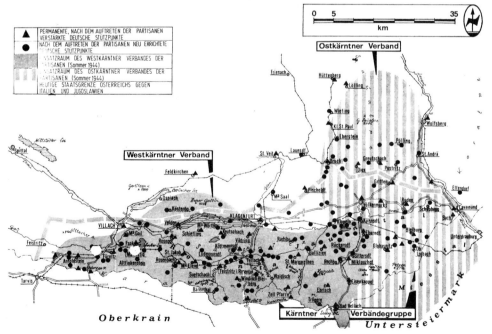

Der Partisanenkampf in Kärnten im Zweiten Weltkrieg (nach J. Rausch)

Nach der Kapitulation Italiens erlebte die Partisanenbewegung in Kärnten einen beachtlichen Aufschwung. Im Oktober 1943 wurde der Gebietsausschuß der Befreiungsfront (für Slowenisch-Kärnten) gegründet, und im März 1944 bekam Kärnten eine einheitliche militärische Führung im Rahmen der IV. operativen Zone. Nunmehr erreichten die Aktivitäten der Partisanen zwischen Frühjahr und Herbst 1944 mit Sabotageakten, Mobilisierungen und durch die Erweiterung des Einsatzgebietes auf Bereiche nördlich der Drau ihren Höhepunkt.

Nun kam es auch zu Kontakten zwischen slowenischen und österreichischen Widerstandsbewegungen. So entstand im Jahre 1944 das erste österreichische Bataillon innerhalb der Volksbefreiungsarmee Jugoslawiens, dem später noch vier weitere folgten. Dieses erste Österreichische Bataillon war erfolgreich an militärischen Aktionen gegen die Hitler-Armee in Slowenien beteiligt.

7. Das Kriegsende

In den ersten Maitagen 1945 waren jugoslawische Heeresverbände bemüht, möglichst vor den Alliierten in Kärnten einzumarschieren. Das Hauptziel war neben dem zweisprachigen Gebiet in erster Linie die Landeshauptstadt Klagenfurt. Gauleiter Rainer rief noch am 3. Mai 1945 an die Kärntner Bevölkerung in einem Appell zum Abwehrkampf auf. Doch schon einige Tage später sah er die Aussichtslosigkeit der Situation ein und erklärte sich zum Rücktritt bereit, wobei er dem Akt der Machtübergabe den Anschein der Legalität zu geben versuchte. Am 7. Mai wurde seine Abschiedsadresse verlautbart, worin es hieß: „Ich mache daher als Reichsstatthalter Platz, um jenen Kräften, die der Auffassung unserer Feinde besser entsprechen, Gelegenheit zur Bildung einer politischen Plattform zu geben. Nationalsozialisten und Nationalsozialistinnen! Ich danke euch für eure Treue zum Führer! Seine Idee lebt in uns! Tretet jetzt alle geschlossen mit allen euren Kräften ein für das freie und ungeteilte Kärnten!"

Arbeitsaufgaben und Fragen:

1. Die Expansionspolitik des Deutschen Reiches bis zum Überfall auf Jugoslawien.
2. Was sind die wesentlichen Inhalte der nationalsozialistischen Rassenideologie?
3. Sprecht über die Möglichkeiten gewaltfreien Widerstandes gegen ein unmenschliches Terrorregime!
4. Wo gab es in Europa Partisanenkämpfe gegen die Okkupation durch das Deutsche Reich?
5. Welche Widerstandsgruppen gegen das „Dritte Reich" gab es in Österreich?
6. Erörtere den Stellenwert des Begriffes „Partisanen" in der öffentlichen Meinung.
7. Formuliere die wesentlichen Merkmale und Etappen der minderheitenfeindlichen Politik in Kärnten von 1918 bis 1945!

V. Die Slowenen im Jugoslawien der Zwischenkriegszeit

Zur Vorbereitung: Das Schicksal der südslawischen Völker seit dem frühen Mittelalter.
Die Friedensverträge nach dem 1. Weltkrieg.
Die Beziehung der Balkanstaaten zueinander.
Italien und Jugoslawien in der Zwischenkriegszeit.

Die Entwicklung bis zur Vidovdan-Verfassung

1. Der Zusammenschluß der Slowenen, Kroaten und Serben

Als die österreichisch-ungarische Monarchie zerfiel, war das Hauptproblem des slowenischen Volkes, die territoriale und nationale Einheit gegenüber den deutschen und italienischen Nachbarn zu sichern. Die Tatsache, daß es in seiner Geschichte nie über klar gezogene Grenzen verfügt hatte und die Randgebiete ethnisch gemischt waren, erschwerte diese Aufgabe sehr. Der Nationalrat (Narodni svet), der Mitte August 1918 in Laibach gebildet wurde, war sich dessen voll bewußt und suchte einen Ausweg in der Verbindung mit den Kroaten und Serben der Habsburgermonarchie. Am 5./6. Oktober 1918 konstituierte sich in Zagreb der Nationalrat der Slowenen, Kroaten und Serben (Narodno vijeće), und am 29. Oktober 1918 wurde die Errichtung des neuen Staates der Slowenen, Kroaten und Serben proklamiert. Damit war aber die Frage der Grenze noch nicht gelöst. Die siegreichen Alliierten waren nicht bereit, diesen Staat anzuerkennen, weil er von Nationen gebildet wurde, die eben noch gegen sie Krieg geführt hatten. Besonders Italien trat dabei hervor, das aus seinen Aspirationen auf slowenisches und kroatisches Gebiet kein Hehl machte. Unter diesen Umständen, die noch verschärft wurden durch den Mangel an Nahrungsmitteln, durch soziale Spannungen und die Frage der Frontheimkehrer, erschien die möglichst rasche Vereinigung mit dem Königreich Serbien, das den Status einer Siegermacht hatte, wünschenswert. Am 1. Dezember 1918 proklamierte der Prinzregent Alexander in Anwesenheit der Delegation des Narodno vijeće die Errichtung des Königreichs der Serben, Kroaten und Slowenen (SHS) mit der Dynastie der Karadjordjevići an der Spitze. Die Eile, mit der diese Staatsgründung vorgenommen wurde, wurde schicksalhaft für die Zukunft Jugoslawiens in der Zwischenkriegszeit.

Gliederung des südslawischen Territoriums vor der Vereinigung von 1918

2. Serbische Hegemonieansprüche

Die Tatsache, daß es zu keinen klaren Beschlüssen hinsichtlich der Stellung der einzelnen Völker im gemeinsamen Staat und deren Verhältnis zueinander kam, führte bald zu schweren Gegensätzen, die die beiden folgenden Jahrzehnte bestimmten. Das serbische Bürgertum gewann die politische und wirtschaftliche Übermacht und richtete den Staat nach seinen Interessen und Vorstellungen ein. Deutlich kam das in der Vidovdan-(Veitstag-)Verfassung vom 28. Juni 1921 zum Ausdruck, mit der dem Königreich SHS eine zentralistische innere Ordnung gegeben wurde. Die territoriale Einheit der einzelnen Völker war nicht gesichert, da ihre Gebiete auf Verwaltungseinheiten mit sehr beschränkten Kompetenzen aufgeteilt waren. Das slowenische Territorium war auf die Verwaltungsgebiete Ljubljana/Laibach und Maribor/Marburg a. d. Drau aufgeteilt. Offiziell galt die national-unitaristische Auffassung, daß Serben, Kroaten und Slowenen nicht eigenständige Völker, sondern nur Stämme eines jugoslawischen Volkes seien.

Ansätze eines Parlamentarismus zwischen 1921—1929

1. Die politische Landschaft Sloweniens

In der verfassunggebenden Nationalversammlung (Skupština) hatten weder die Vertreter der Slowenischen Volkspartei (SLS) noch der Kroatischen Bauernpartei und der Kommunistischen Partei für die Vidovdan-Verfassung gestimmt, ein deutlicher Beweis für die Schwierigkeiten, denen sich dieser Staat von Anbeginn an gegenübersah. Schon bei den Wahlen zur Konstituante zeichnete sich in Slowenien das politische Bild der beiden folgenden Jahrzehnte ab: Bei verhältnismäßig starker politischer Zersplitterung setzte sich die Slowenische Volkspartei unter A. Korošec durch, die — wie schon zur Zeit der Habsburgermonarchie — die zentrale Position unter den slowenischen politischen Parteien einnahm. Deutlich schwächer war die Jugoslawische demokratische Partei (JDS), die neben ihrer liberalen Tradition den Belgrader Zentralismus vertrat und sich sogar für ein integrales Jugoslawentum erwärmte, also für die Verschmelzung aller drei Staatsvölker. Die Jugoslawische sozialdemokra-

Die vereinigten Jugoslawen (v. l. n. r. Slowenen, Kroaten, Serben). Karikatur von Hinko Smrekar.

tische Partei (JSDS), die in der Zeit vor dem Ersten Weltkrieg das slowenische Proletariat organisiert hatte, geriet nach 1919 in eine Kriese und zerfiel in eine Reihe von Gruppierungen und Richtungen, von denen die Kommunisten am bedeutendsten waren. Zu Beginn der zwanziger Jahre waren diese allerdings noch zahlenmäßig schwach und wurden außerdem schon im Dezember 1920 in die Illegalität gedrängt.

2. Wirtschaftliche Verhältnisse

Die wirtschaftliche Lage, die das slowenische Volk nach dem Ersten Weltkrieg zu meistern hatte, war alles eher als gut: Die österreichische Währung (Krone) blieb vorerst im Umlauf, verlor aber rasch ihren Wert. Schließlich mußte sie mit 4:1 gegen den neuen jugoslawischen Dinar eingewechselt werden. Fremdes Kapital, das in der Habsburgerära einen großen Teil der Industrie in Slowenien beherrscht hatte, behielt seine Positionen, und erst langsam gelang es den slowenischen Finanzkreisen, wenigstens teilweise die Kontrolle über die heimischen Betriebe zu erlangen. Auch die Agrarreform, die schon 1919 eingeleitet worden war, machte nur langsam Fortschritte und brachte keine bedeutenderen Ergebnisse. Die agrarische Übervölkerung und die kleinbäuerlichen Besitzverhältnisse ließen den slowenischen Bauern im Genossenschaftswesen Schutz suchen, das von verschiedenen politischen Gruppierungen unterstützt und gefördert wurde. Am schlimmsten stand es um die Arbeiterschaft, die schon im Krieg besonders gelitten hatte und jetzt berechtigt — auch unter dem Einfluß der bolschewistischen Revolution — vom Frieden eine Verbesserung ihrer sozialen Lage erwartete. Als dies nicht eintrat, wuchs bei den Arbeitern der Protest, der in zahlreichen Streiks und sogar in Gewaltakten Ausdruck fand. Die Regierung trat gegen die Arbeiterschaft mit aller Entschiedenheit und Brutalität auf: Am 24. April 1920 schoß Miliz in der Zaloška cesta in Laibach in eine Menge von 3000 Demonstranten. Dabei wurden 13 Personen getötet.

3. Kulturelle Leistungen

Eine der wenigen positiven Erscheinungen in diesem Abschnitt der slowenischen Geschichte war das kulturelle Schaffen. Die Slowenen hatten schon jahrzehntelang um die Errichtung einer eigenen Universität gekämpft. Sie waren zurecht davon überzeugt, daß ohne ein vollständiges Schul- und Bildungssystem die nationale Identität nicht erhalten werden könnte. Daher war eine der ersten Maßnahmen nach der Gründung des neuen Staates die Errichtung der Laibacher Universität mit einer philosophischen, einer juridischen und einer theologischen Fakultät sowie mit zwei Jahrgängen der technischen und einem Jahrgang der medizinischen Fakultät. Gleichzeitig wurden auch andere Kulturinstitutionen geschaffen, wie die Nationalgalerie, das Ethnographische Museum und das Musikkonservatorium. Die Slowenische Akademie der Wissenschaften und Künste wurde erst 1938 gegründet. In allen Grund- und Mittelschulen wurde die slowenische Unterrichtssprache eingeführt. Das und der Umstand, daß das Slowenische die deutsche Sprache als Amts- und Ge-

In das ehemalige Landtagsgebäude von Krain zog 1919 die neugegründete Laibacher Universität ein.

schäftssprache ablöste, war für die Entwicklung der slowenischen Sprache von größter Bedeutung. Auch auf dem Gebiet der periodischen Publikationen gab es zu Beginn der zwanziger Jahre viel Neues. Verschiedene politische Strömungen begannen ihre Zeitschriften herauszugeben, die sich zu den bereits bestehenden — Ljubljanski zvon, Čas und Dom in svet — gesellten. Von ihnen sind zu nennen: Preporod (Organ der liberalen Jugend), Mladika (katholische Familienzeitschrift), Vidovdan (liberal orientiert), Mladina (linksorientiert), Križ na gori (katholische Hochschülerzeitschrift) und Kritika (herausgegeben von Josip Vidmar). Diese lebhafte publizistische Tätigkeit legt Zeugnis ab von dynamischer, schöpferischer Arbeit in einer Atmosphäre ideologischer und künstlerischer Auseinandersetzung und Polemik. Der Expressionismus in all seiner differenzierten Ausdrucksweise bestimmte den Ton in der slowenischen Kultur, an deren Firmament, wenn auch nur kurz, der Stern Srečko Kosovels erstrahlte. Hervorzuheben sind schließlich die bedeutenden Arbeiten des Architekten Jožef Plečnik, eines Schülers von Otto Wagner.

4. Gesamtjugoslawischer Nationalismus

Der Aufstieg Mussolinis, der wachsende Nationalismus in Italien und die inneren Gegensätze im Königreich SHS haben in der Mitte der zwanziger Jahre auch in Jugoslawien eine nationalistische Bewegung entstehen lassen, die, ohne daß sie sich der Widersprüchlichkeit bewußt gewesen wäre, das faschistische Denken und Organisationsmodell übernahm. Die Orjuna, die in Dalmatien entstand und sich bald über ganz Jugoslawien ausbreitete, fand auch im slowenischen Gebiet zahlreiche Anhänger. Sie kämpfte im Namen eines gesamtjugoslawischen Volkes gegen alle jene, die nicht mit ihrem Programm übereinstimmten. Das waren in erster Linie Katholiken, Kommunisten und Sozialisten. Gewalttätige Überfälle durch Orjuna-Anhänger ließen nicht lange auf sich warten. Am 1. Juni 1924 kam es in Trbovlje zu einer schweren Auseinandersetzung zwischen Orjuna-Leuten und Arbeitern, der neun Menschen zum Opfer fielen. Die Orjuna wurde von der staatlichen Obrigkeit wohlwollend behandelt und setzte ihren Terror fort. Im Februar 1925 sprengte sie eine Wahlrede des Führers der Slowenischen Volkspartei (SLS), Anton Korošec.

5. Die Slowenische Volkspartei unter Anton Korošec

Tatsächlich nützte die Orjuna damit der SLS, die ihre politische Tätigkeit ganz auf die Verteidigung der slowenischen Eigenständigkeit ausrichtete und bei den Wahlen 1925 von den 26 im slowenischen Gebiet zu vergebenden Mandaten 20 erhielt. Das gleiche Ergebnis erreichte die SLS auch bei den Wahlen 1927. Mehrmals kam es in dieser Partei zu schweren inneren Auseinandersetzungen zwischen der konservativen und der christlich-sozialistischen Richtung, was die führende Stellung von Anton Korošec jedoch nicht erschütterte. Selbst der Umstand, daß Korošec seine autonomistische Haltung milderte und sich den Hofkreisen zu nähern begann, beeinträchtigte nicht seinen großen Einfluß auf die breiten

Jože Plečnik, Kirche von Bogojina im Übermurgebiet

Volksmassen. Die Folge seiner politischen Wandlung war, daß er schon 1927 Innenminister im Kabinett Vukičević wurde, das, wie fast alle Regierungen Jugoslawiens in der Zwischenkriegszeit, nur kurze Zeit im Amt war. Der serbisch-kroatische Gegensatz, der durch die gesamte Zwischenkriegszeit das politische Leben in Jugoslawien lähmte, erreichte seinen Höhepunkt im Juni 1928, als ein montenegrinischer Abgeordneter in der Skupština auf Abgeordnete der Kroatischen Bauernpartei schoß und dabei zwei von ihnen tötete und den Führer der Bauernpartei, Stjepan Radić, so schwer verletzte, daß dieser nach wenigen Wochen den Verletzungen erlag. In Kroatien kam es daraufhin zu Massendemonstration.

Dr. Anton Korošec (1872—1940), Vorsitzender des „Südslawischen Klubs" im Wiener Parlament und führende Persönlichkeit der Slowenischen Volkspartei im Zwischenkriegs-Jugoslawien

König Alexander wollte die äußerst gespannte Situation beruhigen, indem er den neutralen Korošec zum Regierungschef machte. Dieser versuchte einerseits einen Ausgleich zwischen Kroaten und Serben zu vermitteln, andererseits griff er mit starker Hand durch, um Ruhe und Ordnung wiederherzustellen.

Die Königsdiktatur

Nachdem Korošec in seinen Bemühungen gescheitert war, entschloß sich der König zur Selbstherrschaft: Er löste das Parlament auf, setzte die Verfassung außer Kraft und übernahm mit einem diktatorischen Regime am 6. Jänner 1929 selbst die ganze Macht im Staate. Seine stärkste Stütze war die Armee. Das Königreich SHS bekam nun den Namen Königreich Jugoslawien (Kraljevina Jugoslavija).

Die Diktatur des Königs Alexander bestand vom Jänner 1929 bis zum September 1931, als eine neue autoritäre Verfassung mit formeller Rückkehr zum parlamentarischen System oktroyiert wurde.

1. Die Abschaffung der nationalen Verwaltungsgliederung

Im Oktober 1929 kam es zu einer territorialen Neugliederung der Verwaltungsgebiete. Die alten Gebietseinheiten (oblasti), die sich weitgehend nach den Nationalitätengrenzen orientiert hatten, wichen den Banschaften (banovine), die nach den großen Flüssen benannt wurden und deren Grenzen bewußt nicht mehr nach den Volkstumsgrenzen gezogen waren. Das gesamte slowenische Gebiet wurde allerdings in der Drau-Banschaft (Dravska banovina) vereinigt.

2. Die Weltwirtschaftskrise in Slowenien

Zu Beginn der dreißiger Jahre erfaßte die Weltwirtschaftskrise auch Slowenien und traf besonders die Bauern und Arbeiter schwer. Vor allem der Verfall der Agrarpreise führte zu einer hohen Verschuldung der bäuerlichen Anwesen. Die Depression hielt bis in das Jahr 1936 an. Erst dann zeigten sich erste Anzeichen einer Besserung. In dieser Krisenzeit konnte allein das gut organisierte slowenische Genossenschaftswesen (1937 gab es 1677 Genossenschaften), das dem jugoslawischen als Vorbild diente, dem Bauern einen gewissen Schutz bieten. Stark von der Krise betroffen waren auch die Holzindustrie, die Bauwirtschaft und der Bergbau, was die Freistellung von Arbeitskräften und eine zunehmende Arbeitslosigkeit zur Folge hatte. So sank z. B. das jährliche Einkommen der Bergleute von insgesamt 185 Millionen Dinar im Jahre 1929 auf 65 Millionen im Jahre 1933.

3. Die Slowenen fordern Autonomie

Auf politischem Gebiet kam es zu einer neuerlichen Entfremdung zwischen der Slowenischen Volkspartei und den Machthabern in Belgrad, welche die Jugoslawische Nationalpartei (Jugoslovenska nacionalna stranka) als staatstragende Partei geschaffen hatten, die auch von den slowenischen Liberalen unterstützt wurde. Trotz Verbots der alten politischen Parteien bestanden diese weiter, und die Slowenische Volkspartei führte wie die kroatische Bauernpartei auf breiter Basis eine Offensive gegen den Belgrader Zentralismus. Ihr Programm erhielt diese Offensive in den „Laibacher Punktationen" („Ljubljanske punktacije"). Darin wurde die politische, wirtschaftliche und kulturelle Autonomie der Slowenen sowie die Umwandlung Jugoslawiens in einen föderalistischen Staat nach ethnischen Prinzipien gefordert. Die Regierung ging gegen dieses Programm schärfstens vor und verbannte Anton Korošec auf die Insel Hvar.

Die Frage der slowenischen Eigenständigkeit hatte zu Beginn der dreißiger Jahre das kulturelle Leben bei den Slowenen stark angeregt. 1932 veröffentlichte Oton Župančič im Ljubljanski zvon einen Artikel mit dem Titel „Adamič und das Slowenentum" (Adamič in slovenstvo). Darin trat er für eine breite Öffnung gegenüber der Welt ein und verurteilte die „strengen Wächter des häuslichen Herdes" (budni stražarji domačije). Diesen Artikel verstanden viele als Angriff auf jene, die gegen den Belgrader Zentralismus und das offizielle Jugoslawentum kämpften. Weil die Redaktion des Ljubljanski zvon die Erwiderungen einiger Mitarbeiter nicht veröffentlichen wollte, kam es zur Gründung der Zeitschrift „Sodobnost", um die sich bald die fortschrittliche slowenische Intelligenz sammelte. Die christlich-sozialistisch orientierten Intellektuellen gaben von 1932 bis 1934 die Zeitschrift „Beseda o sodobnih vprašanjih" (Das Wort zu Gegenwartsfragen) heraus.

4. Die kommunistische Bewegung und nationalistische Tendenzen

In der slowenischen Kulturszene erschien auch eine Gruppe junger Intellektueller, die dem Marxismus anhingen und der kommunistischen Bewegung neue Inhalte gaben. Ihr Organ „Književnost", das von 1932 bis 1935 herausgegeben wurde, brachte durch Beiträge von Bratko Kreft und Edvard Kardelj neue Impulse in das slowenische kulturelle und politische Geschehen. Obwohl die staatlichen Organe streng gegen die Kommunisten vorgingen, gelang es diesen in der ersten Hälfte der dreißiger Jahre, die Partei zu reorganisieren und ihr im Jahre 1934 in Slowenien eine regionale Führung zu geben. Im gleichen Jahr wurde in Moskau über Anregung der slowenischen Kommunisten eine wichtige Erklärung veröffentlicht, die auch von den Kommunistischen Parteien Österreichs und Italiens unterzeichnet war. Darin wurde anerkannt, daß das auf mehrere Staaten aufgeteilte slowenische Volk das Recht auf Selbstbestimmung und nationale Vereinigung habe. Der Wandel in der Taktik der Kommunistischen Internationale (Komintern), die die bisher ablehnende Haltung zur Zusammenarbeit mit den Sozialdemokraten und anderen Parteien angesichts der nationalsozialistischen Gefahr aufgab, fand seinen Widerhall auch bei den slowenischen und jugoslawischen Kommunisten. Im September 1934 fand in Goričane bei Medvode die slowenische Regionalkonferenz der Kommunistischen Partei Jugoslawiens statt, auf der die Politik der „Volksfront" (Zusammenarbeit aller antifaschistischen Kräfte) einstimmig angenommen wurde.

Während der Königsdiktatur und auch in den Jahren der oktroyierten Verfassung entstanden in Slowenien verschiedene politische Bewegungen, die sich zwar nicht in politischen Parteien organisieren konnten, aber dennoch das Bestehen unterschiedlicher Strömungen in der slowenischen öffentlichen Meinung bezeugten. Die meisten dieser Bewegungen, die durchwegs mehr oder weniger ausgeprägte nationalistische Tendenzen zeigten, gaben auch eigene Periodika heraus und bereicherten so die ohnehin schon vielfältige Publizistik der Zwischenkriegszeit. Das extremste unter ihnen war die Zeitschrift „Straža v viharju" (Sturmwacht), die für die Jugend bestimmt war und die rechtsorientierten Ideen Lambert Ehrlichs verbreiten sollte. An der Universität gaben die in der Akademischen Aktion (Adakemska akcija) organisierten Studenten als Gegengewicht den linken „Akademski glas" (Akademische Stimme) heraus.

Von der Ermordung König Alexanders bis zum Ende des Königreiches Jugoslawien

Die Ermordung König Alexanders durch Ustaša-Emigranten in Marseille im Oktober 1934 hatte zunächst Folgen für die Innenpolitik. Der Regentschaftsrat unter der Führung von Prinz Paul, der den minderjährigen König Peter vertrat, löste die Nationalversammlung auf und schrieb für Mai 1935 Neuwahlen aus, an denen sich nur Parteien mit gesamtstaatlichen Charakter beteiligen durften. Die Slowenische Volkspartei nahm eine neutrale Haltung ein und rief zur Stimmenthaltung auf. Allgemein war aber erwartet worden, daß sie sich dem Oppositionsblock anschließen werde. In der Drau-Banschaft erhielt daher die Regierungspartei Jevtić die Mehrheit. Dennoch verlor die slowenische katholische Bewegung deshalb nichts von ihrem Einfluß auf die Massen. Das zeigte sich schon einen Monat nach den Wahlen, als in Laibach der gesamtjugoslawische Eucharistische Kongreß abgehalten wurde, der auch eine politische Manifestation war. In dieser Zeit kam es im politischen Leben in Jugoslawien zu einem bedeutenden Wandel. Jevtić mußte über Betreiben des autoritären Prinzregenten Paul die Regierungsgeschäfte an Milan Stojadinović abgeben.

1. Die Regierung Stojadinović

Stojadinović gründete mit Hilfe von Korošec sowie des Führers der bosnischen Muslime, Spaho, und einigen Vertretern der Kroatischen Bauernpartei die neue Staatspartei „Jugoslavenska radikalna zajednica" (JRZ, zu deutsch: „Jugoslawische radikale Vereinigung"), die zur zentralen politischen Kraft im Staate wurde. In der Regierung Stojadinović bekam Korošec den Posten des Innenministers, den er bis 1938 innehatte. Die Regierung versuchte jede Opposition zu unterdrücken und gleichzeitig die offenen nationalen und sozialen Fragen zu lösen. Besondere Erfolge waren ihr dabei nicht beschieden: Die Kroaten verharrten weiterhin in ihrer feindseligen Haltung gegenüber Belgrad, und die Arbeiterschaft hatte schon 1935 mit dem massenhaften Kampf für ihre Rechte begonnen. Die sozialdemokratische Partei war zwar seit 1934 verboten, dennoch vermochte sie über die gewerkschaftlichen Organisationen ihren Einfluß auf das Proletariat zu wahren. Den Gewerkschaften gelangen so erfolgreiche Manifestationen wie die Streiks der Textilarbeiter im Jahre 1936 in Kranj, Škofja Loka, Šentvid, Laibach und Tržič.

In der Außenpolitik gab die Regierung Stojadinović die traditionelle Anlehnung Jugoslawiens an Frankreich und die Verbindung mit der Tschechoslowakei und Rumänien in der Kleinen Entente auf und begann sich dem faschistischen Italien und dem nationalsozialistischen Deutschland anzunähern. Das von Stojadinović mit dem italienischen Außenminister Grafen Ciano 1937 geschlossene Abkommen stieß in der slowenischen öffentlichen Meinung auf großen Widerstand.

2. Die Slowenen und der Spanische Bürgerkrieg

Die Haltung der jugoslawischen Regierung und der kirchlichen Hierarchie zum spanischen Bürgerkrieg bewirkte eine Spaltung im slowenischen katholischen Lager. 1937 veröffentlichte Edvard Kocbek, einer der führenden Vertreter der christlich-sozialistischen Richtung (Krščanski socialisti) in der Zeitschrift „Dom in Svet" den Artikel „Überlegungen zu Spanien" (Premišljanja o Španiji), worin er Partei für die Republikaner ergriff und sich gegen die offizielle Interpretation der spanischen Ereignisse wandte. Es kam zu einer scharfen Polemik, in die sogar der Laibacher Bischof eingriff, und zwar auf der Seite jener, die Kocbeks Auffassung vom Christen als einem Menschen, der mit den Unterdrückten für eine gerechte soziale Ordnung kämpfen müsse, ablehnten. Daraufhin gründete Kocbek mit Gleichgesinnten die Zeitschrift „Dejanje", die die Eingliederung der christlichen Sozialisten in die nationale Befreiungsfront (OF) vorbereitete. Ihren stärksten Rückhalt besaßen die christlichen Sozialisten in der bereits von Janez Ev. Krek gegründeten Gewerkschaftsorganisation Jugoslovanska strokovna zveza (Jugoslawischer Fachverband), die sich schon 1932 von der Slowenischen Volkspartei getrennt hatte.

Edvard Kocbek (1904—1981)

3. Volksfronttendenzen

Die Polemiken und Gegensätze in den christlichen Reihen bestärkten die Kommunisten in der Überzeugung, daß bei den Slowenen die Verwirklichung der Volksfrontpolitik möglich und notwendig sei. Ein Beweis dafür, daß die Verhältnisse für eine solche Politik reif waren, kann aus den Massendemonstrationen anläßlich des Besuchs von General Živković 1936 in Laibach abgeleitet werden. Živković war der Vorsitzende der Jugoslawischen Nationalpartei und der konsequenteste Fürsprecher eines integralen Jugoslawismus. Hinsichtlich der jugoslawischen Frage waren die Kommunisten doch noch zu recht klaren Vorstellungen gekommen. Sie befürworteten den jugoslawischen Staat, allerdings auf föderalistischer Basis, damit allen Völkern die kulturelle und politische Eigenständigkeit gesichert sei. Deshalb beschlossen sie auch die Errichtung nationa-

Warnung vor dem deutschen und italienischen Imperialismus: „Slowenen, vereinigen und wehren wir uns!"

Edvard Kardelj (1910—1979)

ler kommunistischer Parteien, die einerseits die ethnische Verschiedenartigkeit zum Ausdruck bringen, andererseits aber eine übernationale Einheit bilden sollten. Der Gründungskongreß der KP Sloweniens fand im April 1937 in Čebine bei Zagorje statt. Dabei wurde besonders hervorgehoben, daß es in einer Zeit des anwachsenden aggressiven und gefährlichen Faschismus gelte, den Streit in den Reihen der Demokraten zu vergessen und alle Kräfte für den Weiterbestand des slowenischen Volkes zu sammeln. Die Problematik Marxismus und nationale Frage hat Edvard Kardelj-Sperans in seinem Buch „Razvoj slovenskega narodnega vprašanja" (Die Entwicklung der slowenischen nationalen Frage) 1939 theoretisch aufgearbeitet.

4. Der kroatisch-serbische Ausgleich

Die Verschärfung der weltpolitischen Lage steigerte noch die Spannungen und Gegensätze innerhalb des Königreichs Jugoslawien. Die Frage des Konkordats, das Stojadinović mit dem Vatikan geschlossen hatte, stieß besonders im orthodoxen Serbien auf Ablehnung. Eine ernste politische Krise brach aus, die die Regierung Stojadinović erschütterte. Im Dezember 1938 kam es wieder zu Parlamentswahlen, die zwar die Vormachtstellung der „Jugoslawischen radikalen Vereinigung" in Jugoslawien und Slowenien bestätigten, zur Klärung der offenen Fragen, insbesonders der nationalen Frage, jedoch nichts beitrugen. Die vom Führer der Kroatischen Bauernpartei, Vladimir Maček, geführte Opposition hatte allerdings nur einige tausend Stimmen weniger erhalten als Stojadinovićs Regierungspartei. Anton Korošec trat knapp nach den Wahlen als Innenminister zurück, trug dann Anfang Februar 1939 entscheidend zum Sturz der Regierung Stojadinović bei und ebnete damit den Weg zum kroatisch-serbischen Ausgleich (sporazum), der vom neuen Regierungschef, Cvetković, und dem Führer der Opposition, Maček, geschlossen wurde. Am Vorabend des Zweiten Weltkriegs kam es so doch noch zur Verständigung zwischen Kroaten und Serben, was aber keineswegs bedeutete, daß damit die nationalen Probleme innerhalb Jugoslawiens gelöst worden wären. Nach wie vor bestand die slowenische Frage, obwohl vorgesehen war, jene Autonomie, die der neugeschaffenen Banschaft Kroatien gewährt worden war, auch auf die anderen Banschaften auszudehnen.

5. Die Slowenen und die Sowjetunion

Der Ende August 1939 geschlossene Hitler-Stalin-Pakt und der darauf folgende deutsche Überfall auf Polen im September 1939 beeinträchtigten die Beziehungen zwischen den Kommunisten, den christlichen Sozialisten und anderen Gruppierungen, die bereit waren, in der „Volksfront" zusammenzuarbeiten, schwer. Es wurde allerdings bald klar, daß das slowenische Volk damals zur Abwehr der deutschen Gefahr keine andere Hilfe bekommen konnte als jene, die man sich von der Sowjetunion erwartete. Im Augenblick höchster Gefahr traten daher ideologische Gegensätze in den Hintergrund, und es kam zu einer Festigung der „Volksfront", die sich im Oktober 1939 in „Verband des arbeitenden Volkes" (Zveza delovnega ljudstva) umbenannte. Auch die Regierungskreise in Belgrad waren sich der prekären Lage Jugoslawiens voll bewußt. Sie versuchten den Staat neutral zu halten und bahnten von sich aus Verbindungen zur Sowjetunion an. Im Mai 1940 wurde ein Handelsvertrag zwischen Jugoslawien und der Sowjetunion geschlossen, und einen Monat später nahmen die beiden Staaten diplomatische Beziehungen auf. Diese Ereignisse wurden in der slowenischen öffentlichen Meinung mit Sympathie aufgenommen und als Schritte verstanden, die die jugoslawischen Völker vor der drohenden faschistischen und nazistischen Gefahr schützen sollten. In diesem Sinne ersuchte auch eine Gruppe Intellektueller Ende August 1940 die staatlichen Behörden, eine Gesellschaft der Freunde der Sowjetunion gründen zu dürfen. Der slowenische Banus, Marko Natlačen, wies das Ansuchen zurück und löste damit eine breite Unterschriftenaktion aus. Auch wurden die Stimmen, die einen Beistandspakt mit der Sowjetunion verlangten, immer lauter.

6. Der Militärputsch des Generals Simović und das Ende des Königreiches Jugoslawien

Die politische Orientierung der Belgrader Regierungskreise nahm jedoch eine andere Richtung: Im März 1941 beschlossen Kronrat und Regierung in einer außenpolitisch sehr schwierigen Situation den Beitritt Jugoslawiens zum deutsch-italienisch-japanischen Pakt. Am 25. März 1941 unterschrieb die Regierung Cvetković in Wien die Belvedere-Verträge. Sofort kam es in Jugoslawien zu Massendemonstrationen. Die Regierung Cvetković wurde schon drei Tage später durch einen Militärputsch unter der Führung des Generals Simović gestürzt. Um ein Überwechseln Jugoslawiens in das Lager der Alliierten zu verhindern, überfielen am 6. April 1941 das nationalsozialistische Deutschland und das faschistische Italien das Königreich. Die jugoslawische Armee war den Okkupationstruppen in keiner Weise gewachsen und kapitulierte bereits am 17. April 1941. Für das slowenische Volk aber brach damit eine der schwersten Epochen seiner Geschichte an.

Deutschland und Italien teilten das slowenische Territorium untereinander auf und integrierten es in ihr Staatsgebiet. Noch im April 1941 aber entstand die Befreiungsfront (Osvobodilna fronta) des slowenischen Volkes, die von Kommunisten, christlichen Sozialisten und liberalen Gruppierungen gebildet wurde. Damit war klar, daß sich das slowenische Volk nicht mit jenem Schicksal abfinden wollte, das ihm Berlin und Rom zugedacht hatten.

Arbeitsaufgaben und Fragen:

1. Welche territoriale Ausdehnung hatte Jugoslawien von 1918—1941?
2. Welche nichtslawischen Minderheiten lebten in diesem Staat?
3. Sprecht über die Bedeutung der „Kleinen Entente" in der Zwischenkriegszeit!
4. Erörtert die Beziehungen zwischen der Ersten Republik Österreich und Jugoslawien!

VI. Die Slowenen unter deutscher und italienischer Besetzung

Zur Vorbereitung: Die Kriegslage bis April 1941.
Das Vorgehen der deutschen Besatzungsmacht in den bis dahin eroberten Gebieten.
Die Gründe für den Balkanfeldzug.

Die Besetzung Sloweniens

Mit der Okkupation Jugoslawiens durch Hitler-Deutschland und das faschistische Italien im April 1941 begannen die vier schwersten Jahre in der Geschichte des slowenischen Volkes. Der jugoslawische Staat wurde aufgelöst. Die faschistischen kroatischen Ustaši erhielten von Hitler und Mussolini den sogenannten „Unabhängigen Staat Kroatien" („Nezavisna država Hrvatska"). Der Großteil Serbiens wurde einer deutschen Militärverwaltung unterstellt. Der Rest Jugoslawiens wurde unter den Nachbarstaaten aufgeteilt. Das slowenische Territorium teilten sich das Deutsche Reich (Oberkrain wurde dem Gau Kärnten zugeschlagen, die Untersteiermark kam zum Gau Steiermark), Italien (Provinz Laibach, bestehend aus Unterkrain und Innerkrain) und Ungarn (Übermurgebiet). Von Klagenfurt und Graz aus wurde sofort mit der radikalen Germanisierung begonnen. Eine breit angelegte Aussiedlungsaktion, die zuallererst die Intelligenz erfaßte, wurde eingeleitet. Weniger brutal gingen die Italiener vor. Die Provinz Laibach erhielt ein eigenes Statut, und der bestehende slowenische Verwaltungsapparat wurde zu einem großen Teil übernommen.

Gründung der Befreiungsfront (Osvobodilna fronta/OF)

Das in seiner nationalen Existenz auf äußerste bedrohte slowenische Volk war jedoch nicht gewillt, sich in das ihm zugedachte Schicksal zu ergeben. Bereits am 26. April 1941 schlossen sich die ehemals in der Volksfront vereinigten politischen Kräfte (Kommunisten, Christliche Sozialisten, Nationalliberale und die Gruppe fortschrittlicher Intellektueller) in der Befreiungsfront (Osvobodilna fronta / OF) zusammen. Die Führung der OF übernahmen bald die seit 1921 in der Illegalität wirkenden Kommunisten, die bereits über ein ausgebildetes Organisationsnetz im politischen Untergrund verfügten. Erst als mit dem Überfall Deutschlands auf die Sowjetunion im Juni 1941 der Hitler-Stalin-Pakt gegenstandlos ge-

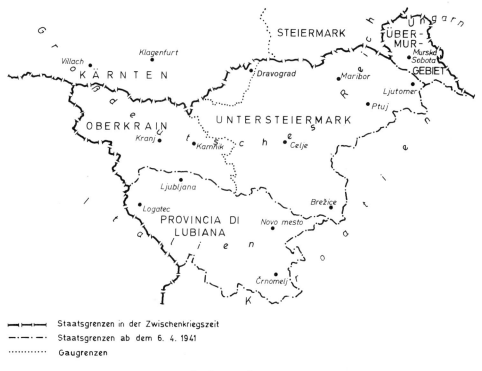

|—|—|—| Staatsgrenzen in der Zwischenkriegszeit
—·—·— Staatsgrenzen ab dem 6. 4. 1941
············ Gaugrenzen

Die Aufteilung Sloweniens 1941

worden war, setzte der kompromißlose bewaffnete Kampf der OF gegen die Okkupation ein.

Der Guerillataktik der Partisanen gegenüber waren die Besatzungstruppen sehr oft hilflos. Sie rächten sich an der jugoslawischen Zivilbevölkerung mit der Erschießung zahlloser Geiseln, unter ihnen auch Frauen und Kinder. So wurden z. B. vom 21. bis 23. Oktober 1941 in der serbischen Stadt Kragujevac von SS und Wehrmacht an die 7000 Personen ermordet, davon zahlreiche Schulkinder, die klassenweise zur Erschießung geführt wurden. Unter solchen Umständen wurde der von Josip Broz Tito geführte gesamtjugoslawische Nationale Befreiungskampf zur allgemeinen Volkserhebung gegen die Okkupanten und ihre Kollaborateure.

Die slowenische OF präsentierte bereits zum Jahreswechsel 1941/42 ihr ausgearbeitetes Programm. Darin wurde gesagt, daß der Kampf gegen die Besatzer gleichzeitig der Kampf für die Vereinigung aller Slowenen sei. Angestrebt werde die Vereinigung und Eintracht aller Völker Jugoslawiens auf der Grundlage des Rechtes jeder Nation auf Selbstbestimmung. Die wechselseitige Loyalität aller in der OF vereinigten Gruppen wurde betont, und es wurde auch schon angekündigt, daß die OF nach der Befreiung auf slowenischem Gebiet die Macht übernehmen und eine Volksdemokratie einrichten werde. Damit war bereits ausgesprochen, daß gleichzeitig mit der nationalen Befreiung auch ein grundlegender Wandel des politischen Systems erfolgen sollte. Zu Beginn des Jahres 1943 war das Übergewicht der Kommunisten in der OF bereits so stark, daß die anderen Gründungsgruppen (Christliche Sozialisten und Nationalliberale) in der „Dolomitska izjava" („Dolomitenerklärung") der KP Sloweniens die alleinige Führungsrolle in der OF einräumten und auf die künftige Gründung eigener politischer Parteien verzichteten.

Fundamentalartikel der Volksbefreiungsfront (OF)

Die Volksbefreiungsfront beschloß Ende 1941 auf zwei Plenarsitzungen folgende Artikel, welche wir auch als Fundamentalartikel der OF bezeichnen, da sie die grundlegenden Richtlinien der Organisation darstellen.

1. *Gegen die Okkupanten muß eine unerbittliche bewaffnete Aktion geführt werden.*
2. *Diese Aktion stellt den Ausgangspunkt für die Befreiung und Vereinigung aller Slowenen dar.*
3. *Auf dem Standpunkt der natürlichen und schicksalhaften Gemeinschaft der jugoslawischen Nationen stehend, anerkennt die OF nicht die Zerstückelung Jugoslawiens und arbeitet mit allen Kräften für die Eintracht und Einheit ihrer Nationen. Zugleich strebt sie nach der Verbundenheit der slawischen Nationen unter der Führung der großen russischen Nation auf der Grundlage des Rechtes einer jeden Nation auf Selbstbestimmung.*
4. *Mit der Befreiungsaktion und der Aktivierung der slowenischen Massen formt die OF den slowenischen Nationalcharakter um. Die slowenischen Volksmassen, die für ihre nationalen und Menschenrechte kämpfen, schaffen eine neue Form des aktiven Slowenentums.*
5. *Alle Gruppen, die in der OF zusammenarbeiten, haben sich verpflichtet, daß sie in den gegenseitigen Beziehungen ehrlich sein werden.*
6. *Nach der nationalen Befreiung übernimmt die Macht auf dem slowenischen Territorium die Befreiungsfront der slowenischen Nation als ganze.*
7. *Nach der nationalen Befreiung führt die Befreiungsfront die konsequente Volksdemokratie ein. Alle Fragen, die den Rahmen der nationalen Befreiung überschreiten, werden auf konsequente volksdemokratische Art gelöst werden.*
8. *Im Einklang mit den feierlichen Erklärungen Churchills, Roosvelts und Stalins wird nach ihrer nationalen Befreiung die slowenische Nation selbst über die innere Ordnung des vereinten Sloweniens und über ihre äußeren Beziehungen entscheiden. Die Befreiungsfront wird dieses elementare Recht der slowenischen Nation durchsetzen und mit allen Mitteln verteidigen.*
9. *Die nationale Armee auf dem Territorium Sloweniens wächst aus den slowenischen Partisanentruppen der nationalen Befreiung und aus dem „Nationalen Schutz" hervor, an dem teilzunehmen alle bewußten Slowenen aufgerufen sind.*

Die Aufteilung Jugoslawiens 1941

Befreiungskampf und Bürgerkrieg

Nicht nur die Sowjetunion, auch die westlichen Alliierten begannen Titos Partisanen zu unterstützen, weil diese im Kampf gegen die deutschen und italienischen Besatzer entschieden erfolgreicher waren als alle anderen Gruppierungen. Die Intentionen der kommunistisch dominierten OF, das Gesellschaftssystem grundlegend umzuwandeln, hatte die Reaktion der slowenischen antikommunistischen Kräfte zur Folge. Die Weißgardisten (Belogardisti), die Blaugardisten (Plavogardisti) und vor allem dann ab 1943 die Heimwehr (Domobranci) verstärkten ihren Kampf gegen die OF. Sie kollaborierten, zum Teil freiwillig, zum Teil durch den Gang der Ereignisse dazu gedrängt, mit den Okkupanten. Damit eskalierte der nationale Befreiungskampf zum Bürgerkrieg mit allen seinen Schrecken für die Bevölkerung. Die Frage, was mit den mehr als 10.000 vor den siegreichen Partisanen geflüchteten slowenischen Antikommunisten, die von der britischen Besatzungsarmee an die OF ausgeliefert wurden, geschehen ist, — sie wurden ohne Gerichtsverfahren umgebracht —, wird erst in jüngster Zeit in Slowenien öffentlich diskutiert.

Schon in den Jahren 1942 und 1943 gelang es der OF, zeitweise größere Gebiete von den Okkupationstruppen zu befreien. Eine erhebliche Stärkung des nationalen Befreiungskampfes brachte die Kapitulation Italiens im September 1943. Die Partisanen nahmen den abziehenden italienischen Verbänden umfangreiches Kriegsmaterial ab. Zwar besetzten danach die Deutschen die Provinz Laibach und das Küstenland mit Triest, vermochten aber bis Kriegsende trotz mehrmaliger Offensiven nicht mehr das gesamte slowenische Gebiet zu beherrschen. In den wachsenden „befreiten Gebieten" richtete die OF ihr Verwaltungssystem ein, das nach der Befreiung auf das gesamte slowenische Staatsgebiet übertragen wurde. Die Grundlagen für die neue slowenische Staatlichkeit wurden auf der Versammlung der Abgesandten des slowenischen Volkes Anfang Oktober 1943 in Kočevje (Kočevski zbor) und auf der ersten Sitzung des Slowenischen Volksbefreiungsrates in der zweiten Februarhälfte 1944 in Črnomelj gelegt. Als Hitler-Deutschland im Mai 1945 kapitulierte, hatte Titos Armee das gesamte jugoslawische Staatsgebiet und dazu die in der Zwischenkriegszeit an Italien angeschlossenen kroatischen und slowenischen Gebiete einschließlich Triests sowie den Großteil Südkärntens noch vor dem Eintreffen der Alliierten von deutschen Truppen befreit und besetzt.

Arbeitsaufgaben und Fragen:

1. Wie trat der Nationalsozialismus Hitlers in den besetzten Gebieten in Erscheinung?
2. Sprich über die schwierige Situation der Zivilbevölkerung im Partisanenkrieg!
3. Warum stand der Partisanenkampf unter kommunistischer Führung?

Partisanenkrankenhaus „Franja"

VII. Die Slowenen in der SFR Jugoslawien

Zur Vorbereitung: 1. Das Kriegsende auf dem Balkan.
2. Die kommunistische Bewegung seit der Oktoberrevolution.
3. Der Kommunismus und die nationale Frage.

Die staatliche Neuordnung Jugoslawiens

Schon auf der zweiten Konferenz des Antifaschistischen Volksbefreiungsrates (AVNOJ) im November 1943 wurde im bosnischen Jajce die staatliche Neuordnung Jugoslawiens beschlossen. Danach sollte das künftige Jugoslawien nach demokratischem und föderativem Prinzip als Bundesstaat gleichberechtigter Nationen eingerichtet werden. Die führende Rolle im Volksbefreiungskampf hatte die Kommunistische Partei Jugoslawiens zur stärksten politischen Kraft im Lande gemacht. Die von ihr geschaffene Volksfront, in die auch andere politische Kräfte aufgenommen wurden, erhielt bei den Wahlen im November 1945 88 % der Stimmen. Die Errichtung des kommunistischen Gesellschaftssystems begann schon unmittelbar nach dem Ende des Kriegs. Industrie, Bankwesen und Handel wurden verstaatlicht, und die Kollektivierung der Landwirtschaft wurde vorangetrieben. Am 29. November 1945 wurde schließlich die „Föderative Volksrepublik Jugoslawien" (FNRJ) proklamiert, die am 30. Jänner 1946 eine Verfassung erhielt und aus sechs gleichberechtigten Teilrepubliken (Serbien, Kroatien, Slowenien, Makedonien, Bosnien, Herzegovina, Črna Gora) und zwei autonomen Gebieten (Vojvodina und Kosovo-Metohija) zusammengesetzt war. 1963 bekam der Staat schließlich seinen heutigen Namen „Sozialistische Föderative Republik Jugoslawien" (SFRJ). Der föderalistische Aufbau des Staates und die übernationale sozialistische Staatsideologie, die im Erlebnis des gemeinsamen entbehrungs- und verlustreichen Kampfes gegen die faschistischen Okkupanten eine feste Basis hatte, waren geeignet, die nationalen Gegensätze zwischen den Völkern Jugoslawiens abzubauen.

Mit den Pariser Friedensverträgen vom Februar 1947 wurde das jugoslawische Staatsgebiet der Zwischenkriegszeit wiederhergestellt und um die nach dem Ersten Weltkrieg an Italien gefallenen slowenischen und kroatischen Gebiete, mit einer italienischen Minderheit, erweitert. Außerhalb der Volksrepublik Slowenien blieben als größere slowenische Volksgruppen nur die Slowenen des Freien Territoriums Triest, das von den westlichen Alliierten 1954 Italien übergeben wurde, und die Kärntner Slowenen. Kleinere slowenischen Minderheiten leben im Görzer Gebiet, in Slowenisch-Venetien (Slavia Veneta/Beneška Slovenija), im Kanaltal und in den ungarischen Komitaten Vas und Zala (Porabje).

Die staatliche Neuordnung des sozialistischen Jugoslawien in Republiken und Autonome Provinzen

Der eigene Weg zum Sozialismus

In den ersten Jahren nach dem Zweiten Weltkrieg war die KPJ bestrebt, die Zielvorstellung einer kommunistischen Gesellschaftsordnung nach sowjetischem Muster möglichst schnell zu verwirklichen. Jugoslawien verhielt sich innerhalb des entstehenden Ostblocks loyal zur Sowjetunion. Als jedoch Stalin die absolute Vorherrschaft Moskaus in Osteuropa durchzusetzen begann und sich in die jugoslawische Innenpolitik einmischte, kam es 1948 zum sogenannten Kominformkonflikt. Die Führung der KPJ bestand auf ihrer Eigenständigkeit und strebte eine Balkanföderation der Staaten Jugoslawien, Bulgarien und Albanien an. Daraufhin wurde Jugoslawien aus dem Ostblock ausgeschlossen und begann seinen eigenen Weg zum Sozialismus zu gehen. Dem wachsenden Widerstand der Landbevölkerung gegen die Kollektivierung der Landwirtschaft wurde nachgegeben, und private bäuerliche Betriebe mit bis zu 10 ha Grundbesitz wurden zugelassen. An die Stelle des Staatssozialismus sowjetischer Prägung trat der jugoslawische Selbstverwaltungssozialismus. Die Unternehmungen befinden sich im Besitz der in ihnen beschäftigten Arbeiter und werden von diesen selbst verwaltet. Da das Einkommen der Arbeiter von den Erträgen ihrer in gegenseitiger Konkurrenz stehenden Betriebe abhängt, ist ihr individueller Leistungswille angesprochen. Private Wirtschaftsunternehmen bis zu einer bestimmten Höchstzahl an Arbeitern sind zugelassen. Das jugoslawische Wirtschaftssystem ist im Gegensatz zum sowjetischen Typus der Zentralverwaltungswirtschaft als sozialistische Marktwirtschaft zu bezeichnen. Da es sich beim jugoslawischen Gesellschafts- und Wirtschaftssystem um ein eigenständiges sozialistisches Modell handelt, das sich an keinen Vorbildern orientieren konnte, bedarf es einer ständigen Korrektur. Seit dem Grundsatzgesetz des Jahres 1953 wurden mehrfach Verfassungsänderungen und Wirtschaftsreformen vorgenommen, die den Teilrepubliken, Gemeinden, Betrieben und Selbstverwaltungskörperschaften insgesamt zunehmend mehr Eigenständigkeit und Eigenverantwortung gebracht haben.

Außenpolitisch wahrt Jugoslawien seit dem Kominformkonflikt Distanz zu beiden Weltmächten und ihren Machtblöcken. Es schloß sich den sogenannten „blockfreien" Staaten an, unter denen es eine führende Stellung einnimmt.

Die Sozialistische Republik Slowenien: Gesellschaft, Wirtschaft, Kultur

Die Sozialistische Republik Slowenien ist von allen Teilrepubliken der SFRJ wirtschaftlich am besten entwickelt. Die Volkszählung 1981 ergab 1.753.571 Slowenen auf jugoslawischem Staatsgebiet, das waren 7,8% der Gesamtbevölkerung Jugoslawiens. Weist die Berufsstruktur des Gesamtstaates noch die Züge des Übergangs von der Agrar- zur Industriegesellschaft auf, so können die Slowenen bereits zu den Industrienationen gerechnet werden. Das geht aus der auf der nächsten Seite angeführten Tabelle hervor.

Bemerkenswert ist nach 1945 auch die Entwicklung auf kulturellem Gebiet. Heute verfügt Slowenien über zwei Universitäten, eine Reihe von Fachhochschulen, acht professionelle Bühnen und 20 Verlage. Vier Tageszeitungen (Delo, Ljubljanski Dnevnik, Večer und der in Triest erscheinenden Primorski dnevnik), mehrere Rundfunkstationen und zwei Fernsehanstalten (Ljubljana, Koper) versorgen die Bevökerung mit Informationen. Repräsentative Kulturzeitschriften sind die Monatsschrift „Sodobnost" (Gegenwart) und die vierzehntägig erscheinenden „Naši razgledi" (Unsere Rundschau). Insgesamt werden in Slowenien rund 300 Zeitungen und Zeitschriften herausgegeben. Diese wenigen Zahlen zeugen von einem beeindruckenden Schaffen einer kleinen Nation auf kulturellem und wissenschaftlichem Gebiet, das durchaus dem europäischen Niveau entspricht.

BERUFSSTRUKTUR 1981

	Jugoslawien insges.		Slowenien	
	Zahl der Beschäftigten	%-Anteil	Zahl der Beschäftigten	%-Anteil
Industrie und Bergbau	2,209.698	25,17	328.522	36,99
Land- und Forstwirtschaft, Fischerei, Wasserwirtschaft	2,682.859	30,56	130.547	14,70
Bauwirtschaft	689.297	7,85	54.388	6,12
Verkehr u. Kommunikation	445.367	5,07	44.801	5,05
Handel	589.196	6,71	73.227	8,25
Gastgewerbe und Fremdenverkehr	238.383	2,71	25.894	2,92
Handwerk	310.393	3,54	48.932	5,51
Wohnungs- und Kommunalbereich	111.124	1,27	11.487	1,29
Geldwesen u. andere Dienste	204.866	2,33	29.597	3,33
Bildungswesen und Kultur	430.183	4,90	46.844	5,28
Gesundheits- u. Sozialwesen	325.810	3,71	46.533	5,24
Gesellschaftlich-politische Verbände u. Organisationen	407.700	4,64	40.396	4,55
Unbekannt	134.859	1,54	6.850	0,77
Summe	8,779.735	100,00	888.018	100,00

Blick auf die slowenische Metropole Ljubljana/Laibach

Nationale Minderheiten in Slowenien

Die Politik Sloweniens gegenüber nationalen Minderheiten kann als modellhaft und vorbildlich bezeichnet werden. Dort, wo Volksgruppen siedeln — Italiener im Küstenland und Magyaren im Übermurgebiet —, wird die Zweisprachigkeit der gesamten Bevölkerung angestrebt. Die italienische und ungarische Sprache sind im öffentlichen Leben völlig gleichberechtigt, und die topographischen Aufschriften sind konsequent zweisprachig.

Zweisprachige topographische Aufschrift im Küstenland

Arbeitsaufgaben und Fragen:

1. Welche Länder gerieten nach dem Zweiten Weltkrieg in den Machtbereich der Sowjetunion?
2. Versuche die Merkmale der freien Marktwirtschaft von jenen des jugoslawischen Selbstverwaltungssozialismus zu unterscheiden!
3. Welche Ziele verfolgt die Bewegung der blockfreien Staaten?

VIII. Die Slowenen des Küstenlandes von 1918 bis 1945

Zur Vorbereitung: Die Bündnispolitik Italiens vor und während des 1. Weltkrieges.
Die Rolle Italiens in der Kärntner Frage 1918—1920.

Die italienische Besetzung slowenisch besiedelter Gebiete

Die Slowenen des Küstenlandes (Primorski Slovenci) fanden sich nach dem Zusammenbruch der Habsburgermonarchie in einer schwierigen Lage: Ihr Siedlungsgebiet zwischen dem Krainer Schneeberg (Snežnik), Postojna, Idrija und Kobarid wurde von der italienischen Armee besetzt.

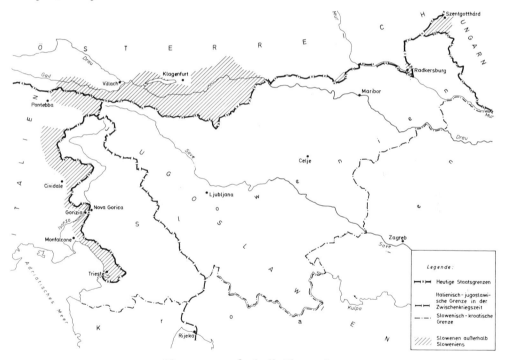

Slowenen außerhalb Sloweniens

Diese trat zwar im Namen der Entente auf, ließ jedoch keinen Zweifel daran, daß Julisch Venetien (Julijska krajina, Venezia Giulia) in Hinkunft dem Königreich Italien angehören werde. Die küstenländischen Slowenen hatten gehofft, daß auch für sie jenes Prinzip der Selbstbestimmung der Völker gelten werde, das auf der Pariser Friedenskonferenz so vielversprechend propagiert wurde. Die italienische militärische und zivile

Obrigkeit war einerseits darum bemüht, die Sympathien der Bevölkerung zu gewinnen — so wurde z. B. sehr rasch der große Mangel an Lebensmitteln behoben —, andererseits aber gingen die Okkupanten gegen alles vor, was den italienischen nationalen Interessen gefährlich werden konnte. Schon in den ersten Wochen nach der italienischen Besetzung kam es zu politischen Prozessen, die vor allem die slowenische Intelligenz (Lehrer, Beamte, Geistliche) trafen. Viele von ihnen kamen ins Gefängnis oder wurden verbannt. Andere mußten unter dem Druck der italienischen Behörden ihre Heimat verlassen und flohen in das Königreich der Serben, Kroaten und Slowenen (SHS). So entledigte sich Italien des Großteils jener führenden slowenischen Persönlichkeiten, die gegen die italienischen Okkupanten aufgetreten waren und gefordert hatten, daß das Küstenland von militärischen Einheiten aller Entente-Mächte besetzt werden möge. Ihre Forderungen begründeten sie damit, daß Italien keinen völkerrechtlichen Anspruch auf das ehemalige österreichische Küstenland, das Rom im Londoner Abkommen 1915 versprochen worden war, habe.

Verweigerung von Minderheitenrechten

Vor der Unterdrückungspolitik der Behörden suchten viele Slowenen Schutz bei der italienischen sozialistischen und später bei der kommunistischen Partei, von denen sie als gleichberechtigte Partner anerkannt wurden. Die italienischen nationalistischen Kräfte, die im Küstenland bald faschistische Züge annahmen, nützten diesen Umstand und erklärten die

Narodni dom in Triest. Im Zuge der Überfälle auf slowenische Einrichtungen ging im Juli 1920 das slowenische Kulturhaus in Flammen auf (siehe nächste Seite!)

Slowenen kurzerhand zu Bolschewiken, die sowohl für den Staat als auch für die bestehende Gesellschaftsordnung gefährlich seien. Es kam zu Überfällen auf slowenische Einrichtungen, die ihren Höhepunkt im Juli 1920 erreichten, als das slowenische Kulturhaus (Narodni dom) im Stadtzentrum von Triest in Flammen aufging. Die Behörden schritten gegen die Gewalttäter nicht ein, im Gegenteil, sie unterstützten sie sogar mehr oder weniger offen. Das mußte das Vertrauen der küstenländischen Slowenen in den neuen Staat schwer belasten. Ihr Schicksal wurde währenddessen auf internationaler Ebene entschieden. Italien und das Königreich SHS legten nach langen und schweren diplomatischen Auseinandersetzungen im Abkommen von Rapallo (November 1920) ihre gemeinsame Staatsgrenze fest. Das gesamte slowenische Küstenland mit dem Görzer Gebiet und Istrien fiel an das Königreich Italien, ohne daß für jene 400.000 Slowenen, die unter italienische Herrschaft gekommen waren, irgendwelche Schutzbestimmungen vereinbart wurden. Zwar hatten König Viktor Emanuel III. und führende Politiker versichert, daß sich Italien den Slowenen gegenüber entsprechend seinen bürgerlichen und demokratischen Traditionen verhalten werde, doch es blieb bei solchen schönen Worten.

Loyalitätsgesten der Slowenen

Trotz allem glaubten die Slowenen, ihre Rechte innerhalb der bestehenden staatlichen Ordnung wahrnehmen zu können, und integrierten sich mit aller Loyalität in den italienischen Staat. Nach der endgültigen Eingliederung des Küstenlandes begannen die Görzer und Triester

Slowenen, die liberal und katholisch orientiert waren, in einer einheitlichen politischen Bewegung zusammenzuarbeiten. Bald kam es jedoch zu Gegensätzen, die nicht nur ideologische Ursachen hatten, sondern auch auf einen persönlichen Konflikt zwischen dem Triester Advokaten Josip Vilfan und dem Görzer Geistlichen Virgil Šček zurückgingen. Sie waren auch hinsichtlich der Zusammenarbeit mit den italienischen politischen Parteien unterschiedlicher Meinung. Während die Görzer schon 1921 Kontakte zur italienischen katholischen Bewegung suchten, wies die Triester „Edinost" jede Möglichkeit einer Zusammenarbeit mit italienischen Kräften zurück und betonte vor allem den nationalen Charakter ihrer Tätigkeit.

Der italienische Faschismus und die Slowenen

1. Die Entwicklung bis zum ersten Triester Prozeß 1930

1922 kam es in Italien zum Umsturz: Die Macht ging auf die Faschisten über, die zum Hauptziel ihrer Angriffe in Julisch Venetien die Slowenen wählten. Jetzt setzte die systematische Verfolgung der nationalbewußten Slowenen ein. In einer breit angelegten Aktion, deren Ziel die vollständige Ausmerzung alles Slowenischen war, wurden Schulen geschlossen, kulturelle und wirtschaftliche Organisationen aufgelöst und sogar die slowenischen Familiennamen italianisiert. Ohne Erfolg protestierten die drei slowenischen Abgeordneten im römischen Parlament gegen diese Maßnahmen und suchten ebenso erfolglos Schutz bei den höchsten Repräsentanten des Staates, sogar bei Mussolini selbst. Auf ihre Beschwerden antworteten die Regierungskreise in Rom nur mit Versprechungen, die sie aber nie erfüllten. Unter diesen Umständen gaben nicht wenige Wähler der „Edinost" bei den letzten noch einigermaßen legalen Parlamentswahlen im Jahre 1924 ihre Stimme den Kommunisten. In den folgenden Jahren wuchs parallel mit dem Erstarken der faschistischen Partei auch der Druck auf die Slowenen. 1927 wurden alle noch verbliebenen slowenischen Organisationen und Schulen endgültig verboten. Das ehemals blühende gesellschaftliche, wirtschaftliche und politische Leben war vollständig unterdrückt, und die kulturelle Betätigung mußte sich, sofern es sie überhaupt noch gab, in Privathäuser und Kirchen zurückziehen. Unter diesen äußerst schwierigen Umständen, als es gefährlich war, in der Öffentlichkeit slowenisch zu sprechen, entstand die erste illegale Gruppe, die bereit war, Gewalt mit Gewalt zu vergelten. Es war eine kleine, aber entschlossene Gemeinschaft, die sich nach den Initialen der unterdrückten Städte und Gebiete Triest, Istrien, Görz und Rijeka TIGR nannte. Ihre Mitglieder traten mit Terroraktionen in Erscheinung: sie zündeten italienische Schulen an, töteten slowenische Landsleute, die mit den Italienern kollaborierten, und verbreiteten antiitalienische Schriften. Im Frühjahr 1930 gelang es der faschistischen Polizei, den

Kern dieser Organisation auszuheben. Die namhaftesten unter ihnen wurden vor Gericht gestellt und vier von ihnen am 6. September 1930 hingerichtet. Die illegale Tätigkeit konnte dennoch nicht gänzlich unterbunden werden. Noch 1933 gelang es den Tigrovci eine ansehnliche Menge an Waffen nach Italien zu schmuggeln. Das war freilich nur eine Episode, die nicht darüber hinwegtäuschen kann, daß das faschistische Regime auf allen Linien die Oberhand behielt.

2. Zusammenarbeit von Kommunisten und Nationalisten — der zweite Triester Prozeß 1941

Sogar die Kirche unterwarf sich in den dreißiger Jahren dem Regime und förderte — trotz der Proteste und des Widerstandes nationalbewußter slowenischer Geistlicher — gemeinsam mit den staatlichen Behörden die Entnationalisierungspolitik. In dieser Bedrängnis flüchteten besonders junge Leute in einen kämpferischen Nationalismus oder in den Kommunismus. Zu Beginn der dreißiger Jahre revidierten nämlich die Kommunisten ihre Einstellung zur nationalen Frage grundlegend. Schon in den zwanziger Jahren hatte eine Gruppe junger Kommunisten mit Martelanc an der Spitze in der Partei eine Diskussion über diese Problematik initiiert. Der Erfolg war jedoch gering, da die Mehrheit davon überzeugt war, daß man vor allem die Lösung der sozialen Fragen anstreben müsse. Nach dem Sieg des Proletariats würden sich die nationalen Probleme von selbst lösen. Erfolglos bestanden Martelanc und die ihm Gleichgesinnten darauf, daß den Problemen der unterdrückten Nationalität und ihrem Recht auf Selbstbestimmung die gleiche Beachtung geschenkt werden müsse wie den sozialen Fragen. Weil ihre Anliegen unbeachtet blieben, verließen viele junge Leute die Kommunistische Partei und näherten sich den nationalen Befreiungsgruppen an. Erst nach dem Prozeß des Jahres 1930 änderte sich langsam und zögernd das Verhältnis der Partei zu nationalen Fragen, was die Voraussetzung für die Zusammenarbeit zwischen Kommunisten und nationaler Befreiungsbewegung schuf. 1936 kam es zur Verbindung der beiden Gruppierungen, die besonders in der Zeit vor dem Krieg wirksam war, als junge Leute beider Lager gemeinsam eine Reihe von Sabotageakten auf militärische Objekte organisierten und sogar bei der Planung eines Attentats auf Mussolini mitwirkten. Der geheimen faschistischen Staatspolizei OVRA gelang es 1941 der illegalen Organisation auf die Spur zu kommen und 300 Personen zu verhaften. Der zweite Triester Prozeß endete im Dezember 1941 mit neun Todesurteilen, von denen fünf vollstreckt wurden.

3. Die Partisanenbewegung

a) Bis zur Kapitulation Italiens 1943

Trotz dieses Rückschlags begann sich die Partisanenbewegung unter den küstenländischen Slowenen schon im Sommer 1941 zu entwickeln. Anfangs wurde sie von Leuten angeführt, die vor dem Faschismus aus dem Küstenland nach Slowenien emigriert waren. Obwohl der Großteil

Das ehemalige Reislager (Risiera/Rižarna) in Triest diente in der NS-Zeit als Konzentrationslager.

der wehrfähigen Männer in der italienischen Armee, in der Verbannung oder im Gefängnis war, breitete sich die Erhebung rasch aus, da sie von einer tiefen Feindschaft der slowenischen Bevölkerung gegen das faschistische Italien genährt wurde.

b) Unter nationalsozialistischer Gewaltherrschaft

Nach der Kapitulation Italiens im September 1943 nahm die Partisanenbewegung den Charakter einer gesamtnationalen Erhebung an. Das kam auch in der Deklaration ihrer Anführer zum Ausdruck, in der der Wunsch nach Eingliederung des Küstenlandes in das neue Jugoslawien ausgesprochen wurde. Zwar besetzten deutsche Truppen das gesamte Gebiet und schlossen es dem Reich an — die Verwaltung war dem Kärntner Gauleiter Rainer übertragen —, doch es gelang ihnen trotz großer Übermacht nicht, die Partisanenbewegung zu unterdrücken. Mit welcher Entschlossenheit die deutschen Nationalsozialisten gegen die nationale Befreiungsfront vorgingen, ist schon daraus zu ersehen, daß sie im ehemaligen Reislager (Risiera, slow. Rižarna) ein Konzentrationslager errichteten, wo sie gemeinsam mit ihren italienischen Handlangern tausende nationalbewußte Slowenen ermordeten.

Gegen die nazistische Gewaltherrschaft formierten sich in Triest auch Kräfte des italienischen Widerstands, die jedoch bald in ihrer Mehrheit in Gegnerschaft zu den slowenischen Verbänden gerieten. Diese forderten nämlich nicht nur das Küstenland (Primorska) und Istrien, sondern auch Triest für das zukünftige Jugoslawien. Obwohl die Slowenen mit Hilfe der IV. jugoslawischen Armee Anfang Mai 1945 die Stadt befreiten, mußten sie sich schon nach wenigen Wochen unter dem Druck der westlichen Alliierten zurückziehen. Nun begannen lange und verwickelte Verhandlungen um die italienisch-jugoslawische Grenze, die erst 1977 mit dem Abkommen von Osimo beendet wurden.

Arbeitsaufgaben und Fragen:

1. Wie verlief der Aufstieg des italienischen Faschismus?
2. Welche Ziele verfolgte er im Mittelmeerraum?
3. Welche Folgen hatte die Achse Berlin-Rom für die deutschen Minderheiten in Italien bzw. im italienischen Okkupationsgebiet?
4. Welcher Art war der Unterschied zwischen italienischem Faschismus und deutschem Nationalsozialismus in der Behandlung ethnischer Minderheiten?

IX. Die slowenische Minderheit in der italienischen Region Friaul-Julisch Venetien

Zur Vorbereitung: Die Beseitigung des Faschismus in Italien.
Die Frage Südtirol in den Beziehungen zwischen Italien und Österreich.
Italiens und Jugoslawiens internationale Politik nach dem 2. Weltkrieg.

Administrative Gliederung

Die Provinzen Triest, Görz, Udine und Pordenone bilden die autonome Region Friaul-Julisch Venetien (Friuli-Venezia Giulia/Furlanija-Julijska krajina). Der Sitz der Regionsregierung befindet sich in Triest. Sowohl in der Provinz Triest als auch in der Provinz Görz ist eine starke slowenische Volksgruppe beheimatet. Ihr Siedlungsgebiet erstreckt sich auch auf Teile der Provinz Udine.

Bereits seit Juni 1945 wurde das spätere Freie Territorium Triest (Territorio libero di Trieste/Svobodno tržaško ozemlje) in eine Zone A mit der Stadt Triest im Norden unter britisch-amerikanischer Verwaltung und eine Zone B im Süden unter jugoslawischer Verwaltung geteilt (siehe Karte auf S. 146!).

Im Friedensvertrag von Paris, den die Alliierten mit Italien im Jahre 1947 schlossen, wurde das Freie Territorium Triest errichtet. Dieses sollte als neutrales, entmilitarisiertes Territorium unter Aufsicht des UNO-Sicherheitsrates nach einem internationalen Statut verwaltet werden. Gegensätze unter den Besatzungsmächten und Ansprüche Italiens auf das gesamte Gebiet ließen eine geordnete Verwaltung nicht zu.

Die Slowenen in der Provinz Triest

Die Stadt Triest zählt ca. 260.000 Einwohner. In der Stadt und ihrer Umgebung leben 50.000 bis 60.000 Angehörige der slowenischen Minderheit. Folgende Gemeinden in der Provinz Triest haben einen slowenischen Bevölkerungsanteil: Trieste/Trst, Duino-Aurisina/Devin-Nabrežina, Sgonico/Zgonik, Monrupino/Repentabor, San Dorligo della Valle/Dolina, Muggia/Milje. Außerdem gehören zur Gemeinde Triest folgende zweisprachige Siedlungen: Santa Croce/Križ, Contovello/Kontovel, Prosecco/Prosek, Villa Opicina/Opčine, Trebiciano/Trebče, Padriciano/Padriče, Gropada/Gropada und Basovizza/Bazovica.

Hafenansicht von Triest

1. Volksgruppenschutz

Der Minderheitenschutz ist für alle „sprachlichen Minderheiten" in Italien grundsätzlich im § 6 der italienischen Verfassung verankert, der besagt, daß die Republik zum Schutz der Minoritäten gesetzliche Normen zu erlassen hat. Außerdem wurde am 30. Jänner 1963 vom römischen Parlament ein besonderes Regionalstatut mit Verfassungscharakter erlassen, in dem von der gleichen Behandlung aller Staatsbürger — unbeschadet ihrer ethnischen und kulturellen Besonderheiten — die Rede ist.

2. Das Londoner Memorandum

Mit dem Londoner Memorandum wurde im Jahre 1954 die Nachkriegsphase des Freistaates Triest beendet. Das Memorandum wurde von Großbritannien, den USA, Italien und Jugoslawien unterzeichnet. Es verfügte eine geringfügige Grenzkorrektur im Raum Triest-Koper/Capodistria zugunsten Jugoslawiens und in beiden Zonen den Übergang von der Militär- zur Zivilverwaltung. Bis zur endgültigen Regelung sollte die Zone A von Italien und die Zone B von Jugoslawien verwaltet werden. Da beiderseits der Zonengrenze nationale Minderheiten leben, (Slowenen in der Zone A, Italiener in der Zone B) wurden in einem eigenen Statut zum Londoner Memorandum Minderheitenschutzbestimmungen vereinbart. Eine italienisch-jugoslawische Kommission sollte die Durchführung der Bestimmungen überwachen und Initiativen auf der Grundlage des Memorandums entwickeln. Sie sollte jährlich ein- bis zweimal zusammentreten.

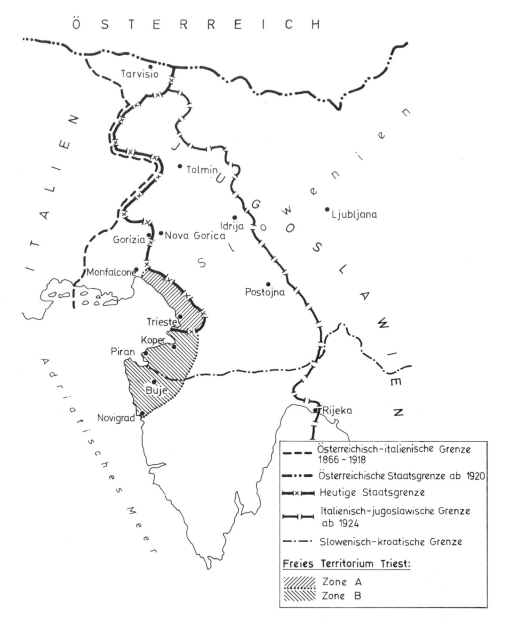

Jugoslawisch-italienische Grenze nach dem Zweiten Weltkrieg

3. Der Vertrag von Osimo

Die zwischen Italien und Jugoslawien geschlossenen Verträge von Osimo (1977) bestätigten die im Londoner Memorandum vereinbarte Grenzziehung. Beide Staaten verpflichten sich in diesen Verträgen zum Schutz der ethnischen Minderheiten.

4. Slowenische Organisationen und parlamentarische Vertretung

Die Interessen der slowenischen Volksgruppe in den Provinzen Triest und Görz werden wahrgenommen von den katholisch-orientierten Organisationen Slowenische Volksbewegung (Slovensko ljudsko gibanje/Movimento popolare sloveno) und Slowenischer christlich-sozialer Verband (Slovenska krščansko-socialna zveza/Unione cristiano sociale slovena) sowie von der linksorientierten Organisation Slowenischer Kultur- und Wirtschaftsverband (Slovenska kulturno-gospodarska zveza/Unione economico culturale slovena). Während sich die linksorientierten Slowenen — von wenigen Ausnahmen abgesehen — parteipolitisch in der kommunistischen und sozialistischen Partei Italiens betätigen, vereinigten sich die katholisch-orientierten Slowenen der beiden genannten Organisationen in der Slowenischen Gemeinschaft (Slovenska skupnost/Unione slovena). Das Organ der katholisch-orientierten Slowenen ist das in Görz erscheinende Wochenblatt Katoliški glas (Katholische Stimme). Ein weiteres Wochenblatt ist der vom Slowenischen christlich-sozialen Verband in Triest herausgegebene Novi list (Neues Blatt). Die Tageszeitung Primorski dnevnik (Küstenländisches Tagblatt) wird vom linksorientierten Slowenischen Kultur- und Wirtschaftsverband herausgegeben. Das

Zeitungen und Zeitschriften der Slowenen in Italien

Regionalparlament mit Sitz in Triest besteht aus 61 Abgeordneten. Die in der Slowenischen Gemeinschaft (Slovenska skupnost) vereinigten Slowenen der Provinzen Triest und Görz konnten bei den Regionalwahlen bisher stets an die 9000 bis 10.000 Stimmen auf sich vereinigen. Davon entfallen auf die Provinz Triest rund 7000 Stimmen, während in der Provinz Görz rund 3000 Wähler für die slowenische Liste stimmen. Auf Grund dieses Wahlergebnisses ist die Slowenische Gemeinschaft im Regionalparlament mit einem Abgeordneten vertreten. Die linksorientierten Slowenen entsenden ins Regionalparlament zwei Vertreter, die auf der Liste der Kommunistischen Partei Italiens kandidieren. Ein slowenischer Vertreter wurde auf der Liste der Komunistischen Partei Italiens in das römische Parlament gewählt.

5. Das slowenische Schulwesen in der Provinz Triest

Das Minderheiten-Schulwesen ist in den Provinzen Triest und Görz auf Grund des Minderheiten-Schulgesetzes aus dem Jahre 1961 und der Gesetzesnovelle aus dem Jahre 1974 geregelt. Dieses Gesetz umfaßt den Bereich der Kindergärten sowie das Pflicht- und Mittelschulwesen. Die Schulen der Provinz Udine blieben bei dieser Regelung ausgeklammert. In der Provinz Triest gibt es neben 30 slowenischen Kindergärten 32

Technisch-kommerzielle Lehranstalt „Žiga Zois" der Triester Slowenen

Grundschulen mit slowenischer Unterrichtssprache. Davon befinden sich 9 in Triest. Das Slowenische ist an den Minderheiten- Grundschulen Unterrichtssprache, jedoch wird das Italienische als Staatssprache von der 1. Schulstufe an im entsprechenden Ausmaß gepflegt. Die unseren Lehrplänen vergleichbaren Schulprogramme der Pflichtschulen in Italien sehen für die einzelnen Schulstufen wohl das Gesamtstundenausmaß vor, jedoch keinen detaillierten Stundenplan. Diese elastische Form ermöglicht es dem Lehrer, den Unterricht nach Schwerpunkten zu gestalten, d. h., von Zeit zu Zeit jenen Sachgebieten bzw. Gegenständen eine größere Aufmerksamkeit zu widmen, in denen dies notwendig erscheint. Dies gilt auch für die Pflege der italienischen Sprache. In der Provinz Triest waren im Schuljahr 1981/82 an den Grundschulen mit slowenischer Unterrichtssprache rund 1300 Schüler und Schülerinnen eingeschrieben.

Slowenisches Kulturhaus in Triest

Höhere slowenische Mittelschulen gibt es in Triest 5, und zwar ein Klassiches Gymnasium, ein Realgymnasium (diese beiden Schulen sind vereinigt), eine Lehrerbildungsanstalt, eine Handelsakademie und eine Industrieschule (Strokovni zavod industrijske smeri). Insgesamt besuchten im Schuljahr 1981/82 über 750 Schüler und Schülerinnen die slowenischen höheren Mittelschulen in Triest. Neben den genannten höheren Mittelschulen gibt es in der Provinz Triest 9 slowenische dreijährige Einheitsmittelschulen, in die Schüler nach der 5. Grundschulstufe eintreten und deren Absolvierung als Voraussetzung für den Besuch einer höheren Mittelschule gedacht ist. Die slowenischen Einheitsmittelschulen und höheren Mittelschulen besuchten über 1600 Schüler und Schülerinnen. Das Studium der slowenischen Sprache und Literatur ist zum Zwecke der Ablegung der Lehramtsprüfung an der Universität Triest vorgesehen. Für die Schülereinschreibungen, die Zeugniserstellung usw. ist ein Gesetz aus dem Jahre 1951 maßgebend, das die slawische Schreibweise von Familien- und Personennamen gesetzlich schützt.

6. Kulturelle Organisationen und Institutionen

Die Slowenen in Triest haben, getrennt nach ideologischer Ausrichtung, ihre eigenen Kulturverbände und Organisationen: den Verband slowenischer Kulturvereine/Zveza slovenskih kulturnih društev (linksorientiert) und die Slowenische Kultur/Slovenska prosveta (katholisch). Weiters verfügen sie über ein Kulturhaus, eine Volks- und Studienbibliothek (Narod-

Die slowenische Darlehenskasse in Triest

na in študijska knjižnica), ein Slowenisches Forschungsinstitut (Slovenski raziskovalni institut), ein Slowenisches Nationaltheater und einen Sportverband (Udruženje slovenskih športnih društev v Italiji), und zwar für die Gesamtregion Friaul-Julisch Venetien, sowie eine eigene Radiostation mit ganztägigem Programm. Außerdem gibt es ein mehrstündiges Fernsehprogramm. Sehr rege ist die periodische Publizistik. In der Provinz Triest erscheinen folgende Kulturzeitschriften: Mladika (Die Sprosse), katholisch ausgerichtet, Zaliv (Die Bucht), linksorientiert, und Most (Die Brücke). Getragen von einem Kreis katholischer Linksintellektueller hat sich Most den Dialog im ideologischen und politischen Bereich innerhalb der Volksgruppe in Italien und mit Slowenien zum Ziele gesetzt. Die slowenischen Mittelschüler geben die Literaturzeitschrift Literarne vaje (Literarische Übungen) heraus. Die Jugendzeitschrift Galeb (Die Möwe) ist für die Volksschule gedacht und wird vom linksorientierten Teil der Minderheit herausgegeben. Neben den alljährlichen Publikationen des katholischen Verlages der Hermagoras-Bruderschaft (Mohorjeva družba), deren Tätigkeit sich vor allem auf die Provinzen Görz und Triest erstreckt, sind noch die Veröffentlichungen des „Verlagswesens Triester Druck" (Založništvo tržaškega tiska) anzuführen.

7. Wirtschaftliche Organisationen und Probleme

Im wirtschaftlichen Bereich stützt sich die slowenische Volksgruppe auf eine Bank in Triest und je eine slowenische Darlehenskasse in den Triester Vororten Opicina/Opčine und Aurisina/Nabrežina. Die Tatsache, daß Triest gegenüber den jugoslawischen Häfen Rijeka/Fiume und Koper/Capodistria zunehmend an Bedeutung verliert, Rom jedoch die Lebensinteressen der Stadt nicht in dem Maße zu vertreten bereit ist, wie das die Bewohner des Territoriums wünschen, zwingt die Regionsregierung in Triest zur Entwicklung eigener Konzepte, die auf der Grundlage der gemeinsamen Interessen der drei Völker im Raume Alpen-Adria basieren. Kärnten stellt für Triest die Verbindung zum mittel- und nordeuropäischen Raum her, während Slowenien das Tor nach dem Südosten ist. Die Ausübung der zwischenstaatlichen Funktionen verlangt von den Triestinern weltoffene Gesinnung und den Abbau der aus der Zeit des Irredentismus und Faschismus tradierten nationalen Vorurteile. So könnte allmählich eine minderheitenfreundliche Atmosphäre als Voraussetzung für eine sachliche Lösung der Probleme der slowenischen Volksgruppe entstehen.

Die Slowenen in der Provinz Görz

Die Provinz Görz (Gorizia/Gorica) hat 125.000 Einwohner, von denen 20.000 bis 25.000 der slowenischen Minderheit angehören. Von den 45.000 Einwohnern der Stadtgemeinde Görz sind ca. 5000 Slowenen. Für die Slowenen der Provinz Görz gelten dieselben Minderheitenschutzbestimmungen wie für jene der Provinz Triest.

1. Das slowenische Schulwesen

In der Provinz Görz gab es 1981/82 insgesamt 11 slowenische Kindergärten mit nahezu 300 Kindern. An den 13 Grundschulen mit slowenischer Unterrichtssprache waren im Schuljahr 1981/82 rund 580 Schüler und Schülerinnen eingeschrieben. Ein Erlaß sieht für alle Kindergärten,

Das ehemalige slowenische Kulturhaus in Görz (Architekt M. Fabiani, 1903)

GESAMTZAHL DER IN DEN SLOWENISCHEN SCHULEN IN ITALIEN EINGESCHRIEBENEN SCHÜLER

Provinz Triest

	81/82	80/81	79/80	78/79	77/78	76/77	75/76
Kindergärten	646	669	682	747	817	832	788
Grundschulen	1293	1389	1374	1383	1353	1354	1329
Niedere Mittelschulen	877	833	827	833	850	814	782
Höhere Mittelschulen	772	766	758	725	709	724	664
Zusammen	3588	3657	3641	3688	3729	3724	3563

Provinz Görz

	81/82	80/81	79/80	78/79	77/78	76/77	75/76
Kindergärten	276	285	306	308	333	328	316
Grundschulen	577	580	576	575	553	553	555
Niedere Mittelschulen	384	361	339	340	324	306	277
Höhere Mittelschulen	228	222	223	206	230	192	172
Zusammen	1465	1448	1444	1429	1440	1379	1320

Zusammen (Triest und Görz)

	81/82	80/81	79/80	78/79	77/78	76/77	75/76
Kindergärten	922	954	988	1055	1150	1160	1014
Grundschulen	1870	1969	1950	1958	1906	1907	1884
Niedere Mittelschulen	1261	1194	1166	1173	1174	1120	1059
Höhere Mittelschulen	1000	988	981	931	939	916	836
Zusammen	5053	5105	5085	5117	5169	5093	4893

Grund- und Mittelschulen sowie für andere öffentliche Institutionen der Minderheit im Bereiche der Provinz Görz zweisprachige Aufschriften vor. Eine Minderheiten-Grundschule wird auch dann geführt, wenn an dieser beispielsweise nur zwei Schüler eingeschrieben sind. Eine Einheitsmittelschule, die dreijährig geführt wird und den Übertritt in die höhere Mittelschule ermöglicht, wurde für die Slowenen der Provinz in Görz eingerichtet. Sie entspricht unserer Hauptschule bzw. der Unterstufe des Gymnasiums. Diese Schule wird von rund 380 Schülern besucht. In der Stadt Görz gibt es auch eine fünfjährige Wirtschaftsschule, eine Lehrerbildungsanstalt und ein klassisches Gymnasium mit slowenischer Unterrichtssprache. An den niederen und höheren Mittelschulen mit slowenischer Unterrichtssprache sind in der gesamten Provinz Görz rund 600 Schüler und Schülerinnen eingeschrieben.

2. Kulturelle Organisationen und Institutionen

Die größte Aktivität entwickelt der Slowenische katholische Kulturverband in Görz (Zveza slovenske katoliške prosvete v Gorici) als Dachorganisation von Kultur- und Gesangsvereinen, Laienspielgruppen, Sportvereinen usw. Die linksorientierten Slowenen sind gemeinsam mit den Slowenen des Territoriums Triest im Verband slowenischer Kulturvereine (Zveza slovenskih kulturnih društev) organisiert. Auf dem Sektor des Verlagswesens entfaltet die Hermagoras-Bruderschaft (Mohorjeva družba) in Görz eine rege Tätigkeit. Um die ideelle Ausrichtung der Slowenen ist außerdem der Slowenische katholische Akademikerverein bemüht, der alljährlich einen Zyklus von Vorträgen organisiert und zu Diskussionen über aktuelle Fragen des öffentlichen Lebens einlädt. Weiters wirkt in Görz noch eine Reihe von religiösen Vereinigungen und Pfadfindergruppen. Für die Mittelschüler gibt es sowohl ein katholisches als auch ein linksorientiertes slowenisches Studentenheim. Als Heim für Schüler im volksschulpflichtigen Alter fungiert das „Internat der Heiligen Familie" (Zavod svete Družine).

Kulturelle Zentren der Görzer Slowenen sind das 1981 eröffnete Görzer Kulturhaus mit einem Theater und einer Turnhalle sowie das katholische Kulturhaus (Katoliški dom). Das Organ Katoliški glas (Katholische Stimme) trägt im Sinne christlicher Weltanschauung mit seiner konsequenten Linie wesentlich zur ideologischen Orientierung eines Teiles der Volksgruppe bei.

Die in Triest erscheinende linksorientierte Tageszeitung Primorski dnevnik (Küstenländisches Tagblatt) hat eine eigene Rubrik für die Slowenen der Provinz Görz. Unter den slowenischen Kulturzeitschriften ist in Görz am stärksten die schon erwähnte Zeitschrift Mladika (Die Sprosse) verbreitet. Die Interessen der Slowenen im kirchlichen Bereich werden in Triest und Görz von einem eigenen bischöflichen Vikar wahrgenommen.

Blick auf die Altstadt von Görz/Gorizia/Gorica

Die Slowenen in der Provinz Udine

1. Charakteristik der Region — die Friulaner

Die Provinz Udine gehört zum rätoromanischen Sprachgebiet. Dieses erstreckt sich, mit Unterbrechungen, vom St. Gotthard in der Schweiz bis an den Golf von Triest. Das in mehrere Mundarten zerfallende Rätoromanisch kämpft seit Jahrhunderten um seinen Bestand. Zu den Mundartgruppen des Rätoromanischen zählt auch das Friaulische oder Furlanische, wie es auch noch genannt wird. Eine einheitliche Schriftsprache des Rätoromanischen konnte wegen der geographischen und politischen Uneinheitlichkeit des Siedlungsgebiets dieser Volksgruppe nicht entstehen. Wohl aber ist in den einzelnen rätoromanischen Mundarten literarisches Schrifttum entstanden. Gut entwickelt ist in der friaulischen Sprache die lyrische Dichtung. Die autonomistichen Bestrebungen in Friaul waren mit ein Grund für die Errichtung der Region Friaul-Julisch Venetien. Zur Anerkennung des Friaulischen als öffentliche Sprache in Schulen und Ämtern ist es bis heute nicht gekommen. Für den italienischen Staat sind die Rätoromanen Friauls Italiener. Private Vereine wie der Friaulische philologische Verein in Udine sind jedoch um die Pflege der friaulischen Sprache und der reichhaltigen kulturellen Tradition dieses Gebietes mit zunehmendem Erfolg bemüht.

Motiv aus Camporosso/Žabnice/Saifnitz im Kanaltal

Slowenisch Venetien / Beneška Slovenija

2. Die Lage der Slowenen

Die Slowenen der Provinz Udine unterscheiden sich in ihrer Entwicklung und in ihrem gegenwärtigen Status wesentlich von jenen der Provinzen Triest und Görz. Sie kamen — abgesehen von jenen im Kanaltal — bereits 1866 zu Italien. Seither sind sie einer anhaltenden Italianisierung unterworfen. Für die in der Provinz Udine beheimateten 30.000 bis 40.000 Slowenen gibt es bis heute keine einzige öffentliche slowenische Schule. Die Slowenen bewohnen in der Provinz Udine drei voneinander getrennte Gebiete: 1. das Gebiet um Cividale / Čedad, 2. das Resiatal / Rezija. Beide Gebiete werden von den Slowenen als Beneška Slovenija / Slowenisch Venetien bezeichnet. 3. das Kanaltal (Valcanale / Kanalska dolina) mit dem Zentrum Tarvis (Tarvisio / Trbiž), das bis 1918 zu Kärnten gehörte. Daß die Slowenen in der Provinz Udine ohne eigenes Schulwesen bis zum heutigen Tage überleben konnten, zählt zu den erstaunlichsten Phänomenen der Selbsterhaltung einer Volksgruppe in Europa. Von den 21 gemischtsprachigen Gemeinden des Natisonetales (Valle del Natisone / Nadiška dolina) und Torretales (Valle del Torre / Terska dolina), zweier Nebentäler des Isonzo / Soča, sind die wichtigsten S. Pietro al Natisone / Špeter Slovenov und Tarcento / Čenta. In den vier größeren und einigen kleineren Gebirgsdörfern des Resiatales siedeln 500 bis 800 Bewohner slowenischer ethnischer Zugehörigkeit. Die abgeschiedene Lage des Tales brachte es mit sich, daß sich hier die stark von romanischen Elementen durchsetzte slowenische Sprache sehr eigenständig entwickelt hat und durch viele Archaismen geprägt ist.

Der Wallfahrtsort Monte Lussari/Maria Luschari/Sv. Višarje

Dreisprachig (italienisch-deutsch-slowenisch) ist das Kanaltal. Die bedeutendsten Orte sind neben Tarvis, Camporosso / Saifnitz / Žabnice, Valbruna/Wolfsbach/Ovčja vas, Ugovizza/Uggowitz/Ukve, Malborghetto/ Malborghet / Naborjet und Cave del Predil / Raibl / Rabelj. Erwähnung verdient hier auch der 1789 m hoch gelegene und 600 Jahre alte Muttergottes-Wallfahrtsort dreier Völker, Monte Lussari/Maria Luschari/Sv. Višarje. Den Großteil der Volkstumsarbeit leisten in der Provinz Udine die slowenischen Geistlichen, die das slowenischsprachige Kirchenblatt Dom (Das Heim) und das slowenisch-italienische Pfarrblatt Ukve herausgeben.

Zu den markantesten Persönlichkeiten zählte der Dichter, Philosoph, Wissenschaftler, Maler und Musiker Prof. Ivan Trinko, der „Vater der venezianischen Slowenen". In Cividale / Čedad wirkt ein nach Ivan Trinko benannter slowenischer Kulturverein. In den letzten Jahren wurde eine Reihe weiterer kultureller Organisationen gegründet: der Verband venezianischer Auswanderer (Zveza beneških izseljencev), der Slowenische venezianische Alpenverein (Slovensko beneško planinsko društvo), das Slowenische venezianische Theater (Slovensko beneško gledališče) und das Forschungszentrum „Nadiža", eine Expositur des Slowenischen Forschungsinstitutes Triest (Slovenski raziskovalni inštitut). In Cividale / Čedad erscheint außerdem zweimal im Monat die Zeitung „Novi Matajur", die zur Hälfte in slowenischer Schriftsprache, zur anderen Hälfte im einheimischen slowenischen Dialekt abgefaßt ist. Einige slowenische Kinder der Provinz Udine besuchen die slowenischen Schulen in Görz. Die Slowenen der Region Friaul-Julisch Venetien sind seit langem bemüht, seitens des italienischen Staates als nationale Minderheit anerkannt zu werden. Da im nordöstlichen Teil der Provinz das slowenische Programm des Senders Triest wegen der weiten Entfernung und der Gebirgslage nicht empfangen werden kann, wurden Sendeanlagen in Tarvis und auf dem Luschariberg errichtet. Um die Auswanderung aus diesen wirtschaftlich rückständigen Gebieten einzudämmen, hat die Regionsverwaltung ein Industrialisierungsprogramm ausgearbeitet, weil von den vielen Auswanderern nach Belgien, Deutschland und der Schweiz nur wenige wieder in ihre Heimat zurückgekehrt sind. Immer wieder kommen aber Ethnographen, Sprachwissenschaftler und Musikethnologen der Slowenischen Akademie der Wissenschaften in Laibach in das Natisone-, Torre- und Resiatal, um gemeinsam mit italienischen und anderen Forschern die Sprache, die Volksmusik und das Brauchtum der dortigen Slowenen zu studieren.

Ivan Trinko (1863—1954)

Aufgabenstellung und Fragen:

1. Sprecht über die Bedeutung von Triest zur Zeit der Donaumonarchie und heute!
2. Wie ist das Verhältnis des italienischen Staates zu seinen Volksgruppen?
3. Weshalb konnte die slowenische Volksgruppe in der Provinz Udine trotz fehlender schulischer Voraussetzungen als Minderheit überleben?

X. Die Kärntner Slowenen in der Zweiten Republik

Zur Vorbereitung: Nationalsozialistische Herrschaft und Zweiter Weltkrieg lassen ein österreichisches nationales Bewußtsein entstehen.
Österreichisches Staatsbewußtsein und Schweizer Modell.
Das von den Besatzungsmächten viergeteilte Österreich.
Die Marshallplan-Hilfe.
Wiederaufbau und Ringen um den Staatsvertrag.
Nationale Minderheiten im parlamentarisch-demokratischen System.

Die Wiederherstellung der Republik Österreich und das Bundesland Kärnten

Der militärische Sieg der im Krieg gegen Hitler-Deutschland verbündeten Mächte beendete 1945 die siebenjährige nationalsozialistische Herrschaft über Österreich. Am 27. April 1945 bildete Karl Renner im befreiten Wien aus Vertretern der Österreichischen Volkspartei, der Sozialistischen Partei Österreichs und der Kommunistischen Partei Österreichs eine Provisorische Regierung, die einen Aufruf an das österreichische Volk erließ. Dieser Aufruf enthielt eine Unabhängigkeitserklärung, wonach die demokratische Republik Österreich wiederhergestellt und im Geiste der Verfassung von 1920 einzurichten sei.

UNABHÄNGIGKEITSERKLÄRUNG

Art. I: Die demokratische Republik Österreich ist wiederhergestellt und im Geiste der Verfassung von 1920 einzurichten.

Art. II: Der im Jahre 1938 dem österreichischen Volke aufgezwungene Anschluß ist null und nichtig.

Art. III: Zur Durchführung dieser Erklärung wird unter Teilnahme aller antifaschistischen Parteirichtungen eine Provisorische Staatsregierung eingesetzt und vorbehaltlich der Rechte der besetzenden Mächte mit der vollen Gesetzgebungs- und Vollzugsgewalt betraut.

Art. IV: Vom Tage der Kundmachung dieser Unabhängigkeitserklärung sind alle von Österreichern dem Deutschen Reiche und seiner Führung geleisteten militärischen, dienstlichen oder persönlichen Gelöbnisse nichtig und unverbindlich.

Art. V: Von diesem Tage an stehen alle Österreicher wieder im staatsbürgerlichen Pflicht- und Treueverhältnis zur Republik Österreich.

Bis 15. Mai 1945 wurden schließlich sämtliche österreichischen Bundesländer von alliierten Militärverbänden befreit. Österreich war auf vier Besatzungszonen der vier Alliierten USA, Großbritannien, UdSSR und Frankreich aufgeteilt. Vorerst blieben die einzelnen Besatzungszonen voneinander verwaltungsmäßig und politisch getrennt. In mehreren Länderkonferenzen einigten sich die politischen Parteien aller Zonen auf eine gemeinsame politische Vertretung durch die personelle Ergänzung der Regierung Renner mit Vertretern der westlichen Bundesländer. Die damals bewiesene Bereitschaft der politischen Parteien zur Zusammenarbeit hat wesentlich zur Aufrechterhaltung der österreichischen Staatseinheit beigetragen. Auf seiten der SPÖ haben besonders die Kärntner Vertreter die Anerkennung der Regierung Renner mit Nachdruck gefordert. Am 20. Oktober 1945 wurde schließlich die Regierung Renner, die bereits am 27. April von der Sowjetunion anerkannt worden war, auch von den westlichen Alliierten anerkannt. Österreich war aber weiterhin durch die vier Alliierten besetzt und unterstand einem „Alliierten Rat". Die ersten Wahlen im befreiten Österreich am 25. 11. 1945 brachten der ÖVP 49,8%, der SPÖ 44,6% und der KPÖ 5,4% der gültigen Stimmen. Bis 1947 wurde Österreich von einer aus Vertretern dieser drei Parteien gebildeten Konzentrationsregierung, von 1947 bis 1965 von einer ÖVP-SPÖ-Koalitionsregierung regiert.

1. Die Besetzung Kärntens und der Machtverzicht der Nationalsozialisten

Das Bundesland Kärnten wurde in den ersten Maitagen des Jahres 1945 von britischem und jugoslawischem Militär besetzt. Da in den Nachkriegsplanungen der Alliierten eine jugoslawische Besetzung österreichischen Territoriums nicht vorgesehen war, zog die jugoslawische

Einmarschierende Partisaneneinheit in der Nähe des Faaker-Sees in Kärnten

Abzug des jugoslawischen Militärs aus Klagenfurt

Regierung auf Verlangen der Briten ihre Militäreinheiten bis 21. Mai 1945 aus Kärnten zurück, freilich unter Protest und ohne Verzicht auf ihre Gebietsansprüche. Während dieser kurzen direkten jugoslawischen Gebietshoheit über Südkärnten wurden insgesamt 263 Personen verhaftet, von denen 106 auf österreichischem Gebiet wieder entlassen wurden bzw. freigekommen sind, 59 aus Jugoslawien zurückkehrten und insgesamt 96 als vermißt gelten. Die Verhaftungen erfolgten überwiegend in Südostkärnten, wo in den letzten Kriegsmonaten die Auseinandersetzungen zwischen der nationalsozialistischen Staatsgewalt und den Partisanen besonders heftig gewesen waren. Dort war es kurz vor Kriegsende zu schrecklichen Greueln gegen die Zivilbevölkerung gekommen. So brannten nach einem Kampf mit Partisaneneinheiten im April 1945 SS-Polizisten den Perschmann-Hof in Koprein bei Eisenkappel nieder und ermordeten dessen Bewohner, insgesamt 11 Personen, hauptsächlich Frauen und Kinder. Was die Verschleppungen betrifft, hat die Geschichtsforschung auf Grund des unzureichenden Quellenmaterials die Umstände, die zu diesen Verhaftungen führten und das Verhalten der vermißten Personen während der NS-Zeit noch nicht aufklären können. Ein objektives Urteil steht daher noch aus.

Als es in Kärnten mit der nationalsozialistischen Herrschaft zu Ende ging, wurde eine provisorische österreichische Landesverwaltung eingerichtet. Die nationalsozialistischen Machthaber wollten dieser Landesverwaltung die Möglichkeit geben, britische Truppen vor Eintreffen der jugoslawischen Einheiten zur Besetzung des Landes zu bewegen. Sie mußte aber den abtretenden Nationalsozialisten versprechen, „daß das Kärntnervolk einig und stark sein wird, wenn es darum geht, gegen einen inneren und äußeren Feind seinen bereits vor 25 Jahren zum Ausdruck gebrachten Volkswillen auf Unteilbarkeit unseres Landes zur Geltung zu bringen".

2. Britische Militärverwaltung und Provisorische Kärntner Landesregierung

Die britische Militärverwaltung ließ vorerst diese im Mai 1945 zustandegekommene Provisorische Kärntner Landesregierung amtieren. Allerdings sollte nach britischen Vorstellungen die Rückkehr zur Demokratie durch Gewährung von Selbstverwaltungsrechten in den kleinsten autonomen Bereichen erfolgen. Die Militärregierung löste daher am 3. Juni die Provisorische Landesregierung auf und ernannte einen „Konsultativen Landesausschuß für Kärnten", der die Militärregierung in Fragen der zivilen Verwaltung beraten und eine Verbindung zwischen ihr und der Kärntner Bevölkerung herstellen sollte.

Mit britischer Hilfe wurde nun begonnen, die Auswirkungen des Krieges auf das wirtschaftliche Leben zu beseitigen und eine neue demokratische Entwicklung in die Wege zu leiten. Die Ernährung einer in den letzten Kriegsjahren vor allem in den Städten Klagenfurt und Villach immer schlechter versorgten Bevölkerung sowie einer großen Anzahl von durchreisenden Menschen, die der Zweite Weltkrieg aus ihrer Heimat vertrieben hatte, mußte sichergestellt werden. Langsam wurde in Gewerbe und Industrie die Produktion wieder in Gang gebracht. Die Registrierung belasteter Nationalsozialisten und die Sammlung von Akten der Kärntner nationalsozialistischen Behörden wurde veranlaßt. Weiters wurden zahlreiche Kulturgüter gerettet, die nationalsozialistische Machthaber an mehreren Orten in Kärnten gehortet hatten. Am 25. Juli 1945 genehmigten die Briten schließlich doch die Bildung einer Provisorischen Landesregierung.

3. Die ersten Landtagswahlen 1945

Endgültig normalisierten sich die politischen Verhältnisse im Lande nach den am 25. November 1945 gleichzeitig mit den Nationalratswahlen abgehaltenen Landtagswahlen. Dabei ergab sich in Fortsetzung eines politischen Trends der Zwischenkriegszeit eine klare Dominanz der SPÖ, welche im Landtag über 18 Mandate gegenüber 14 Mandaten der ÖVP und 3 Mandaten der KPÖ verfügte. Kärnten war neben Wien das einzige österreichische Bundesland mit einer sozialistischen Mehrheit und einem sozialistischen Landeshauptmann. Die 1949 erfolgte Zulassung des Verbandes der Unabhängigen (VDU) — seit 1956 Freiheitliche Partei Österreichs (FPÖ) — zu Landtags- und Nationalratswahlen hat dieses Mandatsverhältnis noch etwas verändert. So erhielten bei den Landtagswahlen

1953 die SPÖ 18, die ÖVP 11, die KPÖ 1 und die FPÖ 6 Mandate. Dieses Verhältnis blieb dann in den folgenden Jahrzehnten im wesentlichen erhalten. Langfristig verlor die KPÖ an Stimmen und ist seit 1970 nicht mehr im Kärntner Landtag vertreten. Slowenische Listen, die seit 1949 mehrmals für den Landtag kandidierten, konnten keine Mandate erringen.

Die Kärntner Slowenen nach der Befreiung

1. Politik der nationalen Verständigung

a) Die Osvobodilna fronta (OF) in Zusammenarbeit mit der Provisorischen Kärntner Landesregierung

Die Kärntner Slowenen waren zur Zeit der nationalsozialistischen Gewaltherrschaft Verfolgungen ausgesetzt gewesen, die ihre endgültige Ausmerzung als Volksgruppe zum Ziel gehabt hatten. Im Widerstand gegen den Nationalsozialismus haben sie allerdings den unbeugsamen Willen auf Erhaltung ihrer ethnischen Eigenart bekräftigt, und ihre intensive Teilnahme am politischen Geschehen nach 1945 bewies ihren Anspruch auf ein eigenständiges gesellschaftliches und politisches Leben. 1945 wurde die Befreiungsfront für Slowenisch-Kärnten (Osvobodilna fronta za Slovensko Koroško) als einzige politische Vertretung der Kärntner Slowenen gegründet. Sie war aus dem Volksbefreiungskampf hervorgegangen. In den ersten Nachkriegsmonaten wirkten in der OF Repräsentanten der unterschiedlichsten politischen und weltanschaulichen Richtungen, von den Kommunisten bis zu christlich orientierten Gruppen. Vorsitzender der OF war Franc Petek (siehe S. 95), der schon in der Zwischenkriegszeit einer der führenden Politiker der Kärntner Slowenen war. Auch Joško Tischler, zur Zeit der Ersten Republik Vorsitzender des Slowenischen Kulturverbandes, nun Vertreter der Slowenen in der provisorischen Kärntner Landesregierung, war führend in der OF tätig gewesen.

Der Kärntner Landesausschuß

Gymnasialdirektor Dr. Joško Tischler (1902—1979), Initiator der Schulverordnung vom 3. Oktober 1945

> *„Der Kärntner Landesausschuß hält es für notwendig, die berechtigten Forderungen der slowenischen Bevölkerung zu erfüllen,*
>
> *1. die Wiedergutmachung des durch die Nationalsozialisten begangenen Unrechtes dergestalt, daß sämtliche Aussiedlungen widerrufen werden und die Besitzungen den Ausgesiedelten oder deren Familien wieder übergeben werden;*
>
> *2. daß die slowenischen kulturellen und wirtschaftlichen Vereinigungen jeder Art wieder ins Leben gerufen werden;*
>
> *3. daß die künstliche Durchsetzung Südostkärntens mit reichsdeutschen Siedlern rückgängig gemacht wird;*
>
> *4. daß das slowenische Schulwesen auf der Basis der utraquistischen Schule wieder errichtet wird;*
>
> *5. daß jeder Bürger des Landes Kärnten vor den Behörden in seiner Sprache sprechen darf, daß Eingaben in der von der Partei gewählten Sprache beantwortet werden, ohne daß hiedurch der Partei ein Nachteil erwächst.*
>
> *Der Landesausschuß hält die Erfüllung dieser Forderungen für eine Ehrenpflicht der Demokratie. Er anerkennt die großen Verdienste, die sich der slowenische Volksteil Kärntens bei der Bekämpfung der nazistischen Herrschaft erworben hat und spricht seine Bewunderung für den heldenhaften Freiheitskampf des jugoslawischen Volkes aus.*
>
> *Der Landeshauptmann wird alles tun, was in seinen Kräften steht, um den österreichischen Staatsbürgern slowenischer Sprache volle Gerechtigkeit in einem demokratischen Österreich widerfahren zu lassen. Er gibt der Hoffnung Ausdruck, daß hiedurch die Treue zum österreichischen Staat unbeschadet der Liebe zum slowenischen Volkstum sich so bewähren wird, wie sie es jahrhundertelang getan hat.*
>
> *Der Landeshauptmann wird es sich angelegen sein lassen, in kürzester Zeit die Durchführungsgesetze zu diesen Grundsätzen zu beschließen."*
>
> Aus: Kärnten — ein Problem? Wien, Hrsg. v. d. Kärntner Landesregierung. — Wien 1945

Grundsätze des Kärntner Landesausschusses hinsichtlich der Kärntner Slowenen (1945)

würdigte 1945 die Haltung der Kärntner Slowenen während der nationalsozialistischen Herrschaft, indem er erklärte: „Er anerkennt die großen Verdienste, die sich der slowenische Volksteil Kärntens bei der Bekämpfung der nazistischen Herrschaft erworben hat und spricht seine Bewunderung für den heldenhaften Freiheitskampf des jugoslawischen Volkes aus." Die Minderheitenpolitik der Kärntner Landesregierung bestand 1945 darin, die Kärntner Slowenen durch volksgruppenfreundliche Maßnahmen zu gewinnen. Der Landesausschuß beschloß daher im Juni 1945 ein umfangreiches Wiedergutmachungsprogramm für die Kärntner Slowenen.

In der Landesregierung herrschte damals Übereinstimmung darüber, daß ein näher zu umgrenzendes Gebiet Kärntens dauernd als zweisprachig angesehen werden sollte.

b) Die Schulsprachenverordnung von 1945

Die von der Landesregierung angekündigten Wiedergutmachungsmaßnahmen deckten sich im wesentlichen mit den Forderungen der Slowenen nach Beteiligung am öffentlichen Leben Kärntens. In den ersten Monaten nach der Befreiung war daher die Zusammenarbeit von Landesregierung und OF erfolgreich.

Auf Anregung des slowenischen Mitgliedes der Kärntner Landesregierung, Joško Tischler, wurde am 3. Oktober 1945 eine „Neugestaltung der zweisprachigen Volksschulen im südlichen Gebiete Kärntens" verfügt, die alle Schüler eines klar umgrenzten Gebietes zur Erlernung beider Landessprachen anhielt. Auf den ersten drei Schulstufen des neuen Schultyps wurde der gesamte Unterricht jeweils zur Hälfte in deutscher und slowenischer Sprache erteilt; Deutsch und Slowenisch waren gleichberechtigt. Auf der vierten Schulstufe wurde slowenischer Sprachunterricht im Ausmaß von vier und in den folgenden Schulstufen im Ausmaß

Verordnung der Prov. Kärntner Landesregierung vom 3. Oktober 1945 zur Neugestaltung der zweisprachigen Volksschulen im südlichen Gebiete Kärntens (in der Fassung des Beschlusses vom 31. Oktober 1945).

A. Im südlichen Gebiet des Landes Kärnten bestehen zweisprachige Volksschulen. Der Unterricht wird hier in den ersten drei Schulstufen grundsätzlich in der Muttersprache des Kindes erteilt, doch wird die zweite Landessprache auch schon vom Schulbeginn an in mindestens sechs Wochenstunden gepflegt. Auf der vierten Schulstufe erfolgt der Übergang zur deutschen Unterrichtssprache, die nun bis zum Schluß der Schulpflicht verbleibt. Daneben werden auf der vierten Schulstufe vier und weiterhin drei Wochenstunden in slowenischer Sprache gegeben. Der Religionsunterricht ist ausschließlich in der Muttersprache zu erteilen.

Auf den ersten drei Schulstufen wird der Gesamtunterricht zur Hälfte in deutscher und in slowenischer Sprache erteilt. Hier sind zum Sprachunterricht auch der Sachunterricht, Lesen und Schreiben zu zählen.

B. Zweisprachige Volksschulen sind zu führen in den nachstehenden Gemeinden (nach der Bezirkseinteilung am 1. Jänner 1938):

des politischen Bezirkes Hermagor: Egg, Görtschach, St. Stefan und Vorderberg,

des politischen Bezirkes Villach: Feistritz a. d. Gail, Hohenthurn, Emmersdorf, Arnoldstein, Finkenstein, Maria Gail, Ledenitzen, Rosegg, Lind ob Velden, Wernberg, Köstenberg, Velden, Augsdorf und St. Jakob i. R.,

des politischen Bezirkes Klagenfurt-Land: St. Martin am Techelsberg, Schiefling, Oberdörfl, Ludmannsdorf, Keutschach, Viktring, Köttmannsdorf, Maria Rain, Ebental, Radsberg, Mieger, Grafenstein, Hörtendorf, Poggersdorf, St. Thomas am Zeiselberg, Maria Wörth, Feistritz i. R., Windisch-Bleiberg, Weizelsdorf, Unterferlach, St. Margareten i. R., Zell und Ferlach,

des politischen Bezirkes Völkermarkt: alle Gemeinden mit Ausnahme von Pustritz.

Die Schulsprachenverordnung von 1945

DAS ZWEISPRACHIGE GEBIET KÄRNTENS
(nach der Schulverordnung 1945)

Bezirk Hermagor/Šmohor

1 Egg/Brdo
2 Görtschach/Goriče
3 St. Stefan a. d. Gail/ Štefan na Zilji
4 Vorderberg/Blače

Bezirk Villach/Beljak-Land

5 Arnoldstein/Podklošter
6 Augsdorf/Loga vas
7 Feistritz a. d. Gail/ Bistrica na Zilji
8 Finkenstein/Bekštanj
9 Hohenthurn/Straja vas
10 Köstenberg/Kostanje
11 Ledenitzen/Ledince
12 Maria Gail/Marija na Zilji
13 Rosegg/Rožek
14 St. Jakob im Rosental/ Št. Jakob v Rožu
15 Velden/Vrba
16 Wernberg/Vernberk

Bezirk Klagenfurt/Celovec-Land

17 Ebental/Žrelec
18 Feistritz im Rosental/ Bistrica v Rožu
19 Ferlach/Borovlje
20 Grafenstein/Grabštanj
21 Hörtendorf/Trdnja vas
22 Keutschach/Hodiše
23 Köttmannsdorf/Kotmara vas
24 Ludmannsdorf/Bilčovs
25 Maria Rain/Žihpolje

26 Maria Wörth/Otok
27 Mieger/Medgorje
28 Poggersdorf/Pokrče
29 Radsberg/Radiše
30 Schiefling/Škofiče
31 St. Margareten im Rosental/ Šmarjeta v Rožu
32 St. Thomas/Št. Tomaž
33 Techelsberg/Dholica
34 Viktring/Vetrinj
35 Weizelsdorf/Svetna vas
36 Windisch Bleiberg/ Slovenji Plajberk
37 Zell/Sele

Bezirk Völkermarkt/Velikovec

38 Bleiburg/Pliberk
39 Diex/Djekše
40 Eberndorf/Dobrla vas
41 Eisenkappel/Železna Kapla
42 Feistritz ob Bleiburg/ Bistrica pri Pliberku
43 Gallizien/Galicija
44 Globasnitz/Globasnica
45 Griffen/Grebinj
46 Haimburg/Vovbre
47 Neuhaus/Suha
48 Ruden/Ruda
49 Sittersdorf/Žitara vas
50 St. Kanzian/Škocijan
51 St. Peter am Wallersberg/ Št. Peter na Vašinjah
52 Tainach/Tinje
53 Völkermarkt/Velikovec
54 Waisenberg/Važenberk

von drei Wochenstunden erteilt. Der Religionsunterricht war an den zweisprachigen Schulen ausschließlich in der Muttersprache vorgesehen. Die Schulverordnung umfaßte mit ihren 107 zweisprachigen Schulen das gesamte von Slowenen bewohnte Gebiet Kärntens. Die slowenische Volksgruppe versteht den Geltungsbereich der Schulsprachenverordnung bis heute als jenen Teil Kärntens, der im Bereich der Gesetzgebung und Verwaltung als zweisprachig zu behandeln ist.

> Landeshauptmannstellvertreter Hans Ferlitsch (ÖVP) in der Landtagssitzung am 28. Jänner 1947:
>
> *"Wir haben nach Schweizer Vorbild in einem bestimmten Gebiet des Landes in allen Gemeinden, wo auch nur ein Bruchteil der Bevölkerung slowenischer Muttersprache ist, ein zweisprachiges Schulsystem eingeführt und fragen das Kind nicht, ob deutsch oder slowenisch, sondern fordern die Erlernung beider Sprachen von jedem Schüler. Wir sind der Überzeugung, daß dies zum Vorteil der Völker ist, die unser Land bewohnen."*

Hans Ferlitsch verteidigt die zweisprachige Schule

Die Schulsprachenverordnung wurde von Vertretern beider Großparteien als endgültige und beide Teile zufriedenstellende Lösung der Kärntner Schulfrage verstanden. In Abkehr von der bisherigen Kärntner Schulpolitik, die auf Eindeutschung ausgerichtet war, sollten nunmehr Voraussetzungen für ein freies ethnisches Bekenntnis geschaffen werden. So urteilte 1946 die sozialistische „Neue Zeit", „es wäre der Streitigkeiten kein Ende gewesen, wenn nicht kurzerhand der Beschluß gefaßt worden wäre, daß jedes Kind in diesem Gebiet beide Sprachen lernen muß. Damit muß in wenigen Jahren jeder Mensch in diesem Gebiete beide Sprachen beherrschen, und jedermann kann sich frei entscheiden, zu welcher Nation er eigentlich gehören will". In der Landtagssitzung vom 28. Jänner 1947 verteidigte der der ÖVP angehörende Landeshauptmannstellvertreter Hans Ferlitsch die zweisprachige Schule Kärntens als Beispiel konstruktiver Minderheitenpolitik. Schwierigkeiten bei der Durchführung der Schulverordnung ergaben sich anfangs aus dem Fehlen von qualifizierten Lehrkräften, was nach Auskunft des Kärntner Landesschulrates auf die „Vernachlässigung der Lehrerausbildung wie des gesamten zweisprachigen Unterrichtswesens in den letzten Jahren" zurückzuführen war.

2. Minderheitenpolitik im Schatten der Grenzfrage

a) Ausschaltung der Osvobodilna fronta aus der politischen Willensbildung des Landes

Die OF verlangte unbeschadet ihrer einstweiligen Zusammenarbeit mit der Kärntner Landesverwaltung in Übereinstimmung mit der jugoslawischen Regierung stets die Angliederung Südkärntens an Jugoslawien. Nach den Erfahrungen der nationalsozialistischen Zeit schien ihr die Zukunft der Kärntner Slowenen als Volksgruppe langfristig nur durch eine Vereinigung mit Jugoslawien gewährleistet zu sein. Im Widerstandskampf hatte sich nach Meinung der OF die slowenische Volksgruppe in Kärnten das Recht auf nationale Selbstbestimmung bis zur Trennung von Österreich erworben. Unabhängig davon betonte die OF, daß ihr Kampf um die Freiheit des slowenischen Volkes gleichzeitig ein Beitrag zur Wiedererrichtung Österreichs gewesen sei.

Die künftige Grenzziehung zwischen Österreich und Jugoslawien spielte unmittelbar nach der Befreiung für die Kärntner Volksgruppenfrage vorerst keine entscheidende Rolle, da sie als Angelegenheit der Großmächte angesehen wurde. Erst anläßlich der Wahlen zum österreichischen Nationalrat im November 1945 rückte die Grenzfrage in den Mittelpunkt der Kärntner Minderheitenpolitik. Die Auseinandersetzungen entzündeten sich an der Frage, ob die OF an dieser Wahl teilnehmen dürfte. Die britische Militärverwaltung als zuständige regionale Instanz der alliierten Besatzungsmächte untersagte eine Kandidatur der OF bei den Nationalratswahlen, weil sich diese nicht vorbehaltlos zu Österreich bekannte. Die OF konnte sich daher an den Novemberwahlen nicht beteiligen. Damit war sie als vorerst einzige politische Vertretung der slowenischen Volksgruppe aus der politischen Willensbildung des Landes ausgeschaltet.

Die Lage der Minderheit wurde zudem bereits 1945 durch weltanschauliche Konflikte erschwert. Die OF war eine politische Sammelbewegung unter starkem kommunistischem Einfluß. Sie sympathisierte uneingeschränkt mit dem kommunistischen Jugoslawien und der Sowjetunion. Außerdem unterhielt sie enge Kontakte zur Kommunistischen Partei Österreichs, welche sich allerdings nie für eine Lostrennung Südkärntens von Österreich einsetzte. Eine Zusammenarbeit der OF mit SPÖ und ÖVP wurde erschwert, als die politische Einheit der drei staatsgründenden Parteien ÖVP, SPÖ und KPÖ zerbrach.

b) Der Gegensatz zwischen Osvobodilna fronta und britischer Besatzungsmacht

Die kommunistische Orientierung der OF blieb nicht ohne Auswirkungen auf die Haltung der britischen Besatzungsbehörden. Die Briten hatten nach der Befreiung wichtige minderheitenfreundliche Maßnahmen

„Koroška kronika" — Organ der britischen Besatzungsmacht für die Kärntner Slowenen

gesetzt. So wurden slowenischsprachige Rundfunksendungen des Klagenfurter Lokalsenders angeordnet. Weiters gab die britische Besatzungsmacht von 1945 bis 1950 eine slowenische Wochenzeitung, die „Koroška kronika" heraus, die sich um die Wiederbelebung des literarischen Schaffens der Kärntner Slowenen Verdienste erwarb. Die slowenischen nationalen Belange sollten nach Meinung der Vertreter Großbritanniens im Rahmen Österreichs verwirklicht werden. Die Briten haben als westliche Besatzungsmacht stets die Intergrität des Landes Kärnten gegenüber Gebietsforderungen des kommunistischen Jugoslawien verteidigt. Unter diesen Voraussetzungen wurden die britische Besatzungsmacht und die Osvobodilna fronta aus Verbündeten im antifaschistischen Kampf zu politischen Gegnern. Zur besseren Kontrolle und politischen Isolierung der OF wurde Kärnten südlich der Drau zur Sperrzone erklärt. Die slowenische Volksgruppe in Kärnten war somit wenige Monate nach Kriegsende in den sich schon abzeichnenden weltweiten Ost-West-Konflikt hineingezogen. Der folgende Kalte Krieg und die von ihm bewirkten außen- und innenpolitischen Frontstellungen haben die Lage der Minderheit für die nächsten Jahre außerordentlich erschwert.

3. Ideologische und politische Differenzierung innerhalb der slowenischen Volksgruppe

a) Versuche einer Spaltung der Volksgruppe

Die Novemberwahlen des Jahres 1945 bestätigen die schon in der Ersten Republik vorherrschende Einordnung der slowenischen Volksgruppe in die österreichische Parteienlandschaft. Eine Mehrheit der Kärntner Slowenen wählte Kandidaten der SPÖ bzw. der ÖVP. Der von der OF repräsentierte Teil der Volksgruppe wählte überwiegend kommunistisch oder blieb der Wahl fern. Auf der Grundlage dieses Wahlverhaltens versuchte die Kärntner Landespolitik mit der Gründung des „Bundes österreichischer Slowenen" („Zveza avstrijskih Slovencev") den Aufbau einer neuen Minderheitenorganisation. Diese war als eine gelenkte und den Interessen der Landesverwaltung dienende Einrichtung gedacht, mit dem Ziel, den Kontakt der slowenischen Volksgruppe mit Jugoslawien zu unterbinden. Sie sollte sich, ihren Statuten nach, nicht mit tagespolitischen Fragen beschäftigen, die ausschließlich als Angelegenheiten der politischen Parteien bezeichnet wurden. Der „Bund österreichischer Slowenen" konnte sich deshalb auch nicht durchsetzen. Später richtete die Landesregierung als Ersatz für den Bund ein eigenes Minderheitenreferat ein, das die Zusammenarbeit mit der OF ablehnte. In der weiteren Folge kam es zur Gründung eines „Bundes der Windischen", der freilich Slowenen umfaßte, die im Begriffe waren, ihre Nationalität zu wechseln oder bereits gewechselt hatten.

b) Die weitere Entwicklung der Osvobodilna fronta

Der neuerliche Versuch einer Spaltung der Minderheit in einen politisch eigenständigen und einen politisch abhängigen Teil war somit gescheitert. Dennoch erfuhr das nationalpolitische Leben der Kärntner Slowenen nach 1945 eine Differenzierung, und zwar nach weltanschaulichen Gesichtspunkten. Dieser Prozeß der ideologischen Profilierung zweier Richtungen innerhalb der Volksgruppe hatte sich bereits zur Zeit des österreichischen Ständestaates abzuzeichnen begonnen, als die slowenische Führung sich dem konservativen österreichischen System genähert hatte, um die Situation der Volksgruppe zu verbessern, und als Teile der slowenischen Arbeiterschaft mit der illegalen Arbeiterbewegung kooperiert hatten.

Im Kampf gegen den Nationalsozialismus hatten sich nach dem Zusammenbruch des alten Jugoslawien die Kräfte des Widerstandes in der OF gesammelt, die nach 1945 vorübergehend die Kärntner Slowenen politisch repräsentierte. Politik und Ideologie der Kärntner OF waren stark vom kommunistischen Jugoslawien beeinflußt, und sie entwickelte sich parallel zur OF in Jugoslawien aus einer überparteilichen nationalen Sammelbewegung zu einer kommunistisch orientierten Organisation. In ihren Gebietsausschüssen entfaltete sie vielfältige politische Aktivitäten, doch waren die von ihr entwickelten Ansätze zur Bildung einer eigenen slowenischen Lokalverwaltung neben der bestehenden Landesverwaltung zum Scheitern verurteilt. Parallel zu diesen politischen Bestrebungen waren weitere slowenische Organisationen, die zum Teil in die OF eingegliedert waren und die in anderer Form bis heute bestehen, vor allem kulturell und wirtschaftlich tätig. Die wichtigsten dieser Organisationen waren: Zveza slovenskih izseljencev/Verband slowenischer Ausgesiedelter, Zadružna zveza za slovensko Koroško/Genossenschaftsverband für

„Slovenski vestnik" und „Naš tednik" — Organe der beiden Zentralorganisationen der Kärntner Slowenen

Slowenisch-Kärnten, Kmečka zveza/Bauernbund, Antifašistična fronta žena za slovensko Koroško/Antifaschistische Front der Frauen für Slowenisch-Kärnten, Zveza mladine za slovensko Koroško/Verband der Jugend für Slowenisch-Kärnten, Slovensko šolsko društvo/Slowenischer Schulverein, Zveza bivših partizanov/Verband ehemaliger Partisanen, Slovenska prosvetna zveza/Slowenischer Kulturverband u. a.

Die weitere Entwicklung der OF wurde durch die Staatsvertragsverhandlungen des Jahres 1949 bestimmt, die eine — wenngleich völkerrechtlich erst im Staatsvertrag von 1955 anerkannte — Bestätigung der österreichischen Vorkriegsgrenzen brachten. Die OF gründete am 17. 7. 1949 die Demokratična fronta delovnega ljudstva/Demokratische Front des werktätigen Volkes, die dann bei den Landtagswahlen des Jahres 1949 kandidierte und 2095 Stimmen erhielt. Das bisherige Nahverhältnis der OF zur KPÖ wurde durch den 1948 erfolgten Bruch zwischen der Sowjetunion und Jugoslawien belastet. Die Demokratische Front näherte sich nach 1949 der SPÖ. Seit 1946 gibt die OF bzw. ihre Nachfolgeorganisation die Wochenzeitschrift „Slovenski vestnik" (Slowenischer Bote) heraus.

c) Das katholische Lager der Kärntner Slowenen

Unabhängig von der OF und häufig im Gegensatz zu ihr formierte sich unter den Kärntner Slowenen in Anknüpfung an die Vorkriegstradition ein christliches Lager. Persönlichkeiten wie Msgr. Valentin Podgorc, der sich bereits zur Zeit der Volksabstimmung für den Verbleib Südkärntens bei Österreich ausgesprochen hatte, lehnten 1945 die OF und österreichische Gebietsabtretungen an das kommunistische Jugoslawien entschieden ab. Sie fanden bei ihren erfolgreichen Bemühungen um den Wiederaufbau der religiösen, kulturellen und wirtschaftlichen Einrichtungen der Volksgruppe einen starken Rückhalt in der Kirche.

Im kirchlichen Bereich wurden nach 1945 folgende Maßnahmen gesetzt: Die 1941 von ihren Pfarren vertriebenen slowenischen Priester kehrten dahin zurück. Die slowenische Sprache wurde in mehr als 70 Pfarren ausschließlich oder gemeinsam mit der deutschen Sprache wieder zur Gottesdienstsprache. Der Gebrauch der slowenischen Sprache im Gottesdienst erstreckte sich auf das gesamte von Kärntner Slowenen besiedelte Gebiet. Zur religiösen Betreuung der Gläubigen wurde wieder ein slowenisches Seelsorgeamt in Klagenfurt eingerichtet. Mit Genehmigung der britischen Besatzungsmacht konnte erneut das slowenische Kirchenblatt „Nedelja" erscheinen.

Die Hermagoras-Bruderschaft begann 1948 als religiös-kulturelle Organisation der Kärntner Slowenen wieder mit der Herausgabe der alljährlichen Büchergabe. Sie wurde zu einem geistigen Zentrum der katholisch orientierten Slowenen. Mit Beginn des Jahres 1949 begann sie die Kulturzeitschrift „Vera in dom" (Glaube und Heim) herauszugeben, die noch heute unter dem Titel „Družina in dom" (Familie und Heim) erscheint. Mit dieser religiös-kulturellen Zeitschrift wurde auch der Zweck verfolgt, die geistigen Voraussetzungen für eine politische Organisation der Kärntner Slowenen im Sinne christlicher Weltanschauung zu schaffen. So kam es im Juni 1949 zur Gründung des Narodni svet koroških

Das Gebäude der Hermagoras-Bruderschaft/Mohorjeva družba in Klagenfurt

Slovencev (Rat der Kärntner Slowenen). Die politische Führung der christlich orientierten Slowenen war Joško Tischler anvertraut, der 1948 aus dem Regionalausschuß der OF mit der Begründung ausgetreten war, daß er angesichts der Entwicklung „nicht mehr die Mitverantwortung tragen könne".

d) Die Beziehungen der Slowenen zu den Kärntner Parteien

Die vom Rat der Kärntner Slowenen anläßlich der Landtagswahlen 1949 aufgestellte Liste erhielt 4644 Stimmen. Wie die Demokratična fronta delovnega ljudstva zur SPÖ, so trat der Narodni svet koroških Slovencev in ein Nahverhältnis zur ÖVP. Damit war eine weitgehende Integration der Kärntner Slowenen in das österreichische Parteiensystem vollzogen. Nicht im Widerspruch dazu steht die Kandidatur slowenischer Listen bei Gemeinderats- und Landtagswahlen sowie Wahlen in andere Körperschaften und Verbände.

Auf Grund ihrer weltanschaulichen Differenzierung sind die Kärntner Slowenen — anders als in der Zwischenkriegszeit — nicht mehr in einer nationalen Sammelpartei zusammengefaßt. Für die österreichischen Parteien resultiert daraus, daß sie als Parteien, die auch von Angehörigen der Volksgruppe gewählt werden, zu minderheitenfreundlicher Politik verpflichtet sind.

Arbeitsaufgaben und Fragen:

1. Wodurch kam es zum Bruch zwischen Stalin und Tito?
2. Analysiert die Haltung der Kärntner Landesverwaltung zur Schulfrage nach dem 2. Weltkrieg!
3. Welche kurz- und langfristigen Auswirkungen hatte die Nichtbeteiligung einer slowenischen Partei an den Novemberwahlen 1945?
4. Erörtert die Bedeutung der Schule für die geistige Entwicklung von Volksgruppen bzw. Minderheiten?
5. Sprecht über die Bedeutung des Art. 7 des Staatsvertrages für die Volksgruppen in Österreich, insbesondere für die Kärntner Slowenen!
6. Diskutiert den Stellenwert kultureller und künstlerischer Leistungen für das Selbstbewußtsein eines Volkes und von Minderheiten!

Der Weg zum Staatsvertrag

1. Jugoslawische Gebietsforderungen

In der nationalsozialistischen Zeit waren die Grenzen der „Ostmark" mehrmals verändert worden. Im Norden wurde 1938 ein tschechoslowakischer Gebietsstreifen an die Gaue Niederdonau und Oberdonau angegliedert, und Oberkrain und die Untersteiermark wurden seit 1941 von Kärnten und Steiermark aus verwaltet. Die Eindeutschung „Südkärntens" von den Karawanken bis an die Stadtgrenzen von Laibach wurde nach der geplanten Eliminierung der slowenischen Bevölkerung in Kärnten als nächste nationalpolitische Aufgabe Kärntens verstanden. Nach dem Krieg war die Grenzfrage durch die Erinnerung an die seit 1941 gegenüber den Slowenen praktizierte Entnationalisierung schwer belastet. Die jugoslawische Regierung forderte im Einvernehmen mit der Befreiungsfront für Slowenisch-Kärnten (Osvobodilna fronta za Slovensko Koroško) eine Revision der österreichisch-jugoslawischen Grenze. Österreich hat im Hinblick auf die 1920 erfolgte Volksabstimmung eine Gebietsabtretung stets vorbehaltlos abgelehnt. Die Kärntner Landesregierung erhob vielmehr ihrerseits die Forderung nach Rückgliederung des 1919 an Italien abgetretenen Kanaltales an Kärnten und verlangte zusätzlich die mehrheitlich deutschsprachige Gemeinde Weißenfels, die ursprünglich zu Krain gehört hatte und seit 1920 italienisch war.

Die jugoslawischen Gebietsforderungen erstreckten sich auf einen großen Teil Kärntens einschließlich der Landeshauptstadt Klagenfurt. Über die beiden Abstimmungszonen des Jahres 1920 hinaus wurde auch das zweisprachige Gailtal bis Hermagor gefordert. Bei Beginn der Staatsvertragsverhandlungen im Jänner 1947 verlangte Jugoslawien von Kärnten ein Gebiet von 2470 km² mit etwa 180.000 Einwohnern und von der Steiermark 130 km² mit etwa 10.000 Einwohnern. Weiters sollte Österreich Reparationszahlungen in der Höhe von 150 Millionen Dollar leisten.

Die Ansprüche der jugoslawischen Regierung auf österreichisches Territorium stießen bei den Staatsvertragsverhandlungen auf Ablehnung von seiten der amerikanischen, britischen und französischen Delegierten. Die sowjetische Delegation unterstützte sie wohl nach außen hin, informierte aber intern die jugoslawische Delegation über die entschiedene Zurückweisung der Gebietsansprüche. Unter diesen Voraussetzungen präzisierte die jugoslawische Friedensdelegation in einem Schreiben an den sowjetischen Außenminister bereits im April 1947 ihre Minimalforderungen. Diese betrafen nur noch eine geringfügige Grenzberichtigung, nämlich die Übergabe der Draukraftwerke Schwabegg und Lavamünd an Jugoslawien. Im äußersten Fall wollte sich Jugoslawien sogar mit Sonderrechten bei der Verwaltung und Nutzung dieser Kraftwerke begnügen. Vor allem aber verlangte Jugoslawien einen wirksamen Minderheitenschutz für die Kärntner Slowenen, die ihrer Meinung nach immer noch bedroht waren, entnationalisiert zu werden. Nach außen hin beharrte die jugoslawische Delegation jedoch weiterhin auf ihren Maximalforderungen.

2. Staatsvertragsverhandlungen

Die Gebietsansprüche Jugoslawiens wurden neben Wirtschaftsfragen zum wichtigsten Problem der Staatsvertragsverhandlungen. Erst 1949 gelang der Durchbruch, als die Sowjetunion die jugoslawischen Ansprüche nicht mehr voll unterstützte. Im Jahre 1948 hatte sich nämlich Jugoslawien nach dem sogenannten Kominformkonflikt aus der engen politischen Allianz mit der Sowjetunion gelöst.

a) Minderheitenschutz im Staatsvertrag gegen Gebietsforderungen

Über sowjetische Initiative wurde in der Folge der Artikel 7 des Staatsvertrages umgearbeitet. Österreich hat damals in einem Abkommen mit den Vereinigten Staaten seine Bereitschaft erklärt, als Ausgleich für die sowjetische Zustimmung zu den österreichischen Vorkriegsgrenzen zuzugestehen, „daß der Staatsvertrag den Schutz der slowenischen und kroatischen Minderheiten garantieren sollte". Der Artikel 7 zählt somit zu jenen Bedingungen, auf deren Grundlage das in seinem Gebietsstand unveränderte Österreich seine Unabhängigkeit wiedererlangt hat. Der 1949 von den Alliierten ausgearbeitete Artikel 7 wurde fast unverändert in den österreichischen Staatsvertrag vom 15. Mai 1955 aufgenommen.

b) Grundsätzliches über Minderheitenschutz

An dieser Stelle sind einige grundsätzliche Überlegungen zur Frage des Minderheitenschutzes angebracht. Nationale Minderheiten haben nach heute geltender Ansicht der Rechtswissenschaft den Anspruch auf Schutz und Entfaltung ihrer sprachlichen, kulturellen und nationalen Eigenart. Dabei wird vorausgesetzt, daß nationale Minderheiten selbst unter den Voraussetzungen rechtlicher Gleichstellung mit den Staatsbürgern der Mehrheitsbevölkerung in der Pflege ihrer Eigenart zumeist materiell benachteiligt sind. Der Staat müsse ihnen daher bestimmte Son-

Typischer Bauernhof aus dem Gailtal

derrechte gewähren, die darauf abzielen, ihren Anspruch auf Gleichstellung zu erfüllen.

c) Das Autonomiemodell

Die am weitesten gehende Form des Minderheitenschutzes gewährt den Minderheiten die Ausübung einer regionalen Gesetzgebungs- und Vollzugsgewalt innerhalb eines Territoriums, in dem die Minderheit meist die Mehrheit der Bevölkerung stellt. Der Staat verzichtet in diesem Falle zugunsten der Minderheit auf die Ausübung bestimmter Hoheitsrechte. Dazu wird das von der Minderheit allein oder gemeinsam mit anderen ethnischen Gruppen besiedelte Gebiet als eigenes Verwaltungsgebiet eingerichtet. Im Falle der Südtiroler deutschsprachigen Bevölkerung ist die Provinz Bozen in ihrer Gesamtheit als zweisprachiges Territorium anerkannt. Hier besitzt die deutschsprachige Mehrheit das Recht auf sprachliche und kulturelle Gleichberechtigung mit der italienischen Staatsnation und auf staatliche Förderung ihrer nationalen Eigenart. Ein eigener Landtag und eine Landesregierung garantieren die Selbstverwaltung. Der zweisprachige Charakter der Provinz kommt nach außen hin in der obligatorischen Zweisprachigkeit sämtlicher topographischer Aufschriften zum Ausdruck.

Eine Territorialautonomie nach diesem Vorbild hat die Kärntner slowenische Volksgruppe nicht erreicht. Die jugoslawische Delegation hat bei den Staatsvertragsverhandlungen im Jahre 1949 vergeblich die Teilung Kärntens in zwei administrative Einheiten verlangt. Nach Meinung

„Kufenstechen" (štehvanje) — ein typischer Gailtaler Brauch

der österreichischen Regierung bestand kein Anlaß, der Minderheit durch Schaffung eines eigenen Bundeslandes Selbstverwaltungsrechte zu gewähren. Die vier Staatsvertragsmächte schlossen sich dieser Haltung an.

d) Der Geltungsbereich des Minderheitenschutzes und die Frage einer Minderheitenfeststellung

Minderheitenrechte werden weiters durch die Anerkennung der Minderheit als schützenswerte gesellschaftliche Großgruppe in ihrer Gesamtheit gewährt. Diesem Gedanken folgt der Artikel 7 des österreichischen Staatsvertrags, wenn er von österreichischen Staatsangehörigen „der slowenischen und kroatischen Minderheiten" spricht.

Die Festlegung des Geltungsbereiches des Artikels 7 ist zu einem Streitpunkt geworden. Politisch hat sich die Meinung durchgesetzt, daß die Erfüllung des Artikels 7 nur auf Grund einer Minderheitenfeststellung möglich sei, welche den Bereich abgrenzt, in dem die Minderheit lebt. Die österreichische Volksgruppengesetzgebung des Jahres 1976 folgt diesem Gedanken. Die slowenische Volksgruppe hingegen hat stets betont, daß der Staatsvertrag eine Minderheitenfeststellung als Voraussetzung der Erfüllung von Minderheitenrechten n i c h t vorsieht. Ihrer Meinung nach war zum Zeitpunkt der Formulierung des Artikels 7 und des Inkrafttretens des Staatsvertrages das Siedlungsgebiet der Volksgruppe bekannt. Die Entstehungsgeschichte des Staatsvertrages bestätigt diese Auffassung.

Aber es ist festzuhalten, daß die seinerzeit nach dem Ersten Weltkrieg ausgearbeiteten und für Österrreich im Vertrag von St. Germain 1919 völkerrechtlich wirksam verankerten Minderheitenschutzbestimmungen die Gewährung von Sonderrechten ausdrücklich von einem bestimmten Prozentsatz der Minderheit an der Gesamtbevölkerung der entsprechenden Verwaltungseinheit abhängig machten. So konnten die Kärntner Slowenen in der Ersten Republik nur dort Volksgruppenrechte beanspruchen, wo sie in ausreichender Zahl siedelten. Nach damaliger Rechtsauffassung war ein Anteil von 20% notwendig, um in den Genuß von Minderheitenrechten zu gelangen.

Als nun die Alliierten im Jahre 1949 die Diskussion um den Artikel 7 begannen, lag ihnen ein sowjetischer Entwurf vor, der von „slowenischen und kroatischen Minderheiten in Kärnten, dem Burgenland und der Steiermark" sprach, denen Sonderrechte zu gewähren seien. Schon dieser Entwurf verlangte für die „Verwaltungs- und Gerichtsbezirke mit slowenischer und kroatischer oder gemischtsprachiger Bevölkerung" die Verankerung der Minderheitensprache als zusätzliche Amtssprache sowie als Sprache der topographischen Aufschriften. Die Westmächte waren anfangs mit diesem Vertragsentwurf nicht einverstanden. Sie wollten einen Zusatz einfügen, wonach die Slowenen und Kroaten Minderheitenrechte nur dann erhalten sollten, wenn sie in Städten und Bezirken bzw. in Verwaltungs- und Gerichtsbezirken einen „beträchtlichen Anteil" der Bevölkerung erreichten. Das heißt, sie dachten an eine kaum veränderte Wiederholung der seinerzeitigen Bestimmungen des Vertrages von St. Germain mit seiner Bindung an eine Verhältnisklausel. In den folgenden Verhandlungen aber verzichteten die Westmächte auf diese einschränkende Klausel und akzeptierten den sowjetischen Entwurf. Diese Entwicklung ist von großer Bedeutung für die Beurteilung des Staatsvertrages, beweist sie doch, daß die Alliierten nach gewissenhafter Prüfung der Materie bewußt von den bisherigen Minderheitenbestimmungen abgingen und festlegten, daß die Minderheit, um in den Genuß des Artikels 7 zu gelangen, nicht erst ihre Existenz beweisen müsse und daß ihre Rechte aus dem Artikel 7 auch nicht von einem „beträchtlichen Anteil" abhängig sein sollten, sondern in ihrem gesamten Siedlungsgebiet zu gelten hätten.

Wo aber die Minderheit siedelte, schien nach 1945 vorerst ganz unbestritten. Ein bestimmter Teil Südkärntens wurde damals als dauernd zweisprachig betrachtet. Die Kärntner Landesregierung hat ihrerseits die 1945 erlassene Schulverordnung als Beweis für ihre tolerante Minderheitenpolitik herangezogen. So heißt es in der offiziellen Propagandaschrift für das Ausland, dem „Kärntner Brief" vom 15. Jänner 1949: „Seit Jahren

Nach der Unterzeichnung des Staatsvertrages in Wien am 15. 5. 1955

schon besteht im ganzen gemischtsprachigen Gebiet nach Schweizer Muster die zweisprachige Schule."

Man kann also annehmen, daß den Alliierten 1949 der Gedanke einer Bindung von Minderheitenrechten an das Vorhandensein eines bestimmten Prozentsatzes von Minderheitenangehörigen gleich welcher Gebietseinheiten, ob Gemeinde, Gerichts- oder politischer Bezirk oder Land, fern lag, in der Überzeugung, daß die Kärntner Landesregierung selbst nicht im Zweifel war, wo die Minderheit siedelte. Die Forderung nach einer Minderheitenfeststellung kann somit aus dem Artikel 7 nicht abgeleitet werden.

Der Artikel 7 des österreichischen Staatsvertrages

Die Kärntner Slowenen haben den Artikel 7 des österreichischen Staatsvertrages, der ihnen die freie Entfaltung als nationale Minderheit garantiert, als Magna Charta ihrer Rechte in den Mittelpunkt ihrer Politik gestellt. Sein Wortlaut:

> ARTIKEL 7 DES ÖSTERREICHISCHEN STAATSVERTRAGES
> VOM 15. MAI 1955
>
> *Rechte der slowenischen und kroatischen Minderheiten*
>
> „1. Österreichische Staatsbürger der slowenischen und kroatischen Minderheiten in Kärnten, Burgenland und Steiermark genießen dieselben Rechte auf Grund gleicher Bedingungen wie alle anderen österreichischen Staatsangehörigen einschließlich des Rechtes auf ihre eigenen Organisationen, Versammlungen und Presse in ihrer eigenen Sprache.
>
> 2. Sie haben Anspruch auf Elementarunterricht in slowenischer oder kroatischer Sprache und auf eine verhältnismäßige Anzahl eigener Mittelschulen; in diesem Zusammenhang werden Schullehrpläne überprüft und eine Abteilung der Schulaufsichtsbehörde wird für slowenische und kroatische Schulen errichtet werden.
>
> 3. In den Verwaltungs- und Gerichtsbezirken Kärntens, des Burgenlandes und der Steiermark mit slowenischer, kroatischer oder gemischter Bevölkerung wird die slowenische oder kroatische Sprache zusätzlich zum Deutschen als Amtssprache zugelassen. In solchen Bezirken werden die Bezeichnungen und Aufschriften topographischer Natur sowohl in slowenischer oder kroatischer Sprache wie in Deutsch verfaßt.
>
> 4. Österreichische Staatsangehörige der slowenischen und kroatischen Minderheiten in Kärnten, Burgenland und Steiermark nehmen an den kulturellen, Verwaltungs- und Gerichtseinrichtungen in diesen Gebieten auf Grund gleicher Bedingungen wie andere österreichische Staatsangehörige teil.
>
> 5. Die Tätigkeit von Organisationen, die darauf abzielen, der kroatischen oder slowenischen Bevölkerung ihre Eigenschaft und ihre Rechte als Minderheit zu nehmen, ist zu verbieten."

Die Entwicklung nach der Unterzeichnung des Staatsvertrages 1955

1. Realisierungsvorschläge der Slowenen

Am 11. Oktober 1955, also wenige Monate nach dem Abschluß des österreichischen Staatsvertrags, richteten die beiden zentralen Organisationen der Kärntner Slowenen, der „Rat der Kärntner Slowenen" und der „Zentralverband slowenischer Organisationen in Kärnten" eine ausführliche Eingabe in Form eines Memorandums an die österreichische Bundesregierung. Darin brachten sie ihre Vorstellungen über die Verwirklichung der Volksgruppenrechte zum Ausdruck, indem sie ausführlich auf die einzelnen Abschnitte des Artikels 7 eingingen und besonders die Notwendigkeit der Aufrechterhaltung und Verbesserung des zweisprachigen

Schulwesens auf der Basis der Schulverordnung von 1945 betonten. Die Verwirklichung dieser Vorschläge sollte eine staatsvertragskonforme Durchführung der Bestimmungen über die Zulassung des Slowenischen als Amtssprache ermöglichen und in absehbarer Zeit eine funktionsfähige zweisprachige Verwaltung im gemischtsprachigen Gebiet gewährleisten, wozu auch die Errichtung eines eigenen Gymnasiums und einer eigenen Lehrer- und Lehrerinnenbildungsanstalt beitragen sollte.

AN DIE BUNDESREGIERUNG DER REPUBLIK ÖSTERREICH

Die Opfer österreichischer Staatsbürger slowenischer Volkszugehörigkeit im Verlaufe des zweiten Weltkrieges waren außerordentlich groß. Daher begrüßen wir Kärntner Slowenen mit Recht die Tatsache, daß unsere Rechte im Artikel 7 des Staatsvertrages vom 15. Mai 1955 besonders verbrieft sind.

Gerade aus diesem Grunde hat uns die Erklärung des Herrn Bundeskanzlers anläßlich der Ratifikation des Staatsvertrages besonders befriedigt, als er ausführte: „Ich muß aber betonen, daß die Abstimmung über den Staatsvertrag auch die Verantwortung für jeden einzelnen Paragraphen in sich trägt. Mit Reservationen für den einen oder anderen Paragraphen zu kommen und sich hinterher auszureden — das ist keine Art, den Staatsvertrag zu genehmigen. Ich muß betonen, daß bei der Abstimmung über diesen Staatsvertrag jeder Abgeordnete, der dafür stimmt, auch für alle Artikel und Paragraphen sein Votum ausspricht, daß sich keiner ausreden kann, sonst stimme er gegen den Staatsvertrag."

Wir Kärntner Slowenen sind uns der Tatsache voll bewußt, daß es der Geist und nicht der Buchstabe ist, der einem Vertrage Leben verleiht. Der Wortlaut bleibt ein toter Buchstabe, der einer wohlwollenden oder einer böswilligen Interpretation unterworfen ist, wenn ihm der richtige Geist fehlt. Gerade deswegen erinnern wir an die Erklärungen des Außenministers Herrn Dr. Karl Gruber gelegentlich der Verhandlungen um den österreichischen Staatsvertrag, als er im Namen des Staates die Versicherung abgab, daß Österreich in jeder Hinsicht die kulturellen und wirtschaftlichen Lebensrechte der Kärntner Slowenen wahren wird und der am 19. Juni 1952 erklärte: „Es wäre ein außerordentlicher und bedeutungsvoller Fortschritt im internationalen Leben, wenn wir in den Minderheiten nicht mehr ein Element, das trennt, sondern ein Element, das verbindet, sehen würden." Des weiteren verweisen wie auf die feierliche Erklärung des Kärntner Landtages vom 28. Jänner 1947, in der ausdrücklich betont wurde, „daß der Landtag im vollen Umfange die kulturellen und wirtschaftlichen Rechte der Kärntner Slowenen anerkenne."

Die Rechte, die Artikel 7 des Staatsvertrages beinhaltet, haben wir Kärntner Slowenen uns durch unseren unbeugsamen Lebenswillen, insbesondere noch durch unseren entschlossenen Widerstand und Aufstand gegen den Nazismus an der Seite der Verbündeten und mit ungeheuren Opfern, die das slowenische Volk erbracht hatte, erkämpft.

Daher ist es nur natürlich, daß die Alliierten und Assoziierten Mächte im Einvernehmen mit der demokratischen Regierung Österreichs den Ar-

> *tikel 7 in den Staatsvertrag aufnahmen, der auch die demokratische Entwicklung in unserem Lande verbürgen soll.*
>
> *Wir Kärntner Slowenen erwarten, daß wir ein demokratisches Verständnis und den guten Willen auch beim österreichischen Nationalrat, beim Kärntner Landtag, ganz besonders aber bei der Bundesregierung und bei der Kärntner Landesregierung finden werden, insbesondere bei der Durchführung der Bestimmungen und der Beachtung der Rechte, die zu unseren Gunsten der Staatsvertrag enthält.*
>
> *Wir Kärntner Slowenen haben und werden alles unternehmen, um nationale Gegensätze im Lande zu unterbinden. Wir sind bereit, eine Brücke zu bilden, die die beiden Nachbarvölker und die beiden Nachbarstaaten verbindet, was in diesem Teile Europas ein neues und festes Element des Friedens werden wird. Eine erfolgreiche Erfüllung dieser unserer Aufgabe hängt aber auch vom guten Willen des österreichischen Staates ab, der das grundlegende natürliche Recht und das Streben jeder ethnischen Gruppe und jedes Volkes, daß es leben will, und daß es einen kulturellen und wirtschaftlichen Fortschritt anstrebt, anerkennen muß. Da wir ferner der Überzeugung sind, daß die Frage des Inhaltes, somit die Auslegung eines Vertrages, vor allem auch das Recht desjenigen ist, auf den sich der Vertrag bezieht und zu dessen Gunsten der Vertrag geschlossen wurde, gestatten wir uns daher jetzt, nachdem mit dem Staatsvertrag auch die Rechte Gültigkeit erlangt haben, die im Artikel 7 verankert sind, der Regierung unsere Stellungnahme und unsere Vorschläge zur Ausführungsgesetzgebung zum Artikel 7 zu unterbreiten und sie bei dieser Gelegenheit auf einige unserer Forderungen aufmerksam zu machen, die auf dem Naturrecht beruhen und auch mit den Bestimmungen des Staatsvertrages im Einklang sind.*

Präambel des Memorandums der Kärntner Slowenen vom 11. 10. 1955

2. Die Politik der zuständigen Regierungen

Im Gegensatz zu diesem klaren Bekenntnis der slowenischen Volksgruppe zum Artikel 7 des Staatsvertrages als Ausgangspunkt künftiger Minderheitenpolitik verfolgten die österreichische Bundesregierung als dafür zuständige politische Instanz und die Kärntner Landesregierung eine Politik, die nach Meinung der Kärntner Slowenen den Artikel 7 einschränkend interpretiert, wenn nicht gar einer Revision unterzieht. Bald nach dem Abzug der britischen Besatzungsmacht formierten sich in Kärnten wieder die deutschnationalen Organisationen und erlangten politischen Einfluß. Ihrem Druck hat sich die österreichische Minderheitenpolitik in der Folge weitgehend gebeugt.

a) Die Aufhebung der Schulverordnung von 1945

Im Schulbereich wurde vorerst die seit 1945 praktizierte Verordnung über das zweisprachige Schulwesen unverändert beibehalten. Mehrere nach dem Staatsvertrag wiederbelebte Privatvereine, wie der „Kärntner

Schulverein Südmark" und der „Kärntner Heimatdienst", wollten allerdings die zweisprachige Schule zu Fall bringen. Eine rechtlich einwandfreie Vorgangsweise, z. B. eine Beschwerde an den Verfassungsgerichtshof, vermied man freilich. Hingegen wurden die Kärntner Landesbehörden nachhaltig unter politischen Druck gesetzt, und zwar durch deutschnationale Demonstrationen und Schulstreiks. Die Eltern wurden angehalten, ihre Kinder vom zweisprachigen Unterricht fernzuhalten. Der damalige Landeshauptmann von Kärnten, Ferdinand Wedenig, beugte sich diesem Druck und gab in seiner Eigenschaft als Präsident des Landesschulrates am 22. September 1958 einen Erlaß an die Bezirksschulbehörden hinaus, wonach die Erziehungsberechtigten Anträge auf Befreiung vom Unterricht in slowenischer Sprache stellen konnten. Daraufhin wurden von insgesamt 12.774 Schülern 10.375 (81 %) durch die Eltern abgemeldet. Die Kärntner Slowenen verloren damit eine wesentliche Basis und Sicherstellung für alle übrigen minderheitenrechtlichen und minderheitenschützenden Regelungen.

b) Das Minderheiten-Schulgesetz von 1959

Eine rechtliche Sanktionierung fand dieses Vorgehen im 1959 beschlossenen Bundesgesetz über das Kärntner Minderheitenschulwesen, das nunmehr den verpflichtenden Unterricht aller Kinder eines bestimmten Gebietes in beiden Landessprachen aufhob und dafür die Anmeldung der Schüler zum zweisprachigen Unterricht bei Schuleintritt oder am Beginn eines Schuljahres verlangt. Diese uneingeschränkte Anerkennung des Elternrechts führt unter Kärntner Verhältnissen freilich dazu, daß eine große Zahl von Kindern slowenischer Muttersprache in deutscher Unterrichtssprache unterrichtet wird, weil ihre Eltern ein Bekenntnis zu ihrer Nationalität aus sozialen, wirtschaftlichen oder auch verschiedenen anderen Überlegungen scheuen. Die slowenische Sprache besitzt im autochthonen Siedlungsgebiet der Slowenen demnach nicht einmal soviel Geltung wie bestimmte Fremdsprachen, in denen österreichische Schulkinder obligatorisch unterrichtet werden. Was die weiter bestehende zweisprachige Schule anbelangt, so ist der gesamte Unterricht für die zum Slowenischunterricht angemeldeten Schüler auf den ersten drei Schulstufen in annähernd gleichem Ausmaß in deutscher und slowenischer Sprache zu erteilen. Von der vierten Schulstufe an ist die Unterrichtssprache Deutsch, doch ist Slowenisch mit vier Wochenstunden als Pflichtgegenstand zu führen.

Im übrigen wurde die endgültige Festlegung des Geltungsbereichs des zweisprachigen Schulwesens von den Ergebnissen einer abzuhaltenden Minderheitenfeststellung abhängig gemacht.

Das Minderheiten-Schulgesetz vom 19. 3. 1959 verfügte weiters die Einrichtung einer „Bundesmittelschule mit slowenischer Unterrichtssprache", nachdem diese bereits 1957 auf Veranlassung des damaligen Unterrichtsministers Heinrich Drimmel auf dem Erlaßwege errichtet worden war. Sie hieß ursprünglich „Slowenisches Realgymnasium in Klagenfurt/Slovenska realna gimnazija v Celovcu" und führt heute die Bezeichnung „Bundesgymnasium für Slowenen in Klagenfurt/Zvezna gimnazija za Slovence v Celovcu". Seit der Schulreform 1962 ist dieses Gymnasium eine all-

Bundesgymnasium für Slowenen in Klagenfurt
Zvezna gimnazija za Slovence v Celovcu

gemeinbildende höhere Schule. Das slowenische Gymnasium hat sich ganz im Gegensatz zu deutschnationalen Voraussagen als Bildungsstätte der Kärntner Slowenen gut bewährt.

In Ausführung des Staatsvertrags wurde außerdem beim Landesschulrat für Kärnten eine Abteilung für die Angelegenheiten des Unterrichts in slowenischer Sprache als Schulaufsichtsbehörde eingerichtet.

c) Amtssprachenregelungen

Bezüglich der Amtssprache wurde vorerst bis 1968 eine intern verfügte Regelung, wonach von der Landesregierung slowenische Eingaben aus dem gemischtsprachigen Gebiet anzunehmen sind, nicht eingehalten. Einige später von der Kärntner Landesregierung und von der Bundesregierung für den internen Amtsgebrauch bestimmte Erlässe bezüglich der verpflichtenden Annahme und Erledigung slowenischer Eingaben blieben der Öffentlichkeit unbekannt.

d) Das Gerichtssprachengesetz

Das Bundesgesetz betreffend die Gerichtssprache im gemischtsprachigen Bereich Kärntens vom 19. März 1959 wurde vom Gesetzgeber ausdrücklich als Durchführungsgesetz zu Artikel 7, Abs. 3 des Staatsvertrags von 1955 bezeichnet. Dabei handelt es sich offenkundig nur um eine beispielsweise Auslegung des Artikels 7. Die Gerichtssprachenbestimmungen des Staatsvertrags werden nämlich insofern nur teilweise durchgeführt, als das Gesetz nur für die Kärntner Slowenen und nicht auch

Die zweisprachige Volksschule von Zell-Pfarre/Sele

für die burgenländischen Kroaten gilt. Außerdem bezieht es sich nur auf einen kleinen Teil des gemischtsprachigen Gebietes Kärntens, nämlich auf die Gerichtsbezirke Eisenkappel, Bleiburg und Ferlach. Freilich wird festgehalten, daß der definitive Geltungsbereich erst auf der Grundlage einer durch Bundesgesetz anzuordnenden allgemeinen Minderheitenfeststellung zu bestimmen sei. Da das Gerichtssprachengesetz die slowenische Sprache nur im angeführten Bereich zuläßt — die Gerichtsbezirke Völkermarkt, Eberndorf, Klagenfurt, Rosegg, Villach und Hermagor sind nicht erfaßt — und das Slowenische nur zusätzlich, praktisch hilfsweise, zugelassen ist, kann von einer vollständigen Durchführung des Artikels 7, Abs. 3. nicht die Rede sein. Die Entscheidungen und Verfügungen ergehen nämlich in Deutsch, und es sind nur slowenische Übersetzungen anzufügen. Alle Rechtsmittel dürfen nur in deutscher Sprache eingebracht werden. Ebenso können Grundbuchstücke in ihren wesentlichen Teilen nur in deutscher Sprache angenommen werden, die öffentlichen Bücher dürfen nur in Deutsch geführt werden, und auch die Amtsaufschrift der Bezirksgerichte ist nur in deutscher Sprache zugelassen. Deshalb haben die Kärntner Slowenen in einer Denkschrift vom 8. 3. 1960 die Bestimmungen des Gerichtssprachengesetzes als verfassungswidrig abgelehnt und sich hiebei auf die durch den Verfassungsgerichtshof 1958 (im Zusammenhang mit der Schulverordnung) ankerkannte Rechtswirksamkeit des Artikels 19 des Staatsgrundgesetzes aus dem Jahre 1867 berufen.

Ansichtskarte: „... Vielleicht finden sich die Schwalben nicht mehr zurecht, weil sie in unserem Dorf fast kein slowenisches Wort mehr hören!"

e) Neue Vorschläge der Kärntner Slowenen

Die Vertreter der Kärntner Slowenen beschränkten sich nicht auf die Ablehnung des Gerichtssprachen- und das Minderheiten-Schulgesetzes, sondern arbeiteten konstruktive Vorschläge zur Regelung des Minderheitenproblems und zur Verwirklichung des Artikels 7 des Staatsvertrages aus. Sie gingen dabei von der Voraussetzung aus, daß die Minderheitenbestimmungen des Staatsvertrages zwar keine regionale Autonomie vorsehen, daß sie aber trotzdem auf der Grundlage eines Territoriums, in dem Gebiet, auf dem die Minderheit lebt, zu verwirklichen seien, da der Artikel 7 hiefür keine besonderen Bedingungen — etwa einen bestimmten Prozentsatz von Minderheitenangehörigen — kenne.

So hielt ihr Vorschlag zur Regelung der Schulfrage vom 8. 3. 1960 die objektive Ermittlung der Haussprache der Schulanfänger für zielführend, wodurch wenigstens alle Kinder mit slowenischer Muttersprache zweisprachigen Unterricht erhalten könnten. Weiters schlugen sie vor, man möge das Bundesgymnasium für Slowenen in eine zweisprachige Mittelschule umwandeln. Außerdem sprachen sie wiederholt den Wunsch aus, zur Betreuung der Erwachsenen ein eigenes Volksbildungsreferat für Slowenen einzurichten. Schließlich forderten sie für die Angehörigen der slowenischen Volksgruppe und deren wirtschaftliche Institutionen sowie für die Bezirke mit slowenischer oder gemischter Bevölkerung die gleiche wirtschaftliche und soziale Förderung, wie sie der deutschen Bevölkerung und den rein deutschen Landesteilen zuteil würde.

Dennoch kam es bisher zu keiner umfassenden Regelung des Minderheitenschutzes. Die Forderungen der Kärntner Slowenen blieben im wesentlichen ungehört und unerfüllt, und sie hatten sich mit den verschlechterten Bedingungen seit 1959 abzufinden, wenngleich die in den beiden Gesetzen von 1959 vorgesehene Minderheitenfeststellung zunächst noch nicht durchgeführt wurde.

f) Das Ortstafelgesetz

Die Beseitigung der obligatorischen zweisprachigen Schule, die Gerichtssprachenregelung und die Verzögerung einer Amtssprachenregelung haben die Lage der slowenischen Minderheit in Kärnten seit dem Staatsvertrag erheblich verschlechtert. Zweisprachige topographische Aufschriften gab es in Kärnten vorerst nicht. Einzig das Bundesgymnasium für Slowenen diente den Interessen der Volksgruppe.

Die Feiern zum 50jährigen Gedenken der Kärntner Volksabstimmung haben im Jahre 1970 Kärntens deutschnationale Traditionen wiederbelebt.

Der „Ruf der Heimat" brachte im Oktober 1970 die ominöse Formulierung vom „Schlußstrich...".

Alle zweisprachigen Ortstafeln wurden Opfer des „Ortstafelsturmes" 1972

Von dieser Seite fiel damals der nun schon allseits bekannte Satz, daß der Kärntner Nationalitätenkampf erst enden werde, wenn eine der beiden Kärntner Volksgruppen nicht mehr bestehe. Zwei Jahre später, 1972, beschloß der österreichische Nationalrat mit den Stimmen der sozialistischen Abgeordneten das sogenannte Ortstafelgesetz. Das Gesetz sah die Aufstellung zweisprachiger topographischer Bezeichnungen und Aufschriften in 205 Ortschaften innerhalb von 31 Gemeinden (nach der damaligen Gemeindestruktur) vor. Der örtliche Geltungsbereich wurde auf der Grundlage der Ergebnisse der Volkszählung von 1961 festgelegt, wobei nur jene Ortschaften einbezogen wurden, in denen mehr als 20% der Bevölkerung Slowenisch bzw. auch Kombinationen mit Slowenisch, nicht jedoch Windisch, als Umgangssprache angegeben hatten.

Im Herbst 1972 wurde mit der Aufstellung von zweisprachigen Ortstafeln und Wegweisern begonnen. Sie wurden alle durch den sogenannten „Ortstafelsturm" beseitigt. Die Staatsgewalt wich vor dem deutschnationalen Druck zurück. Viele Gemeinden Südkärntens blieben durch mehrere Jahre ohne Ortstafeln. Landeshauptmann Hans Sima, der sich für die Aufstellung zweisprachiger Ortstafeln ausgesprochen hatte, mußte resignieren.

g) Vermittelnde Haltung der katholischen Kirche

In dieser Situation entschloß sich von allen gesellschaftlich wichtigen Organisationen einzig die katholische Kirche zu einem vermittelnden

„Artikel 7 — unser Recht"

Schritt. Sie hat die Zweisprachigkeit Südkärntens stets anerkannt. Ein Synodalgesetz von 1972 regelte nunmehr den Gebrauch beider Landessprachen in der Seelsorge und Liturgie und schuf einen deutsch-slowenischen Koordinationsausschuß, der bei paritätischer Beschickung durch Katholiken beider Volksgruppen anstehende Fragen zu regeln hat. Der Koordinationsausschuß wird heute von den politischen Parteien als vermittelnde Kraft anerkannt.

h) Ortstafelkommission und Kontaktkomitee

Zur Beratung der nach dem sogenannten „Ortstafelsturm" anstehenden Fragen setzte die österreichische Bundesregierung eine „Studienkommission für Probleme der slowenischen Volksgruppe in Kärnten" aus Beamten, Experten, Repräsentanten der drei im Parlament vertretenen Parteien sowie zwei Vertretern der katholischen und einem der protestantischen Kirche ein. Die beiden Zentralverbände beschickten diese sogenannte „Ortstafelkommission" nicht. Die Studienkommision hat umfangreiche und ersprießliche Arbeit geleistet. Sie war um minderheitenfreundliche Lösungsvorschläge hinsichtlich der Zulassung des Slowenischen als Amts- und Gerichtssprache und der zweisprachigen topographischen Aufschriften bemüht. Dabei schloß sie sich dem streng wissenschaftlichen Standpunkt des international hochangesehenen Slawisten und Professors an der Klagenfurter Universität, Alexander Issatschenko, an, daß Windisch keine eigene Sprache, sondern mit Slowenisch gleichzusetzen sei. Damit ist die Windischentheorie endgültig widerlegt. Ansonsten fanden die Ergebnisse der Studienkommission keinen Niederschlag in der Minderheitenpolitik der Bundesregierung. Die österreichische Volksgruppengesetzgebung des Jahres 1976 hat die Arbeit der Ortstafelkommission — abgesehen von grundsätzlichen Feststellungen zur Erhaltung und Förderung der Minderheiten — im wesentlichen nicht berücksichtigt.

Zusätzlich zur Ortstafelkommission richtete die Bundesregierung ein Kontaktkomitee ein, dem Vertreter der beiden slowenischen Zentralverbände, Experten und Vertreter der politischen Parteien angehörten. In mehreren Diskussionsrunden wurden auch hier wichtige Grundsatzfragen der Minderheit behandelt.

i) Die Volkszählung besonderer Art

Gespräche zwischen der Bundesregierung und den Zentralorganisationen ließen im Frühjahr 1974 auf einen Ausgleich in der Frage der Durchführung des Staatsvertrages hoffen. Als jedoch die drei im Parlament vertretenen Parteien beschlossen, zum Zwecke der „Orientierungshilfe" bei der Durchführung von Volksgruppengesetzen eine Minderheitenermittlung in Form einer Volkszählung besonderer Art abzuhalten, verließen die Vertreter der beiden slowenischen Zentralorganisationen das Kontaktkomitee.

Die Vereinbarung zwischen den drei im Parlament vertretenen Parteien über die Minderheitenfeststellung entsprach ganz den langjährigen deutschnationalen Forderungen. Antislowenische Politik findet von jeher ihren Ausdruck in der Forderung nach Unterwerfung der Slowenen unter

Plakate des Kärntner Heimatdienstes zur „Volkszählung besonderer Art"

das Bekenntnisprinzip. Schon in den Gesetzen aus dem Jahre 1959 war eine amtliche Minderheitenfeststellung vorgesehen gewesen. Die Regierungen hielten jedoch bis 1976 daran fest, keine solche Feststellung gegen den erklärten Willen der Minderheit vorzunehmen. Jetzt aber sollten die Slowenen gezählt werden, allerdings unter Bedingungen, die nach einer beispiellosen deutschnationalen Kampagne befürchten ließen, daß sie nur zu einem geringen Teil das Bekenntnis zu ihrer Nationalität wagen würden.

Plakate der Kärntner Slowenen zur „Volkszählung besonderer Art"

Unterstützt von einer breiten österreichischen Solidaritätsbewegung, haben die Kärntner Slowenen jedoch die geheime Erhebung der Muttersprache am 14. Nov. 1976 mit Erfolg boykottiert. In Südkärnten wurden nur 2535 Slowenen ermitelt. Viele Österreicher haben hingegen im gesamten Bundesgebiet aus Solidarität mit den Slowenen Slowenisch als ihre Muttersprache angegeben. Die Ergebnisse der Zählung sind daher im Sinne des Volksgruppengesetzes für die Festlegung des Geltungsbereiches des Artikels 7 nicht verwertbar und können keine „Orientierungshilfe" für das Erlassen entsprechender Gesetze und Verordnungen bieten.

3. Das Volksgruppengesetz 1976

Am 7. Juli 1976 beschloß das österreichische Parlament ein Volksgruppengesetz, das folgende Abschnitte enthält: Allgemeine Bestimmungen, Volksgruppenbeiräte, Volksgruppenförderung, Topographische Bezeichnungen, Amtssprache und Schlußbestimmungen.

Allgemeine Bestimmungen: Darin wird grundsätzlich zum Ausdruck gebracht, daß die Volksgruppen in Österreich und ihre Angehörigen den Schutz der Gesetze genießen. Ihre Sprache und ihr Volkstum sind zu achten. Volksgruppen im Sinne dieses Bundesgesetzes sind die in Teilen des Bundesgebietes wohnhaften und beheimateten Gruppen österreichischer Staatsbürger mit nichtdeutscher Muttersprache und eigenem Volkstum.

Volksgruppenbeiräte: Die Einrichtung der Volksgruppenbeiräte wird im Volksgruppengesetz folgendermaßen begründet: „Zur Beratung der Bundesregierung und der Bundesminister in Volksgruppenangelegenheiten sind beim Bundeskanzleramt Volksgruppenbeiräte einzurichten. Sie haben das kulturelle, soziale und wirtschaftliche Gesamtinteresse der Volksgruppen zu wahren und zu vertreten und sind insbesondere vor Erlassung von Rechtsvorschriften und zu allgemeinen Planungen auf dem Gebiet des Förderungswesens, die Interessen der Volksgruppen berühren, unter Setzung einer angemessenen Frist zu hören. Die Volksgruppenbeiräte können auch Vorschläge zur Verbesserung der Lage der Volksgruppen und ihrer Angehörigen erstatten. Die Volksgruppenbeiräte dienen auch zur Beratung der Landesregierungen, wenn sie von diesen dazu aufgefordert werden."

Volksgruppenförderung: Laut Volksgruppengesetz hat der Bund — „unbeschadet allgemeiner Förderungsmaßnahmen — Maßnahmen und Vorhaben, die der Erhaltung und Sicherung des Bestandes der Volksgruppen, ihres Volkstums sowie ihrer Eigenschaften und Rechte dienen, zu fördern." Das Gesetz sieht vor, daß der Bundesminister für Finanzen in dem der Bundesregierung vorzulegenden Entwurf des jährlichen Bundesvoranschlages einen angemessenen Betrag für Förderungszwecke der Volksgruppen vorsieht.

Topographische Bezeichnungen: Dieser Abschnitt spricht von Bezeichnungen und Aufschriften topographischer Natur in deutscher Sprache und in der Sprache der in Betracht kommenden Volksgruppen, die durch Verordnung der Bundesregierung zu erlassen sind.

Amtssprache: Auf Grund zu erlassender Verordnungen regelt dieser Abschnitt des Volksgruppengesetzes die Verwendung der Sprache einer Volksgruppe zusätzlich zur deutschen Amtssprache bei Behörden und sonstigen Dienststellen.

4. Durchführungsverordnungen zum Volksgruppengesetz

a) Topographische Bezeichnungen

Auf Grund der am 14. November 1976 im gesamten Staatsgebiet durchgeführten Volkszählung besonderer Art wurde am 31. Mai 1977 eine Verordnung der Bundesregierung erlassen, mit der die slowenischen Bezeichnungen für Ortschaften festgesetzt wurden. Topographische Bezeichnungen in deutscher und slowenischer Sprache wurden für jene Ortschaften und Gebietsteile festgesetzt, in denen sich am 14. November 1976 25 % der Bevölkerung zur slowenischen Muttersprache bekannt haben. Von dieser Regelung sind 91 Ortschaften in 8 Gemeinden betroffen:

BEZIRK KLAGENFURT-LAND

Gemeinde Ebental: Kossiach/Kozje, Kreuth/Rute, Lipizach/Lipica, Radsberg/Radiše, Schwarz/Dvorec, Tutzach/Tulce, Werouzach/Verovce

Gemeinde Ferlach: Bodental/Poden, Loibltal/Brodi, Strugarjach/Strugarji, Windisch Bleiberg/Slovenji Plajberg

Gemeinde Ludmannsdorf: Bach/Potok, Edling/Kajzeze, Fellersdorf/Bilnjovs, Franzendorf/Branča vas, Großkleinberg/Mala gora, Ludmannsdorf/Bilčovs, Lukowitz/Koviče, Moschenitzen/Moščenica, Muschkau/Muškava, Niederdörfl/Spodnja Vesca, Oberdörfl/Zvrhnja Vesca, Pugrad/Pograd, Rupertiberg/Na Gori, Selkach/Želuče, Strein/Stranje, Wellersdorf/Velinja vas, Zerdas/Sodražava

Gemeinde Zell: Zell-Freibach/Sele-Frajbah, Zell-Homölisch/Sele-Homeliše, Zell-Koschuta/Sele-Košuta, Zell-Mitterwinkel/Sele-Srednji Kot, Zell-Oberwinkel/Sele-Zvrhnji Kot, Zell-Pfarre/Sele-Fara, Zell-Schaida/Sele-Šajda

BEZIRK VÖLKERMARKT

Gemeinde Bleiburg: Dolintschitschach/Dolinčiče, Feistritz ob Bleiburg/Bistrica nad Pliberkom, Gonowetz/Konovece, Hinterlibitsch/Suha, Hof/Dvor, Lettenstätten/Letina, Penk/Ponikva, Pirkdorf/Breška ves, Rischberg/Rižberg, Ruttach-Schmelz/Rute, St. Michael ob Bleiburg/Šmihel nad Pliberkom, Tscherberg/Črgoviče, Unterlibitsch/Podlibič, Unterort/Podkraj, Winkel/Kot, Aich/Dob, Dobrowa/Dobrova, Draurain/Brege, Einersdorf/Nonča ves, Kömmelgupf/Vrh, Kömmel/Komelj, Moos/Blato, Replach/Replje, Rinkenberg/Vogrče, Rinkolach/Rinkole, Ruttach/Rute, Schilterndorf/Cirkoviče, Wiederndorf/Vidra ves

Gemeinde Eisenkappel-Vellach: Blasnitzen/Spodnja Plaznica, Ebriach/Obirsko, Koprein, Petzen/Pod Peco, Koprein Sonnseite/Koprivna, Leppen/Lepena, Lobnig/Lobnik, Rechberg/Rebrca, Remschenig/Remšenik,

Lediglich in 8 Südkärntner Gemeinden sind zweisprachige topographische Bezeichnungen vorgesehen.

Trögern/Korte, Unterort/Podkraj, Vellach/Bela, Weißenbach/Bela, Zauchen/Suha

Gemeinde Globasnitz: Globasnitz/Globasnica, Jaunstein/Podjuna, Kleindorf/Mala ves, St. Stefan/Šteben, Slovenjach/Slovenje, Traundorf/Strpna/ves, Tschepitschach/Čepiče, Unterbergen/Podgora, Wackendorf/Večna ves

Gemeinde Neuhaus: Draugegend/Pri Dravi, Hart/Breg, Heiligenstadt/Sveto mesto, Oberdorf/Gornja ves, Schwabegg/Žvabek, Unterdorf/Doljna ves

b) Amtssprache

Auf Grund der am 14. November 1976 durchgeführten Volkszählung besonderer Art wurde eine Verordnung der Bundesregierung vom 31. Mai 1977 über die Festlegung der Gerichte, Verwaltungsbehörden und sonstigen Dienststellen, vor denen die slowenische Sprache zusätzlich zur deutschen Sprache als Amtssprache zugelassen wird, erlassen. Diese Regelung betrifft Gemeindebehörden und Gemeindedienststellen folgender 13 Gemeinden Südkärntens:

Politischer Bezirk Klagenfurt Land:
Ebental, Feistritz im Rosental, Ferlach, Ludmannsdorf, St. Margareten im Rosental, Zell;

Politischer Bezirk Völkermarkt:
Bleiburg, Eisenkappel-Vellach, Globasnitz, Neuhaus, Sittersdorf;

Politischer Bezirk Villach Land:
Rosegg und St. Jakob im Rosental.

Die slowenische Sprache ist zusätzlich zum Deutschen vor den Bezirksgerichten Ferlach, Eisenkappel und Bleiburg als Amtssprache für Personen zugelassen, die ihren Wohnort in den Gemeinden dieser Gerichtsbezirke haben.

Die slowenische Sprache ist außerdem bei den Bezirkshauptmannschaften Villach Land, Klagenfurt Land und Völkermarkt zugelassen, außerdem vor dem Militärkommando in Klagenfurt.

c) Volksgruppenbeiräte

Am 18. Jänner 1977 wurde eine Verordnung der Bundesregierung über die Volksgruppenbeiräte erlassen. Mit dieser Verordnung wurden für die slowenische, kroatische, ungarische und tschechische Volksgruppe Volksgruppenbeiräte eingerichtet.

Der Volksgruppenbeirat für die slowenische Volksgruppe besteht aus 16 Mitgliedern. Die zentralen Organisationen der Kärntner Slowenen lehnen vorerst eine Beschickung der Volksgruppenbeiräte ab, wie sie überhaupt einige Bestimmungen des Volksgruppengesetzes und die Durchführungsverordnungen aus dem Jahr 1977 betreffend zweisprachige Aufschriften und Zulassung des Slowenischen als Amtssprache ablehnen.

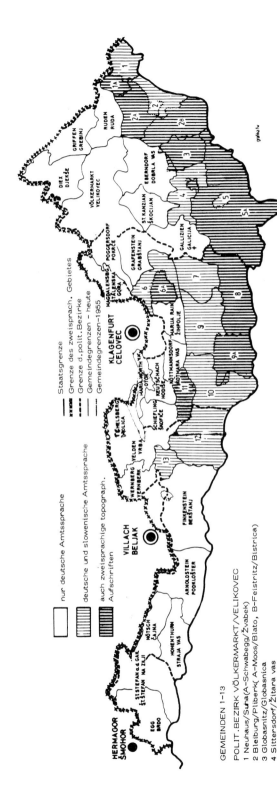

Derzeitige amtliche Regelung der Zweisprachigkeit in Südkärnten

Das zweisprachige Gebiet ist in diesen Verordnungen stark eingeengt, sodaß es Kärntner Slowenen mit unterschiedlichen Rechten gibt.

Insgesamt gibt es in Südkärnten 36 Gemeinden, in denen die slowenische Volksgruppe beheimatet ist. Es sind dies folgende Gemeinden:

GEMEINDEN MIT DEUTSCHER UND SLOWENISCHER BEVÖLKERUNG

Bezirk Hermagor/Šmohor:
1 Hermagor/Šmohor
2 St. Stefan/Štefan n. Z.

Bezirk Villach/Beljak-Land:
3 Nötsch/Čajna
4 Arnoldstein/Podkloster
5 Finkenstein/Bekštanj
6 Hohenthurn/Straja vas
7 Rosegg/Rožek
8 St. Jakob i. R./Št. Jakob v R.
9 Velden/Vrba
10 Wernberg/Vernberk

Bezirk Klagenfurt/Celovec-Land:
11 Ebental/Žrelec
12 Feistriz i. R./Bistrica v R.
13 Ferlach/Borovlje
14 Windisch Bleiberg/Slovenji Plajberk
15 Grafenstein/Grabštanj
16 Keutschach/Hodiše

17 Köttmansdorf/Kotmara vas
18 Ludmannsdorf/Bilčovs
19 Maria Rain/Žihpolje
20 Maria Wörth/Otok
21 Poggersdorf/Pokrče
22 Schiefling/Škofiče
23 St. Margareten i. R./Šmarjeta v R.
24 Zell/Sele

Bezirk Völkermarkt/Velikovec:
25 Bleiburg/Pliberk
26 Diex/Djekše
27 Eberndorf/Dobrla vas
28 Eisenkappel/Železna Kapla
29 Gallizien/Galicija
30 Globasnitz/Globasnica
31 Griffen/Grebinj
32 Neuhaus/Suha
33 Ruden/Ruda
34 Sittersdorf/Žitara vas
35 St. Kanzian/Škocijan
36 Völkermarkt/Velikovec

Arbeitsaufgaben und Fragen:

1. Die Problematik der Koppelung von Volksgruppenschutz an die zahlenmäßige Stärke der Volksgruppe.
2. Wie lassen sich Individualschutz und Individualrechte für Angehörige von Volksgruppen angesichts von Einschränkungen des territorialen Geltungsbereiches von Minderheitenschutzbestimmungen gewährleisten?
3. Sprecht über persönliche Erfahrungen mit der Praxis des Volksgruppengesetzes von 1976!

Zusammenfassende Darstellung des Schulwesens in Südkärnten

Die zweisprachige Schule, wie sie im Jahre 1945 eingerichtet worden war, wäre geeignet gewesen, nationale Vorurteile und Barrieren abzubauen. Sie sollte zum gegenseitigen Verständnis der Bevölkerung im gemischtsprachigen Südkärnten beitragen. Da gerade die Schule für das Überleben nationaler Minderheiten die größte Bedeutung hat, ist an dieser Stelle ein kurzer historischer Rückblick angebracht.

1. Anfänge des öffentlichen Schulwesens

Bis zur Zeit Maria Theresias hat vor allem die Kirche Schulen gegründet, erhalten und beaufsichtigt. Erst 1774 wurde der verbindliche Elementarunterricht verordnet und damit der Grundsatz gesetzlich verankert, die Schule sei und bleibe eine Angelegenheit des Staates. Im Jahre 1804 wurde die Aufsicht über die Schulen wieder den kirchlichen Behörden übertragen. Diese Regelung galt bis 1869. Weil die Geistlichkeit in den Jahren 1804 bis 1869 auch im damals fast noch geschlossen slowenischsprachigen Südkärnten den entscheidenden Einfluß hatte, waren die Schulverhältnisse für die Slowenen in Kärnten in sprachlicher Hinsicht nicht ungünstig. Von 1851 bis 1858 war der slowenische Priester Simon Rudmaš Landesschulinspektor für Kärnten. Damals gab es im Kronland Kärnten 216 deutsche, 15 slowenische und 67 slowenisch-deutsche Schulen. Dazu kamen noch 34 deutsche evangelische Trivialschulen.

2. Reichsvolksschulgesetz und utraquistische Schule (1869—1941)

Im Jahre 1869 wurde in Österreich das Reichsvolksschulgesetz erlassen, mit dem betreffend die Unterrichtssprache verfügt wurde, daß über diese und den Unterricht in der zweiten Landessprache nach Anhören jener, die die Schule erhalten, die Landesschulbehörde zu entscheiden habe. Über die Unterrichtssprache in den Pflichtschulen entschieden somit die Gemeindevertretungen und der Kärntner Landesschulrat. Durch einen eigenen Erlaß des Landesschulrates wurden daraufhin sogenannte utraquistische Schulen eingerichtet, in denen die Kinder im südlichen Teil Kärntens in beiden Landessprachen unterrichtet werden sollten.

Was die Kärntner Slowenen anstrebten, war die sechsjährige slowenische Schule mit Deutsch als Unterrichtsgegenstand. Dies erreichten sie jedoch nicht. Mit Erlaß des Unterrichtsministeriums aus dem Jahre 1890 wurde auf Antrag des Landesschulrates für Kärnten bestimmt, daß es notwendig sei, die Kinder in der ersten und zweiten Schulstufe in die deutsche und slowenische Schriftsprache einzuführen, von der dritten Schulstufe an aber Slowenisch in allen Abteilungen drei Stunden pro Woche zu unterrichten. Diesem Erlaß des Unterrichtsministeriums zufolge hätte der Slowenischunterricht verpflichtend sein müssen. Derselbe Grundsatz war auch im Erlaß des Kärntner Landesschulrates vom 9. November 1891 enthalten, jedoch mit der Einschränkung, daß dem allfälligen Verlangen der Eltern, ihre Kinder vom Slowenischunterricht zu befreien, zu entsprechen sei. Dieses Verlangen konnte sowohl schriftlich als auch mündlich bei der Schuleinschreibung erfolgen.

Immer wieder haben die Kärntner Slowenen für einzelne slowenische Gemeinden Volksschulen mit stärkerer Berücksichtigung der slowenischen Sprache verlangt. Der Kärntner Landesschulrat hat jedoch diesen Wünschen nicht entsprochen. Die utraquistische Schule blieb von 1891 bis 1938 jene Schultype, in der, vielfach nicht ausreichend, auch in slowenischer Sprache unterrichtet wurde. Während etliche utraquistische Schulen in der Zeit der Monarchie noch in der Lage waren, beide Landessprachen in Wort und Schrift zu vermitteln, nahm die slowenische Sprache nach 1920 in diesem Schultyp nur noch eine untergeordnete Stellung ein. Sie diente auf den ersten beiden Schulstufen lediglich der möglichst raschen Erlernung der deutschen Sprache. Der Religionsunterricht allerdings wurde weiterhin konsequent in der Muttersprache erteilt. Während der Ersten Republik gab es in Südkärnten durchschnittlich 80 utraquistische Schulen.

3. Neubeginn in der Zweiten Republik

Ab 1941 gab es in den Südkärntner Schulen keinen Slowenischunterricht mehr. Erst mit der Schulsprachenverordnung aus dem Jahre 1945 begann im Bereich des Minderheitenschulwesens ein neuer Zeitabschnitt. Die Errichtung einer für alle Schüler verpflichtenden zweisprachigen Schule entsprach den Interessen der slowenischen Volksgruppe.

Im Zusammenwirken von Landesschulrat und Vertretern der Kärntner Slowenen begann ein erfolgreicher Abschnitt in der Geschichte des zweisprachigen Schulwesens: Die Lehrerschaft traf sich auf besonderen Konferenzen, in denen Probleme des zweisprachigen Schulwesens behandelt wurden, Arbeitsgemeinschaften von Lehrern zweisprachiger Schulen wurden eingerichtet, man begann mit der Erstellung von Lehrbüchern für den Slowenischunterricht an den Pflichtschulen, beim Landesschulrat für Kärnten wurde ein Referat für das zweisprachige Schulwesen unter der Leitung von Lorenz Just eingerichtet, und an der Klagenfurter Lehrerbildungsanstalt setzte eine intensive Schulung des Lehrernachwuchses für zweisprachige Schulen ein. Das Slowenische hatte hier den Charakter einer Unterrichtssprache, und das Interesse an Kursen für Lehrer zweisprachiger Schulen war zur Zeit des obligatorischen Pflichtschulwesens sehr stark.

4. Das Ende der obligatorischen Zweisprachigkeit

Von Deutschnationalen veranstaltete Schulstreiks veranlaßten den Kärntner Landeshauptmann als Vorsitzenden des Landesschulrates für Kärnten, zu Schulbeginn 1958 einen Erlaß herauszugeben, der die Abmeldung vom Slowenischunterricht ermöglichte. Der Erlaß vom 22. September 1958 hatte eine Abmeldekampagne zur Folge. Auch viele Slowenen beugten sich dem deutschnationalen Druck. Der weitaus überwiegende

Slowenische Schulbücher

Teil der Schulkinder, die den obligatorischen zweisprachigen Unterricht besucht hatten, wurde daraufhin vom Slowenischunterricht abgemeldet (rund 81 %).

Dieser Schritt in der Kärntner Minderheitenschulpolitik — aus dem Blickwinkel der nationalen Verständigung gesehen wohl ein schwerwiegender Rückschritt — stand im deutlichen Gegensatz zu den Erklärungen der Vertreter des Landes Kärnten und Österreichs im Jahre 1945 und bei den Staatsvertragsverhandlungen.

5. Das Minderheitenschulgesetz 1959

Mit dem Minderheitenschulgesetz vom 19. März 1959 wurde eine neue zweisprachige Schule geschaffen. Im Gegensatz zum verpflichtenden zweisprachigen Unterricht müssen jetzt die Eltern und Erziehungsberechtigten ihre Kinder zum zweisprachigen Unterricht an Volks- und Hauptschulen anmelden. Diese zweisprachge Schule sieht für die ersten drei Schulstufen sowohl Deutsch als auch Slowenisch in annähernd gleichem Ausmaß als Unterrichtssprache vor. Von der vierten Schulstufe an sind in den Volks- und Hauptschulen vier Wochenstunden für den Slowenischunterricht vorgesehen. Im Gegensatz zu den früheren Regelungen sieht das Minderheitenschulgesetz aus dem Jahre 1959 an zweisprachigen Schulen die Erteilung des Religionsunterrichtes für die zum zweisprachigen Unterricht angemeldeten Schüler in beiden Landessprachen vor. Für Kinder mit slowenischer Muttersprache, die nicht zum zweisprachigen Unterricht angemeldet sind, muß laut Gesetz der Religionsunterricht in deutscher Sprache erfolgen. Bis zum Minderheitenschulgesetz 1959 galt die noch aus der Zeit vor dem Reichsvolksschulgesetz geltende Regelung, daß der Religionsunterricht grundsätzlich in der Muttersprache zu erteilen sei. Gegen die sprachliche Neuregelung des Religionsunterrichtes haben die Kärntner Slowenen beim bischöflichen Ordinariat gewichtige Argumente vorgebracht. Die Kärntner Diözesansynode hat im Jahre 1972 im Synodalgesetz über „Das Zusammenleben der Deutschen und Slowenen in der Kirche Kärntens" den Grundsatz verankert, daß für die Kinder an zweisprachigen Pflichtschulen Südkärntens der Religionsunterricht — unbeschadet dessen, ob diese in den übrigen Gegenständen zum Slowenischunterricht angemeldet sind oder nicht — in der Familiensprache des Kindes zu erteilen ist. Zur diesbezüglichen Novellierung des Minderheitenschulgesetzes aus dem Jahre 1959 ist es jedoch bisher nicht gekommen.

Ein für die slowenische Volksgruppe erfreulicher Umstand ist das Anwachsen der Zahl slowenischer Lehrer. Die Heranbildung des Lehrernachwuchses für zweisprachige Schulen erfolgte nach dem Zweiten Weltkrieg bis Ende des Schuljahres 1967/68 an der Klagenfurter Lehrer- und Lehrerinnenbildungsanstalt. Vom Schuljahr 1968/69 an wird der Lehrernachwuchs für das zweisprachige Schulwesen an der Pädagogischen Akademie in Klagenfurt ausgebildet.

Beim Landesschulrat für Kärnten wurde auf Grund des Minderheitenschulgesetzes aus dem Jahre 1959 im Sinne des Artikels 7 des Österreichischen Staatsvertrages eine Minderheiten-Schulabteilung für Fragen des Minderheitenschulwesens eingerichtet.

Seit dem Jahre 1983 beherrschen verschiedene Initiativen zur Änderung des seit 1959 praktizierten Schulmodells die Volksgruppenproblematik im Lande.

AN DEN PFLICHTSCHULEN ZUM SLOWENISCHUNTERRICHT ANGEMELDETE SCHÜLER

1958/59 (vor 22. 9.)	12774	1971/72	1857
1958/59 (nach 22. 9.)	2399	1976/77	1521
1961/62	1796	1980/81	1531
1966/67	1763	1986/87	1472

6. Das Bundesgymnasium für Slowenen

Überlegungen betreffend die Gründung eines slowenischen Gymnasiums in Klagenfurt reichen bereits in das Jahr 1946 zurück. Der am 15. Mai 1955 in Wien unterzeichnete österreichische Statsvertrag bestimmte in Abs. 2 des Artikels 7 dazu folgendes: „Sie (die Minderheiten) haben Anspruch auf Elementarunterricht in slowenischer und kroatischer Sprache und auf eine verhältnismäßige Anzahl eigener Mittelschulen; in diesem Zusammenhang werden Schullehrpläne überprüft und eine Abteilung der Schulaufsichtsbehörde wird für slowenische und kroatische Schulen errichtet werden."

Gemischter Chor des Bundesgymnasiums für Slowenen

Am 9. Mai 1957 dekretierte der damalige Unterrichtsminister Heinrich Drimmel das „Slowenische Realgymnasium in Klagenfurt". Die Leitung des neuen slowenischen Gymnasiums wurde dem erfahrenen Pädagogen Joško Tischler überantwortet. Nach ihm übernahm im Jänner 1968 der auch wissenschaftlich als Ethnograph anerkannte Pavle Zablatnik die Direktion, und seit Jänner 1978 leitet Reginald Vospernik die Anstalt. Zum Schulinspektor für das Bundesgymnasium für Slowenen wurde im Schuljahr 1963/64 Valentin Inzko bestellt, der seit 1951 an der Bundes-Lehrer- und Lehrerinnenbildungsanstalt in Klagenfurt den Lehrernachwuchs für das zweisprachige Schulwesen herangebildet hatte.

DIE ENTWICKLUNG DES BUNDESGYMNASIUMS FÜR SLOWENEN SEIT 1957/58

Schuljahr	Schülerzahl	Klassenzahl	Lehrer
1957/58	101	3	11
1963/64	322	12	21
1970/71	422	16	23
1973/74	434	17	31
1976/77	493	19	33
1978/79	532	21	35
1980/81	536	21	40
1982/83	511	18	40
1984/85	472	17	43
1986/87	433	17	41

Nach längerem Provisorium erhielt das Bundesgymnasium im Jahre 1975 sein eigenes modernes Schulgebäude (siehe Abb. auf S. 182). Die Pläne für das neue Haus stammen von den Architekten Johann Oswald und Rudolf Nietsch. Die künstlerische Ausgestaltung war Valentin Oman anvertraut. Die Stadtgemeinde Klagenfurt gab dem öffentlichen Platz vor dem Gymnasium den Namen des bedeutenden Kärntner slowenischen Sprachwissenschaftlers Anton Janežič.

Das Bundesgymnasium für Slowenen ist eine österreichische Bundesschule mit Lehrplänen, wie sie für jedes andere Gymnasium in Österreich gelten. Von der ersten Klasse an lernen die Schüler sowohl die slowenische als auch die deutsche Schriftsprache gründlich, in der dritten Klasse wird mit dem Englischunterricht, in der fünften mit Latein und in der sechsten mit Griechisch für jene Schüler begonnen, die sich für den humanistischen Zweig entscheiden. In den höheren Klassen werden als Freigegenstände Russisch, Italienisch und Französisch angeboten. Den Freigegenstand Russisch wählen wegen der nahen Verwandtschaft des Slowenischen zu den anderen slawischen Sprachen sehr viele Schüler. Der Hauptkatalog, die Zeugnisse und andere Formblätter sind zweisprachig. Das Reifezeugnis des Bundesgymnasiums für Slowenen berechtigt zum Besuch aller österreichischen Universitäten.

Bisher haben mit Ende des Schuljahres 1986/87 am Bundesgymnasium für Slowenen 924 Schüler maturiert. Das Gymnasium hat sich hervorragend bewährt und ist zu einem Zentrum der kulturellen und geistigen Kommunikation der österreichischen Slowenen geworden. Nach jahrzehntelanger bewußter Vernachlässigung der Heranbildung einer Kärntner slowenischen Intelligenz verfügt die slowenische Volksgruppe erstmals in ihrer Geschichte über eine wachsende Zahl von hochqualifizierten Kräften.

Die Absolventen des Bundesgymnasiums für Slowenen setzen in der Mehrzahl ihre Studien an der Pädagogischen Akademie des Bundes in Klagenfurt oder an den Universitäten Wien, Graz, Salzburg und Klagenfurt fort.

Neben diesem Gymnasium besteht für die Kärntner Slowenen ab dem Schuljahr 1981/82 auch die Möglichkeit, einen zweisprachigen Abiturientenlehrgang an der Bundeshandelsakademie in Klagenfurt zu besuchen.

Das politische, kulturelle und wirtschaftliche Leben der Kärntner Slowenen nach 1955

1. Zusammenarbeit zwischen Volksrat und Zentralverband

Mit der Unterzeichnung des österreichischen Staatsvertrags änderte sich auch das Verhältnis der beiden zentralen slowenischen Organisationen zueinander. Die politische und ideologische Differenzierung innerhalb der slowenischen Volksgruppe hatte schon bei den Landtagswahlen

1949 zur Folge, daß die Kärntner Slowenen mit zwei Listen kandidierten. Zwischen dem im Jahre 1949 gegründeten Rat der Kärntner Slowenen (Narodni svet koroških Slovencev) und der Demokratischen Front des werktätigen Volkes (Demokratična fronta delovnega ljudstva), die 1955 vom Zentralverband slowenischer Organisationen in Kärnten (Zveza slovenskih organizacij na Koroškem) abgelöst wurde, gab es von 1949 bis 1955 kaum Kontakte. Die den Schutz der slowenischen Volksgruppe in Kärnten betreffenden Eingaben an die zuständigen Landes- und Bundesbehörden erfolgten getrennt und ohne wechselseitige Absprache. Koordiniert und daher erfolgreicher traten die beiden Organisationen nur bei den Gemeinderatswahlen und vor allem bei den Wahlen in die Kärntner Landwirtschaftskammer auf.

Wie schon ausgeführt, legten der Rat der Kärntner Slowenen und der Zentralverband slowenischer Organisationen in einem gemeinsamen Memorandum an die Bundesregierung der Republik Österreich den Standpunkt der Kärntner Slowenen zur Ausführungsgesetzgebung des Artikels 7 des österreichischen Staatsvertrages dar. Die gemeinsamen Vorbereitungsarbeiten zur Erstellung dieses Memorandums ließen einen Koordinationsausschuß aus Vertretern beider zentralen Organisationen entstehen, in dem alle den Artikel 7 betreffenden Fragen erörtert wurden. In diesem Koordinationsausschuß wurden in der weiteren Folge auch andere Entscheidungen vorbereitet, die wichtige Interessen der slowenischen Volksgruppe betrafen und daher ein gemeinsames Vorgehen erforderten. Im Jahre 1965 kam es schließlich zu einem gemeinsamen offiziellen Besuch von Vertretern der beiden zentralen Organisationen bei der slowenischen Regierung in Laibach. Mit diesem Besuch wurde die Stellung der slowenischen Volksgruppe in Kärnten als eigenständiger Faktor in den Beziehungen zwischen Kärnten und Slowenien sowie zwischen Österreich und Jugoslawien zum Ausdruck gebracht.

2. Kandidatur der Kärntner Slowenen bei Wahlen

a) Wahlen in die Kärntner Landwirtschaftskammer

Konsequent und gemeinsam traten die Kärntner Slowenen seit 1951 bei den Wahlen in die Kärntner Landwirtschaftskammer auf. Die Kandidatur erfolgte zuerst mit der Liste „Kmečka gospodarska zveza" (Bauernwirtschaftsbund) und später als „Skupnost južnokoroških kmetov" (Gemeinschaft der Südkärntner Bauern). Infolge dieses gemeinsamen Auftretens haben die Slowenen stets einen bis zwei Vertreter in der Kärntner Landwirtschaftskammer. Es sind dies die einzigen slowenischen Mandatare auf Landesebene.

b) Gemeinderatswahlen

Mit selbständigen Listen kandidierten die Kärntner Slowenen ab 1950 auch bei den Gemeinderatswahlen. Die Zahl der eingereichten Listen bei den einzelnen Wahlgängen schwankte jedoch wegen der Änderung der Gemeindegrenzen infolge der Gemeindezusammenlegungen und wegen des uneinheitlichen Standpunkts der beiden slowenischen Zentralorganisationen hinsichtlich eines selbständigen Auftretens.

STIMMEN FÜR SLOWENISCHE LISTEN BEI
GEMEINDERATSWAHLEN

Wahljahr	Stimmen	Wahljahr	Stimmen
1950	4756	1970	2464
1954	4067	1973	3908
1958	3685	1979	4470
1964	3086	1985	4613

Das Wahlverhalten der Kärntner Slowenen war nicht unabhängig von den politischen Ereignissen im Lande. Das Anwachsen der Zahl der slowenischen Stimmen bei den Gemeinderatswahlen 1973 hängt zumindest zum Teil mit dem Kärntner Ortstafelsturm vom Herbst 1972 zusammen, als deutschnationalistische Gruppen die in Erfüllung des Staatsvertrages eben erst angebrachten zweisprachigen Ortstafeln gewaltsam entfernten. Das hat den politischen Willen in der slowenischen Volksgruppe gestärkt. Dieser kam auch bei den Gemeinderatswahlen 1979 stärker zum Ausdruck, als die Kärntner Slowenen ihren Unwillen über die im Jahre 1976 durchgeführte geheime Sprachenerhebung zum Ausdruck brachten.

c) Landtagswahlen

Erstmals in der Zweiten Republik kam es 1949 zu selbständigen Kandidaturen slowenischer Listen bei Landtagswahlen. Damals wurden für die vom Rat der Kärntner Slowenen aufgestellte Liste der „Krščanska ljudska stranka" (Christliche Volkspartei) 4644 Stimmen abgegeben. Die ebenfalls kandidierende „Demokratična fronta delovnega ljudstva" (Demokratische Front des werktätigen Volkes) erreichte 2095 Stimmen.

Bei den Landtagswahlen 1953 kandidierte nur noch die „Krščanska demokratska stranka" (Christlich demokratische Partei) und erhielt 3892 Stimmen. 1956 gab es keine eigene slowenische Liste. Der Zentralverband slowenischer Organisationen, dessen Obmann 1955 Franc Zwitter geworden war, empfahl, die Sozialistische Partei Österreichs zu wählen. Der Rat der Kärntner Slowenen gab keine Wahlempfehlung für die ihm weltanschaulich nahestehende Österreichische Volkspartei ab, da sich die ÖVP im Kampf gegen den obligatorischen zweisprachigen Unterricht an den Südkärntner Pflichtschulen stark engagierte.

Zwölf Jahre lang traten die

Dr. Franc Zwitter (geb. 1913)

Kärntner Slowenen bei Landtagswahlen nicht in Erscheinung. Erst 1965 kandidierte der Rat der Kärntner Slowenen wieder mit einer eigenen Liste. Diesen Schritt begründete er damit, daß keine politische Partei im Lande die Verpflichtung zur Verwirklichung der Bestimmungen des Artikels 7 des Staatsvertrages in ihr Programm aufgenommen und keine Partei einen nationalbewußten Slowenen an aussichtsreicher Stelle auf ihrer Kandidatenliste aufgestellt habe. Für die „Koroška volilna skupnost" (Kärntner Wahlgemeinschaft) wurden 4272 Stimmen abgegeben.

1970 empfahl der Zentralverband slowenischer Organisationen seinen Anhängern, wieder die Sozialistische Partei zu wählen, weil die SPÖ den stellvertretenden Vorsitzenden des Zentralverbandes Janko Ogris, kandidiert hatte. Ogris wurde gewählt und zog als Abgeordneter in den Kärntner Landtag ein. Der Rat der Kärntner Slowenen erklärte sich „positiv neutral" gegenüber der Österreichischen Volkspartei, da er für eine eigene Kandidatur keine Erfolgschancen sah. Eine eindeutige Empfehlung für die ÖVP wurde wegen der „Affäre Viktring" nicht abgegeben. Als nämlich die St.-Hermagoras-Bruderschaft das seit Jahren zum Kauf angebotene Schloß Viktring erwerben und als Studentenheim einrichten hatte wollen, war es zu scharfen Reaktionen von seiten deutschnationalistischer Kreise und der politischen Parteien gekommen, sodaß der Ankauf verhindert wurde.

Bei den Landtagswahlen 1975 wurde wieder eine eigene slowenische Liste, diesmal unter der Bezeichnung „Koroška enotna lista" (Kärntner Einheitsliste, KEL) eingebracht. Der Impuls hiezu ging vor allem vom Klub slowenischer Gemeinderäte und dem Rat der Kärntner Slowenen aus. Das Programm der Kärntner Einheitsliste sprach neben nationalen auch wirtschaftliche und soziale Fragen Südkärntens an. Auf der Grundlage der Gleichberechtigung beider Nationalitäten wurden konkrete Vorschläge zu aktuellen Problemen der Regionalpolitik, der Verbesserung der Infrastruktur und damit zusammenhängend zur Bereinigung der nationalen Konflikte gemacht. Die Erwartungen, im Sinne der Aktionseinheit mit deutschsprachigen Kärntnern eine größere Anzahl von Wählern anzusprechen, haben sich nur teilweise erfüllt. Allerdings konnte gegenüber den Landtagswahlen 1965 die Zahl der Stimmen von 4272 auf 6130 erhöht werden.

Wahlplakat der Kärntner Einheitsliste/ Koroška enotna lista

Bei den Landtagswahlen 1975 empfahl der von der damaligen Minderheitenpolitik der Kärntner SPÖ enttäuschte Zentralverband slowenischer Organisationen seinen Anhängern entweder der KEL oder der KPÖ die Stimme zu geben. Die SPÖ war damals auf die deutschnationale Forderung nach einer Minderheitenfeststellung eingeschwenkt. Dies veranlaßte den Zentralverband festzustellen, die SPÖ sei von wichtigen sozialistischen Grundsätzen abgewichen.

Auch bei den Landtagswahlen 1979 kandidierte die KEL. Das bei diesen Wahlen erreichte Ergebnis fiel mit 4470 Stimmen ungefähr auf jenen Anteil zurück, den die Kärntner Wahlgemeinschaft bei den Landtagswahlen 1965 erreicht hatte. Der Zentralverband hatte die Slowenen aufgefordert, jene Kandidaten zu wählen, die sich für die Rechte der Kärntner Slowenen einsetzten.

d) Nationalratswahlen

Bei den Nationalratswahlen unterstützte der Rat der Kärntner Slowenen bis 1970 die ÖVP. Nach 1970 wurde für diese Partei keine Empfehlung mehr abgegeben. Der Zentralverband slowenischer Organisationen legte seinen Wählern nahe, die SPÖ zu wählen. Nach dem Kärntner Ortstafelsturm wurde diese Empfehlung zurückhaltender formuliert.

3. Volkszählungen

Der seit der ersten Sprachenerhebung 1880 zu beobachtende statistische Rückgang der slowenischsprechenden Bevölkerung in Kärnten hält auch in der Zweiten Republik an. Bei den Volkszählungen 1951, 1961, 1971 und 1981 wurde wie zur Zeit der Monarchie nach der Umgangssprache gefragt. Das ist jene Sprache, der sich der einzelne im Alltag auch außerhalb der Familie bedient. Daher war es möglich, mehrere Sprachen als Umgangssprachen anzugeben. Aus der nationalsozialistischen Ära wurde die Kategorie „Windisch" übernommen. Da nun Kombinationen zwischen Deutsch, Slowenisch und Windisch möglich waren, konnten neun verschiedene Sprachvarianten angegeben werden.

Berücksichtigt man alle Sprachvarianten, so betrug der slowenischsprachige Bevölkerungsanteil 1951 42.095 Personen. Dieser Anteil fiel 1961, also nach dem Abschluß des Staatsvertrags, auf 25.470, 1971 auf 20.928 und 1981 auf 16.552. Es ist unmöglich, diesen Rückgang mit einer „natürlichen Entwicklung" zu erklären. Deshalb haben die Kärntner Slowenen die Volkszählungsergebnisse immer in Frage gestellt und gefordert, nach der Muttersprache zu fragen, wenngleich sich bei den in Kärnten herrschenden nationalen Gegensätzen auch immer weniger Slowenen zu ihrer Muttersprache bekennen. Der Assimilationsdruck bewirkt, daß mehrheitlich slowenischsprachige Gemeinden in der Volkszählungsstatistik als fast gänzlich deutschsprachig aufscheinen. Volkszählungen ergeben daher kein wahres Bild der ethnischen Verhältnisse in Kärnten.

ÖSTERREICHISCHE STAATSBÜRGER IM GEMISCHTSPRACHIGEN GEBIET KÄRNTENS 1981 NACH DER UMGANGSSPRACHE

Aus: P. Ibounig, Kärnten-Dokumentation, Band 2: Die Kärntner Slowenen im Spiegel der Volkszählung 1981, Klagenfurt 1983, S. 61.

Politischer Bezirk Gemeinde	insge- samt	Österreichische Staatsbürger mit Umgangssprache			
		Deutsch	Slo- wenisch[1]	Win- disch[2]	Sonstige[3]
Hermagor (T)	8.897	8.835	52	7	3
Hermagor-Pressegger See	7.007	6.946	52	7	2
St. Stefan	1.890	1.889	0	0	1
Klagenfurt Land (T)	31.383	27.134	3.476	681	92
Ebental	5.598	5.203	271	103	21
Feistritz im Rosental	2.481	2.084	393	0	4
Ferlach	7.454	6.599	639	193	23
Grafenstein	2.596	2576	7	8	5
Keutschach am See	1.786	1593	155	19	19
Köttmannsdorf	2.489	2.239	209	31	10
Ludmannsdorf	1.522	864	595	62	1
Maria Rain	1.399	1.338	53	8	0
Poggersdorf	1.252	2.187	32	27	6
St. Margareten im Rosental	1.088	797	148	143	0
Schiefling am See	1.916	1.614	237	62	3
Zell	802	40	737	25	0
Villach Land (T)	34.060	31.640	2.018	271	131
Arnoldstein	6.460	6.317	98	4	41
Finkenstein	7.148	6.629	480	17	22
Hohenthurn	1.538	1.397	104	29	8
Nötsch im Gailtal	2.178	2.145	10	16	7
Rosegg	1.456	1.270	154	18	14
St. Jakob im Rosental	4.230	3.235	833	156	6
Velden am Wörther See	7.282	6.928	303	29	22
Wernberg	3.768	3.719	36	2	11
Völkermarkt	42.786	33.977	7.392	1.337	80
Bleiburg	6.087	3.090	2.692	290	15
Diex	1.099	944	88	65	2
Eberndorf	5.583	4.740	528	307	8
Eisenkappel-Vellach	3.449	1.905	1.471	67	6
Gallizien	1.658	1.517	129	5	7
Globasnitz	1.621	570	837	213	1
Griffen	3.714	3.642	50	21	1
Neuhaus	1.280	1.080	176	24	0
Ruden	1.623	1.546	76	1	0
St. Kanzian am Klopeiner See	3.757	3.001	691	52	13
Sittersdorf	2.185	1.577	422	184	2
Völkermarkt	10.730	10.365	232	108	25
Gemischtspr. Gebiet Kärntens	117.126	101.586	12.938	2.296	306

1) einschließlich Slowenisch und Deutsch in Kombination; 2) einschließlich Windisch und Deutsch in Kombination; 3) einschließlich unbekannt; (T) = Teil

4. Das kulturelle Profil der slowenischen Volksgruppe in Kärnten

a) Traditionsbewußtsein

Trotz des starken Germanisierungsdrucks und der Trennung vom übrigen slowenischen Volk hat die slowenische Volksgruppe in Kärnten bis zum heutigen Tag überlebt. Der verstärkte Rückgang des slowenischen Bevölkerungsanteils in den letzten Jahrzehnten bezeugt allerdings, daß die slowenische Minderheit in Kärnten derzeit in ihrer ethnischen Existenz in höchstem Maße bedroht ist.

Es stellt sich die Frage, welche Kräfte dafür entscheidend sind, daß die Kärntner Slowenen ein starkes und in kultureller Hinsicht so reichhaltiges Eigenleben entwickelt haben und weiter entwickeln? Ihre Nationalität wird von einer Tradition getragen, die sich auf eine eintausendvierhundertjährige Geschichte im Land beruft. Das historische Bewußtsein steht daher an vorderster Stelle. Vom ersten Viertel des siebenten Jahrhunderts bis zur Mitte des 8. Jahrhunderts war Kärnten das Zentrum eines selbständigen Stammesherzogtums der karantanischen Alpenslawen. In der Tradition der Herzogseinsetzung in slowenischer Sprache, die bis 1414 gepflegt wurde, erhält dieses historische Bewußtsein eine ausgeprägt demokratische Note: Der Herzog wurde von einem Bauern in sein Amt eingeführt. Die christliche Tradition bei den Slowenen beruft sich auf die Christianisierung der Karantaner, die der Hl. Modestus von Maria Saal aus begonnen hat. Kärnten und besonders das Zollfeld spielen daher im historischen Bewußtsein aller Slowenen eine zentrale Rolle.

Demokratisches Bewußtsein manifestierte sich auch in den Bauernaufständen, an denen die slowenischen Bauern Kärntens ebenso teilgenommen haben wie die deutschen. Besonders während des Befreiungskampfes gegen die Herrschaft der Nationalsozialisten wurden immer wieder auch die Bauernaufstände ins Gedächtnis gerufen. Die Opferbereitschaft des an Zahl kleinen slowenischen Volkes war besonders zur Zeit dieses Befreiungskampfes sehr groß, und groß waren die Opfer, die die Kärntner Slowenen im Widerstand gegen die nationalsozialistische Gewaltherrschaft brachten. Wenn sie heute so konsequent auf ihre im Artikel 7 des Staatsvertrags verankerten Rechte pochen, dann auch deshalb, weil diese Rechte ihren Ursprung im Beitrag der Kärntner Slowenen und des gesamten slowenischen Volkes zur Niederringung von Nazismus und Faschismus haben. Die Verdienste der Kärntner Slowenen für die Befreiung und das Wiedererstehen der Republik Österreich sind historische Tatsachen. Bis zur Unterzeichnung des Staatsvertrags 1955 haben österreichische Politiker auch wiederholt dieses Faktum hervorgehoben.

Das Bewußtsein, die slowenische Kultur durch Jahrhunderte hindurch — zeitweise auch entscheidend — mitgeprägt zu haben, gibt den Kärnter Slowenen die Kraft zur Selbstbehauptung. Der bedeutende slowenische Dichter Prežihov Voranc (Lovro Kuhar) hat dies in seinem Werk „Samorastniki" (Titel der deutschen Ausgabe: „Wildwüchslinge") als die stärkste Komponente im nationalen Bewußtsein der Kärntner Slowenen herausgearbeitet.

b) Kulturelle Aktivitäten

Beredter Ausdruck des Gesagten ist das rege kulturelle Leben der slowenischen Volksgruppe in Kärnten. Die zentralen Kulturorganisationen der Kärntner Slowenen, die „Krščanska kulturna zveza" (Christlicher Kulturverband) und die „Slovenska prosvetna zveza" (Slowenischer Kulturverband) umfassen insgesamt an die 50 Kulturvereine, sie unterhalten private Musikschulen und sind um einen regen Kulturaustausch zwischen Kärnten und Slowenien und mit den Slowenen in der Region Friaul Julisch-Venetien bemüht.

Das kulturelle Leben der slowenischen Volksgruppe findet seinen Niederschlag auch im Verlagswesen. Die längste und stärkste Tradition in Kärnten hat die St. Hermagoras-Bruderschaft (Družba sv. Mohorja). Sie und der Verlag „Drava" in Ferlach publizieren alljährlich eine Auswahl literarischer Werke und Sachbücher. Andere Bildungseinrichtungen wie das Katholische Bildungsheim in Tainach erweitern das kulturelle Angebot. Im Jahre 1977 begann das seit 1975 bestehende Slowenische wissenschaftliche Institut in Klagenfurt mit der Herausgabe von Dokumentationen und wissenschaftlichen Abhandlungen. Broschüren und Bücher in verschiedenen Sprachen zur Information einer breiten Öffentlichkeit gibt seit 1975 das Slowenische Informationszentrum (SIC) in Klagenfurt heraus. Die Kultur- und Literaturzeitschriften „Mladje" und „Celovški Zvon" sind der Beweis regen literarischen Schaffens der Kärntner Slowenen.

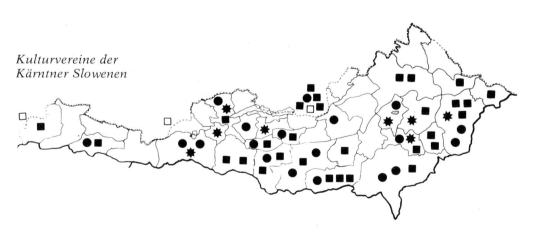

Kulturvereine der Kärntner Slowenen

✹ *Mitglieder der beiden zentralen Kulturverbände*
■ *Mitglieder des Christlichen Kulturverbandes*
● *Mitglieder des Slowenischen Kulturverbandes*

Katholisches Bildungsheim „Sodalitas" in Tainach/Tinje

Zeitungen und Zeitschriften der Kärntner Slowenen

Alljährlich werden von den beiden slowenischen Zentralorganisationen „Kärntner Kulturtage" (Koroški kulturni dnevi) abgehalten, die den Kontakt der Kärntner Slowenen mit der österreichischen und jugoslawischen Wissenschaft vermitteln.

c) Jugendarbeit

Slowenische Studentenheime der Hermagoras-Bruderschaft, des Slowenischen Schulvereins und der Provinz slowenischer Schulschwestern sowie eine Reihe slowenischer Kulturheime entstanden auf Grund eigener Initiativen, ebenso die drei bisher errichteten privaten zweisprachigen Kindergärten. Der Kärntner Studentenverband (Koroška dijaška zveza), die Katholische Jugend (Katoliška mladina), der Verband slowenischer Jugend (Zveza slovenske mladine), der Klub slowenischer Studenten (Klub slovenskih študentov) in den Universitätsstädten Wien, Graz und Klagenfurt, der Slowenische Athletikklub (Slovenski atletski klub — SAK) und die Slowenischen Pfadfinder (Slovenski skavtje) sind als Jugendorganisationen in den verschiedensten Bereichen aktiv bemüht, ihren Beitrag zur Erhaltung der slowenischen Volksgruppe in Kärnten zu leisten.

Die Fußballmannschaft des Slowenischen Athletikklubs

5. Wirtschaftsleben

Einen starken Rückhalt fand in der Vergangenheit die slowenische Volksgruppe in einem weit verzweigten und gut organisierten Genossenschaftswesen. Die Nationalsozialisten haben zwar die slowenischen genossenschaftlichen Institutionen entweder liquidiert oder mit deutschen Genossenschaften verschmolzen, doch nach 1945 gelang es unter schwierigen

Darlehenskasse Bleiburg/Pliberk

Bedingungen wieder ein slowenisches Genossenschaftswesen aufzubauen. Die rechtliche Grundlage dafür bot das Bundesgesetz vom 9. Februar 1949 über die Wiederherstellung von slowenischen Genossenschaften in Kärnten. Im Jahre 1980 umfaßte der „Verband slowenischer Genossenschaften" (Zveza slovenskih zadrug), der Mitglied des Österreichischen Raiffeisenverbandes ist, 33 Kreditgenossenschaften, 10 Wirtschaftsgenossenschaften, 4 Viehzuchtgenossenschaften, eine Saatgutgenossenschaft und einen Brandschadenversicherungsverein im zweisprachigen Gebiet.

DIE SLOWENISCHEN GENOSSENSCHAFTEN DES JAHRES 1980 OHNE ZWEIG- UND ABGABESTELLEN GEORDNET NACH IHRER ENTSTEHUNG

Kreditgenossenschaften:

1 St. Jakob/Št. Jakob
2 St. Michael/Šmihel
3 Klagenfurt/Celovec
4 Glainach/Glinje
5 Eberndorf/Dobrla vas
6 Windisch St. Michael/Slovenski Šmihel
7 Völkermarkt/Velikovec
8 Feistritz/Gail/Bistrica na Zilji
9 Schwabegg/Žvabek
10 St. Johann/Št. Janž
11 Hart/Ločilo
12 Föderlach/Podravlje
13 Eisenkappel/Železna Kapla
14 Schiefling/Škofiče
15 Keutschach/Hodiše
16 Gallizien/Galicija
17 Globasnitz/Globasnica
18 Maria Gail/Marija na Zilji
19 Köttmannsdorf/Kotmara vas
20 Unterloibl/Podljubelj
21 Ferlach/Borovlje

22 Bleiburg/Pliberk
23 Haimburg/Vovbre
24 St. Franciscici/Želinje
25 Ludmannsdorf/Bilčovs
26 St. Thomas/Št. Tomaž
27 St. Stefan pri Beljaku/Šteben pri Beljaku
28 Köstenberg/Kostanje
29 St. Margareten/Šmarjeta
30 Zell/Sele
31 Ledenitzen/Ledince
32 Radsberg/Radiše
33 St. Kanzian/Škocijan

Wirtschaftsgenossenschaften:
1 Eisenkappel/Železna Kapla
2 Föderlach/Podravlje
3 Eberndorf/Dobrla vas
4 Bleiburg/Pliberk
5 Globasnitz/Globasnica
6 St. Jakob/Št. Jakob
7 Schiefling/Škofiče
8 Ferlach/Borovlje
9 St. Johann/Št. Janž
10 Fürnitz/Brnca

Viehzuchtgenossenschaften:
1 Loibach/Libuče
2 Globasnitz/Globasnica
3 Sittersdorf/Žitara vas
4 St. Primus/Št. Primož

Sonstige Genossenschaften:
1 Južnokoroška semenarska zadruga/Südkärntner Saatgutgenossenschaft Klagenfurt/Celovec
2 Podporno društvo proti požarnim škodam v Selah/Brandschadenversicherungsverein Zell

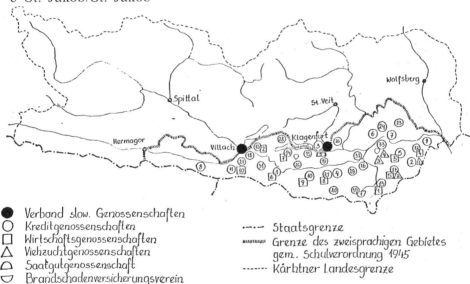

Die slowenischen Genossenschaften im J. 1980 (nach J. Sitter)

Arbeitsaufgaben und Fragen:

1. Wirtschaftliche Voraussetzungen für die gedeihliche Entwicklung von nationalen Minderheiten.
2. Erörtert das Problem der Selbstdarstellung von Volksgruppen in den Medien des Mehrheitsvolkes!
3. Die Rolle von hervorragenden kulturellen Leistungen für das Selbstbewußtsein von Minderheiten.

6. Initiativen der katholischen Kirche

Von der Kärntner Diözesansynode wurde 1972 ein von deutschsprachigen und slowenischen Kärntnern gemeinsam erarbeitetes Dokument unter dem Titel „Das Zusammenleben der Deutschen und Slowenen in der Kirche Kärntens" beschlossen. Damit sollte ein Denkprozeß bei der Kärntner Bevölkerung vor allem in den zweisprachigen Pfarren eingeleitet werden. Bei der Erarbeitung des Dokuments war man sich dessen bewußt, daß formaldemokratische Mehrheitsbeschlüsse in der Volksgruppenfrage nicht zum Ziele führen können. Eine solche Mehrheitsdemokratie vermag Probleme des Zusammenlebens von Mehrheit und Minderheit nicht zu lösen. Recht kann nicht nur das sein, was die Mehrheit, in einigen Pfarren die deutsch-, in anderen die slowenischsprachige, will. Das Recht des einzelnen und das Recht der Mehrheit finden dort ihre Grenzen, wo das Recht des Nächsten und das Recht einer Minderheit beginnen.

Mit folgender Aussage der Kärntner Diözesansynode sollte daher für ein verständnisvolles und gedeihliches Zusammenleben der beiden Volksgruppen ein neuer Anfang gesetzt werden:

„Die Tatsache, daß in der Diözese Gurk-Klagenfurt seit Jahrhunderten Deutsche und Slowenen leben, nehmen wir als Zeichen der Vielfalt der Schöpfung und als historisch gewachsene Gegebenheit an und empfinden es dankbar als Aufgabe der Christen Kärntens, diese beiden Völker zu

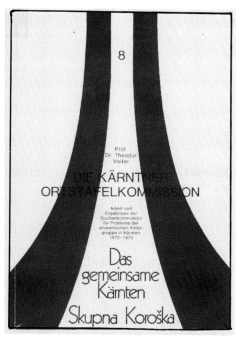

Initiativen der katholischen Kirche in Kärnten

besserem gegenseitigen Verständnis und damit zu einem aktiven Zusammenleben im Geist christlicher Nächstenliebe zu führen."

Durch die Zustimmung der Synodalen und die Annahme durch den Bischof wurde die Synodalvorlage über das Zusammenleben nicht nur zu einem diözesanen Gesetz, sondern auch zu einem deutsch-slowenischen Übereinkommen, für das sich die Christen beider Völker gemeinsam verantwortlich fühlen sollen.

In der Synodalvorlage finden sich keine Vorschläge, die von einer Feststellung des quantitativen Verhältnisses von Mehrheit und Minderheit abhängig gemacht werden. Für den krichlichen Bereich gilt als Kriterium für die Zugehörigkeit zur Volksgruppe die Sprache. Sie ist als wesentlicher Bestandteil der kulturellen Eigenart des Volkes anzusehen. Sowohl die Bekenntnis- als auch die Sprachslowenen gehören demnach zur slowenischen Sprachgruppe. Die Kirche lehnt jedwede gesteuerte Assimilierung als zumindest kulturell verwerflich ab.

Mit der Konsolidierung des Zusammenlebens im kirchlichen Bereich will die Kirche die Annäherung beider Volksgruppen des Landes auch im weltlichen Bereich vorbereiten. In den Beschlüssen der Österreichsynode zur Frage der ethnischen Minderheiten wurde die Initiative der Kirche Kärntens bestätigt.

Die vom Deutsch-slowenischen Koordinationsausschuß der Diözese Gurk-Klagenfurt herausgegebene Schriftenreihe „Das gemeinsame Kärnten — Skupna Koroška" bringt bereits im Titel das Bemühen um ein Zusammenleben der beiden Volksgruppen in Kärnten zum Ausdruck. In dieser Schriftenreihe, wovon 1985 der 10. Band erschien, finden sich Beiträge bedeutender Fachleute verschiedener Wissensgebiete zur Minderheitenproblematik.

Zusammenfassende Darstellung des Kulturschaffens der Kärntner Slowenen seit 1918

Die Kulturgeschichte der Kärntner Slowenen ist eng mit ihrer politischen Geschichte und mit der Herausbildung des slowenischen Nationalbewußtseins verbunden, wobei die literarischen und sonstigen künstlerischen Leistungen noch in besonderem Maße von der autodidaktischen Kulturtradition abhängig sind. Die Kärntner Slowenen, die in der zweiten Hälfte des 19. Jahrhunderts — vor allem in den sechziger Jahren — mit ihrem Zentrum Klagenfurt das gesamtslowenische literarische Schaffen noch maßgebend mitbestimmten, sind seit dem Jahre 1920 vom übrigen slowenischen Sprachgebiet getrennt. Symptomatisch für die neue Situation war die Übersiedlung der zentralen Kulturinstitution der Kärntner Slowenen, der St. Hermagoras-Bruderschaft, nach Prevalje bzw. Celje. In den neuen jugoslawischen Staat übersiedelte auch — freiwillig oder auf Grund der Gegebenheiten gezwungen — ein beträchtlicher Teil der Kärntner slowenischen Intelligenz.

1. Das Kulturschaffen in der Ersten Republik

Es ist verständlich, daß unter diesen schwierigen Bedingungen für die Minderheit im literarischen Bereich nur einige volkstümliche Literaten hervortraten, die die Tradition der Volkspoeten, etwa eines Andrej Schuster-Drabosnjak, fortsetzten. Hier sei Milka Hartman (1902 in Loibach bei Bleiburg geboren) genannt, deren Lyrik primär der Erhaltung des Volkstums dienen sollte. Mit ihrer Arbeit reihte sich Hartman in das damals wiedererwachende ländliche Kulturleben ein. Für dieses Kulturleben war eine vielfältige Vereinstätigkeit kennzeichnend, die vom Dachverband Slovenska prosvetna zveza (Slowenischer Kulturverband) organisiert wurde. Gepflegt wurden das Lied, Tamburizzamusik, Spiele auf ländlichen Bühnen, Rezitationen, Vorträge, Koch- und Haushaltskurse und ähnliches. In diese stark religiös geprägte und ausgesprochen ländliche Welt gehörten auch die literarischen Versuche von Matilda Koschutnik, der Tochter des Volksdichters Franc Leder-Lesičjak. Ein großer Teil dieser literarischen Schöpfungen erschien in Zeitschriften, z. B. im „Bratoljub" (Bruderliebe), der Zeitschrift der slowenischen Theologiestudenten, oder in der Schülerzeitschrift „Zvezda" (Stern). Die einzige slowenische Zeitung in der Zwischenkriegszeit, der „Koroški Slovenec" (Kärntner Slowene), wurde in Wien herausgegeben. Im Druck erschienen schließlich auch einige Liederbücher religiösen Inhalts. Unter den literarischen Talenten traten Maks Sorgo und Hani Weiss in Erscheinung. Bühnenstücke schrieb der Volksdramatiker Jaka Špicar, der schon vor dem Ersten Weltkrieg nach Slowenien übersiedelt war. In der Kärntner slowenischen Theatertradition ist sein nach Jakob Sket dramatisiertes Spiel „Miklova Zala" am stärksten verwurzelt. Weiters ist der feinfühlige Lyriker Fran Eller zu nennen, der aber auch außerhalb Kärntens wirkte.

Milka Hartman (geb. 1902)

2. Während der NS-Zeit

In der finsteren Zeit des deutschen Nationalsozialismus, in den Jahren 1938 bis 1945, vor allem aber vom Jahre 1941 an, mußte das slowenische Wort in Kärnten verstummen, sowohl das gedruckte als auch das in Schule, Kirche und Öffentlichkeit gesprochene. Das literarische Schaffen, sofern es überhaupt existierte, verbarg sich im Untergrund und stellte sich in den Dienst der Widerstandsbewegung gegen den Nationalsozialismus.

3. Nach der Befreiung

a) Literatur

Nach der Befreiung im Jahre 1945 trat die slowenische Sprache sehr bald wieder an die Öffentlichkeit, sowohl in Zeitungen und Zeitschriften als auch in den Büchergaben der Hermagoras-Bruderschaft, durch die das slowenische Volk einst „lesen" gelernt hatte. In Kärnten erschienen wieder selbständige Publikationen heimischer Literaturschaffender und aus Slowenien emigrierter Schriftsteller. Unter diesen war Karel Mauser der bedeutendste.

Fran Eller, der sein Lebensende nahen fühlte, beschrieb im März 1945 im Sonett „Bog z vami" (Gott mit euch) die Vision der aufsteigenden Morgenröte: „Im Jubel bleibe euch die Erinnerung, daß der dunkle Weg aus dem Schweigen zum Wort ein steiler Weg war, blutig bezahlt wurde der Tag mit der Morgenröte, die Freiheit nach der Gefangenschaft wurde mit bitterer Not erkauft..."

Aus Schülerversuchen in bescheidenen hektographierten Zeitschriften wie „Kres" (Johannisfeuer) und „Setev" (Die Saat) sowie in der Familienmonatsschrift „Vera in dom" (Glaube und Heim), später umbenannt in „Družina in dom" (Familie und Heim), aber auch aus der Monatsschrift „Svoboda" (Freiheit) und dem Koledar SPZ (Kalender des Slowenischen Kulturverbandes) entwickelte sich in den sechziger Jahren ein neuer Typus des literarischen Schaffens und Kulturverständnisses, das den Anschluß an das gesamtslowenische und europäische literarische Niveau suchte. Die Literaturzeitschrift „Mladje — literarno glasilo mladih" (Jung-

Titelseite der deutschen Übersetzung des Romans „Der Zögling Tjaž" von Florjan Lipuš (rechts)

Der Lyriker und Maler Gustav Janusch (links) anläßlich einer Lesung mit Peter Handke (rechts)

holz — Literaturzeitschrift der Jugend) war und ist eine literarische Schule für so manchen jungen Kärntner slowenischen Dichter und Schriftsteller. Der bedeutendste unter ihnen ist Florian Lipuš, der erst in den späten Siebzigerjahren durch Peter Handkes und Helga Mračnikars Übersetzung seines Romans „Zmote dijaka Tjaža" (Titel der deutschen Ausgabe: Der Zögling Tjaž) Anerkennung auch im deutschsprachigen Kulturraum gefunden hat. Aus dem Kreis um die Zeitschrift Mladje kommen auch Erik Prunč, Karel Smolle und Gustav Janusch.

Namhafte Autoren sind noch Janko Messner, Valentin Polanšek und Andrej Kokot. Ungebrochene Schaffenskraft zeigt Milka Hartman mit heimatverbundenen Gedichten. Auch einige jüngere Autoren, wie etwa Janko Ferk, treten bereist mit vielbeachteten Veröffentlichungen in Erscheinung. Seit 1983 erscheint vierteljährlich die Kulturzeitschrift „Celovški Zvon" (Klagenfurter Glocke).

Das Kulturleben der Kärntner Slowenen nach dem Zweiten Weltkrieg kommt nicht nur im literarischen Bereich zum Ausdruck. Gerade die Tatsache, daß mit dem neuerrichteten Bundesgymnasium für Slowenen die slowenische Volksgruppe vom Jahre 1963 an (erster Maturajahrgang) ein stärkeres intellektuelles Potential erhält, trägt zum wachsenden Selbstbewußtsein der gesamten Volksgruppe bei, was sich auch im Bereich der bildenden Kunst, in der Musik und in der Architektur manifestiert.

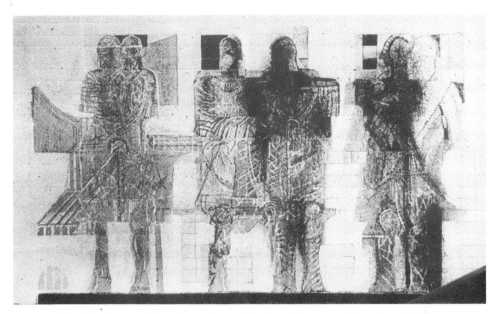

Valentin Oman, Wandgestaltung im Bundesgymnasium für Slowenen in Klagenfurt (Detail)

Werner Berg, Bäuerin und Knabe (Holzschnitt)

b) Bildende Kunst

In diesem Bereich gibt es neben Valentin Oman, dem derzeit bedeutendsten bildenden Künstler der Kärntner Slowenen, neue Talente, großteils Absolventen des Bundesgymnasiums für Slowenen (Jože Boschitz, Zorka Weiss, Ernst Arbeitstein, Rudi Benetik). Ein bedeutender Anteil an der treffend charakterisierenden Darstellung der Kärntner Slowenen fällt auch dem 1981 verstorbenen Maler Werner Berg zu, der sich in den dreißiger Jahren, aus dem deutschen Rheingebiet kommend, in Kärnten angesiedelt und auf dem Rutarhof eine bleibende Heimstatt gefunden hat.

c) Musik und Laienschauspiel

Musikalische Aktivitäten hatten seit jeher einen sichtbaren Platz im Kulturleben der Volksgruppe. Zum Chorgesang gesellt sich in letzter Zeit immer häufiger auch anspruchsvolle Instrumentalmusik, was nicht zuletzt ein Verdienst der Musikschulen ist, die in verschiedenen Orten Südkärntens ins Leben gerufen wurden.

Großer Beliebtheit erfreut sich auch das Laienschauspiel, das in vielen Vereinen intensiv gepflegt wird. Zur Aufführung gelangen Volksstücke, aber auch anspruchsvollere Texte, wie etwa Passionsspiele und auch Stücke zeitgenössischer slowenischer Schriftsteller.

d) Kulturorganisationen

Unter dem Dach zweier zentraler Kulturorganisationen (Slowenischer Kulturverband und Christlicher Kulturverband) gibt das Vereinsleben

Passionsspiel 1982 in Köstenberg/Kostanje

Slowenisches Kulturhaus in Radsberg/Radiše.

in den Dörfern und in Klagenfurt den einzelnen Kulturschaffenden starke Impulse. Besonderen Anklang finden manifestative zentrale Kulturveranstaltungen (z. B. „Koroška poje" — „Kärnten singt", Auftritte des BG für Slowenen, Veranstaltungen zum Nationalfeiertag unter dem Motto „Dober večer sosed! — Guten Abend Nachbar!"), die den Selbsterhaltungswillen der Minderheit und deren Bereitschaft zu einem friedlichen Zusammenleben mit der Mehrheitsbevölkerung dokumentieren sollen.

e) Wissenschaftliche Bestrebungen

Auch die Bestrebung der Kärntner Slowenen auf wissenschaftlichem Gebiet entwickeln sich vielversprechend. Schon mehrere Jahre hindurch veranstalten die Zentralorganisationen der Kärntner Slowenen die sogenannten „Kärntner Kulturtage", die in illustrativer Weise in Zusammenarbeit mit österreichischen und jugoslawischen wissenschaftlichen Institutionen und Fachleuten aktuelle Probleme der Kärntner Slowenen in Vorträgen, Diskussionen, Ausstellungen, Filmen und Theatervorstellungen aufgreifen. Einen bedeutenden Anteil an den wissenschaftlichen Bestrebungen hat auch das Slowenische wissenschaftliche Institut (Slovenski znanstveni inštitut) in Klagenfurt. Heute verfügen die Kärntner Slowenen bereits über eine wachsende Zahl an Wissenschaftlern aus ihren eigenen Reihen, die die Anerkennung der österreichischen wissenschaftlichen Öffentlichkeit genießen.

f) Publizistik

Die publizistische Tätigkeit der Kärntner Slowenen wurde in der zweiten Hälfte des 19. Jahrhunderts vom „Vater der Kärntner Slowenen", Andrej Einspieler, und von Anton Janežič auf ein beachtliches Niveau gehoben. Janežič' ehrenvollem Andenken trug die Stadtgemeinde Klagenfurt damit Rechnung, daß sie den Platz vor dem Anstaltsgebäude des Bundesgymnasiums für Slowenen nach ihm benannte. Die wichtigste Zeitung zur Zeit der Ersten Republik war der schon erwähnte „Koroški Slovenec" (Kärntner Slowene). Nach 1945 erschienen folgende Wochenzeitungen: „Koroška kronika" (Kärntner Chronik), von 1945—1950 von der britischen Besatzungsmacht herausgegeben, „Naš tednik" (Unser Wochenblatt), seit 1949 vom Rat der Kärntner Slowenen und „Slovenski vestnik" (Slowenischer Bote), seit 1946 von der Befreiungsfront und später vom Zentralverband slowenischer Organisationen herausgegeben.

Slowenische Gymnasiasten geben seit dem Jahre 1957 eine ganze Reihe hektographierter Zeitschriften heraus. Der gesamten Schuljugend dient seit 1952 die pädagogisch-didaktisch sehr ansprechend gestaltete Monatsschrift „Mladi rod" (Junges Volk). Die größte Auflage unter den Kärntner slowenischen Zeitschriften erreicht die katholische Wochenschrift „Nedelja" (Sonntag). In mehr oder weniger regelmäßigen Abständen erscheint die marxistisch orientierte Zeitschrift „Kladivo" (Der Hammer).

Ein Botschafter des slowenischen Wortes, der auch die deutschsprechenden Mitbürger erreicht, ist die slowenische Abteilung von Radio

Wissenschaftliche Veröffentlichungen

Kärnten. In ihren slowenischen Sendungen (ungefähr 45 Minuten täglich) vermittelt sie einem breiten Zuhörerkreis den kulturellen, wirtschaftlichen und politischen Pulsschlag der Kärntner Slowenen.

Das katholische Bildungsheim in Tainach entfaltet schon durch Jahre hindurch eine sehr bedeutsame Tätigkeit auf religiösem und kulturellem Gebiet. Die zahlreichen Vorträge, Seminare, Ausstellungen, Diskussionsveranstaltungen und Arbeitskreise werden von vielen Angehörigen der slowenischen Volksgruppe und von Angehörigen des Mehrheitsvolkes besucht. Im Jahre 1981 wurde das Heim erneuert und erweitert und ermöglicht jetzt auch noch großzügiger konzipierte Veranstaltungen mit dem Ziel der Verständigung zwischen den beiden Volksgruppen.

Angesichts der offenen österreichisch-jugoslawischen Grenze steht nun das Kulturleben der Kärntner Slowenen auch mit der reichen kulturellen Tradition in Slowenien in Verbindung. Gastspiele von Theater-, Musik-, Rezitations- und anderen Gruppen sowie von einzelnen Künstlern aus Slowenien und die Auftritte slowenischer Gruppen aus Kärnten im Nachbarland haben eine wechselseitig sehr befruchtende Wirkung. Daneben besteht auch ein Kulturaustausch innerhalb Kärntens. Die slowenischen Gymnasiasten nehmen mit Mitschülern aus anderen Schulen Kontakte auf und führen gemeinsam Projekte im Sinne der Kommunikation mit dem anderssprachigen Nachbarn durch. Die örtlichen Kulturvereine bahnen Kontakte mit Vereinen im deutschsprachigen Teil Kärntens an. Alle diese Aktivitäten dienen der Festigung des Bewußtseins vom gemeinsamen Kärnten.

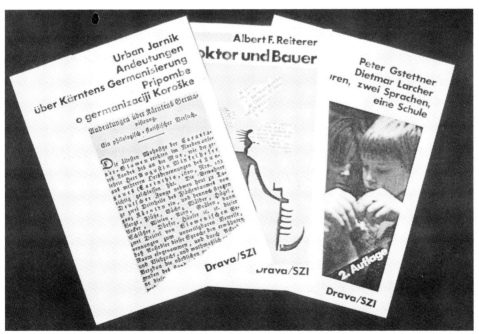

Publikationen des Slowenischen wissenschaftlichen Instituts in Klagenfurt

Die Kärntner Slowenen zu Beginn der achtziger Jahre

1. Wirtschaftliche Lage

Die nationalpolitischen Auseinandersetzungen seit 1972 wiederholen überlebte und nicht mehr zeitgemäße Muster des Kärntner Nationalitätenkonflikts, in dem auch wirtschaftliche und soziale Gegebenheiten eine Rolle spielen. Auch heute ist noch eine wirtschaftliche und soziale Ungleichheit der beiden Kärntner Volksgruppen festzustellen. Das zeigen die Volkszählungsergebnisse nach 1945, aus denen hervorgeht, daß die Kärntner Slowenen in einer Zeit zunehmender Industrialisierung in den Wirtschaftsbereichen mit höherem Pro-Kopf-Einkommen immer noch unterrepräsentiert sind. So sind die Slowenen im Vergleich zur deutschsprachigen Bevölkerung des Landes in den Wirtschaftszweigen Handel und Verkehr sowie in der öffentlichen und privaten Verwaltung verhältnismäßig schwach vertreten.

Dagegen ist die Zahl der Slowenen in den land- und forstwirtschaftlichen Berufen wie seit jeher überproportional hoch. So ist im gemischtsprachigen Teil Kärntens ein Drittel der slowenischen Arbeitskräfte im Agrarbereich beschäftigt, von der deutschsprachigen Bevölkerung derselben Region aber lediglich ein Zehntel. Dies hängt einerseits mit der assimilatorischen Wirkung des sozialen Aufstiegs zusammen, ist aber andererseits auch Ausdruck der traditionell starken Bindung der Kärntner Slowenen an den ererbten heimatlichen Boden. Viele Slowenen müssen — wie auch die Bewohner anderer wirtschaftlich schwach entwickelter Rand- und Grenzregionen Österreichs — als Arbeiter oder Nebenerwerbsbauern täglich oder wöchentlich in industrialisierte Gebiete auspendeln, um Arbeit und Einkommen zu finden.

2. Bildungsmöglichkeiten

Hinsichtlich des schulischen Ausbildungsstandes sind die slowenischsprachigen Kärntner gegenüber den deutschsprachigen im Pflichtschulbereich erheblich benachteiligt. Im Bereich der höheren Schulen hat sich die Situation deutlich gebessert, seit das Bundesgymnasium für Slowenen einer steigenden Anzahl von jungen Slowenen die Möglichkeit schulischer Weiterbildung bietet und an der Bundeshandelsakademie in Klagenfurt ein zweisprachiger Abiturientenkurs eingerichtet wurde. Nach wie vor fehlt jedoch den Kärntner Slowenen eine dem Bundesgymnasium für Slowenen vergleichbare Basis im Bereich des berufsbildenden Schulwesens.

3. Die slowenische Sprache in der Öffentlichkeit

Wegen der wirtschaftlich und sozial noch nicht ebenbürtigen Stellung der Kärntner Slowenen ist für sie die Erhaltung ihrer ethnischen Substanz mit großen Schwierigkeiten verbunden. Die Slowenen müssen sich in der Arbeitswelt wie überhaupt außerhalb der Familie überwiegend der deutschen Sprache bedienen. Viele sind deshalb in Gefahr, ihre nationale Identität und Kultur zu verlieren, je mehr sie in die moderne Industriegesellschaft eingegliedert werden. Die öffentlichen Institutionen des gemischtsprachigen Gebiets verwenden fast ausschließlich die deutsche Sprache, und die Slowenen sind daher genötigt, im Umgang mit diesen auf ihre Muttersprache zu verzichten. Die slowenische Sprache ist nur noch in wenigen gesellschaftlichen Bereichen das überwiegende oder alleinige Kommunikationsmittel, und zwar in der Familie, im ländlichen Arbeitsbereich und in der Kirche. Auf Grund der weitgehenden Ausklammerung des Slowenischen aus der modernen Arbeitswelt und den öffentlichen Einrichtungen sind viele Slowenen ohne höhere Schulbildung nicht mehr in der Lage, ihre Muttersprache in differenzierter Weise im außerfamiliären und nichtdörflichen Lebensbereich zu verwenden. Die relative Bedeutungslosigkeit der slowenischen Sprache außerhalb von „Haus und Hof" ist für manche Slowenen leider noch immer ein Grund, ihre Muttersprache auch in der Familie, im Umgang mit der haranwachsenden Generation, durch das Deutsche zu ersetzen. Viele Kinder und Jugendliche verstehen zwar noch den slowenischen Dialekt, den Eltern und Großeltern verwenden, sprechen ihn aber nicht mehr. Es ist zu hoffen, und einige erfreuliche Anzeichen dafür sind bereits zu erkennen, daß die junge slowenische Intelligenz — es gibt eine von Jahr zu Jahr zunehmende Zahl von muttersprachlich ausgebildeten jungen Slowenen mit höherer Schulbildung und Universitätsabschluß — der Volksgruppe ein neues Verständnis für die Pflege der slowenischen Sprache als eines zentralen kulturellen Wertes weckt.

Zweisprachige Gemeindezeitungen der slowenischen Gemeinderatsfraktionen

4. Tradierte Vorurteile

Neben den wirtschaftlichen beeinträchtigen auch einige politisch-gesellschaftliche Faktoren das Selbstverständnis und die ethnische Eigenständigkeit der Slowenen. Aus der Vergangenheit überkommene Vorurteile gegen die slowenische Volksgruppe werden noch immer von einer Gruppe Uneinsichtiger innerhalb der Deutschkärntner Bevölkerung aufrechterhalten. So gelten nationalbewußte Slowenen in den Augen dieser Leute immer noch als unzuverlässig. Ihnen wird vorgeworfen und verallgemeinernd unterstellt, daß ihre Eltern oder Großeltern bei der Volksabstimmung am 10. Oktober 1920 für Jugoslawien gestimmt, damit an Kärnten Verrat geübt hätten und daß sie nach dem Zweiten Weltkrieg Südkärnten an Jugoslawien anschließen wollten. Dabei wird bewußt verschwiegen, daß die Slowenen, sofern sie überhaupt dieses Ziel verfolgten, — übrigens mit demokratischem Recht — beidemale in Sorge um die Sicherung ihrer nationalen Eigenart handelten, welche zuvor durch den Kriegsabsolutismus des Ersten Weltkriegs bzw. den Nationalsozialismus gefährdet war.

Nationalhistorische Gedenktage und Feiern entfremden in Kärnten auch heute noch die beiden Volksgruppen, anstatt sie einander durch kritische und sachliche Betrachtung des Vergangenen näherzubringen. Das lange Hinauszögern der Durchführung einzelner Bestimmungen des Staatsvertrags trägt ebenfalls nicht zur Beruhigung des nationalpolitischen Klimas in Kärnten bei.

Zusammenfassend kann man sagen, daß wegen der Eingliederung bisher überwiegend bäuerlicher Schichten in die Industriegesellschaft, weiters wegen der Vorherrschaft der deutschen Sprache in fast allen öffentlichen Einrichtungen und nicht zuletzt wegen der in der breiten Öffentlichkeit noch vorhandenen Vorurteile gegen die Slowenen, die Lage der slowenischen Volksgruppe trotz des Vorhandenseins einer jungen nationalbewußten Intelligenz schwierig ist und sie nach wie vor um die Behauptung ihrer nationalen Existenz kämpfen muß.

Das BG für Slowenen — Zielscheibe verantwortungsloser Angriffe

Auf verschiedene Art und Weise versuchen die Kärntner Slowenen der Assimilation entgegenzuwirken

5. Fortschreitende Assimilierung

Das wohl schwierigste Problem für die slowenische Volksgruppe in Kärnten — und für nationale Minderheiten allgemein — ist die andauernde Assimilation von Teilen der Volksgruppe an die Mehrheitsbevölkerung. Dieser Prozeß geht in zwei Phasen vor sich. In der ersten Phase geht allmählich das Bewußtsein der Zugehörigkeit zur slowenischen Volksgruppe verloren, und in der zweiten wird dann die Sprache und damit die Nationalität gewechselt. Dieser Prozeß, der früher mehrere Generationen gedauert hat, läuft heute in der Informationsgesellschaft wegen der allgemeinen Verbreitung des Deutschen als Verkehrssprache unter den Slowenen in beschleunigtem Tempo ab. Die slowenische Volksgruppe in Kärnten kann auf Dauer ihre nationale Existenz nur behaupten, wenn es ihr gelingt, diesen langandauernden historischen Prozeß der Assimilation zum Abklingen zu bringen. Dazu ist es notwendig, daß ihre Bemühungen, der slowenischen Sprache und Kultur neben der deutschen Sprache und Kultur im politischen und gesellschaftlichen Leben Kärntens einen gleichwertigen Platz zu sichern, von der Öffentlichkeit als kulturerhaltend anerkannt und von den staatlichen Stellen unterstützt werden.

6. Ausblick

Der Staatsvertrag von 1955 räumt den Slowenen, dem Grundsatz der Volksgruppenförderung entsprechend, in seinem Artikel 7 grundlegende Garantien für eine freie und gleichberechtigte nationalpolitische Entwicklung ein. Der Artikel baut auf dem Grundsatz auf, daß in Volksgruppenfragen wirkliche Gleichheit nur dann zu erreichen ist, wenn nationalen Minderheiten Sonderrechte gewährt werden, die über die allgemeinen für alle Staatsbürger geltenden Rechte, hinausgehen. Dieser Standpunkt der Volksgruppenförderung ist, obwohl von der Staatsführung anerkannt, in den nationalpolitischen Auseinandersetzungen in Kärnten umstritten geblieben. Einflußreiche politische Kräfte in Kärnten haben bisher — teils aus nationalistischen Motiven, teils aus parteipolitisch-taktischen Überlegungen — durchzusetzen vermocht, daß die derzeitige Interpretation des Artikels 7 des Staatsvertrags in der Form des Volksgruppengesetzes von 1976/77 wenig minderheitenfreundlich und gegen die klar formulierten Vorstellungen der Vertreter der slowenischen Volksgruppe gerichtet ist. So ist es zu verstehen, daß eine buchstaben- und sinngetreue Erfüllung des Staatsvertrags das zentrale politische Anliegen der Kärntner Slowenen ist. Aber nicht nur minderheitenfreundliche Maßnahmen und Regelungen auf staatlicher Ebene sind für die slowenische Volksgruppe wichtig. Ebenso bedeutsam und erstrebenswert für sie ist, daß sich im alltäglichen Zusammenleben der beiden Volksgruppen in Kärnten ein Klima gegenseitiger Achtung und Anerkennung entwickelt. Voraussetzung dafür ist eine zunehmende Bereitschaft in Staat und Gesellschaft, die berechtigten Bemühungen der slowenischen Volksgruppe zur Sicherung ihrer bedrohten Existenz zu unterstützen.

Arbeitsaufgaben und Fragen:

1. Wie wurde die Republik Österreich wiedererrichtet?
2. Welche Parteien werden als Gründungsparteien der Zweiten Republik bezeichnet?
3. Wie gestaltete sich das Ringen Österreichs um den Staatsvertrag?
4. Welche Aufgaben verbindest Du mit dem Begriff „Mitteleuropa" für Österreich und seine Nachbarn?
5. Der Beitrag der Kärntner Slowenen zur Wiedererrichtung der Republik.
6. Welche Dimensionen des österreichischen Nationsbegriffes ermöglichen allen Volksgruppen eine problemlose Identifizierung mit der Republik Österreich?
7. Welche Gesichtspunkte muß ein Minderheitenschutz in unserer „Informationsgesellschaft" zusätzlich einbeziehen?
8. Wann überschreitet ein Assimilationsprozeß natürliche Ausmaße?